Tom Kenyon

Die Weisheit der Hathoren

Tom Kenyon

Die Weisheit der Hathoren

Botschaften einer aufgestiegenen Zivilisation

KOHA

Wichtiger Hinweis

Die im Buch veröffentlichten Empfehlungen wurden von Verfasser und Verlag sorgfältig erarbeitet und geprüft. Eine Garantie kann dennoch nicht übernommen werden. Ebenso ist die Haftung des Verfassers bzw. des Verlages und seiner Beauftragten für Personen-, Sach- und Vermögensschäden ausgeschlossen.

Titel der Originalausgabe:
The Hathor Material. Messages from an Ascended Civilization.

Coverfoto: Judi Sion

Deutsche Ausgabe:

Übersetzung: Nayoma de Haën
Lektorat: Maria Müller-de Haën
Satz: Birgit-Inga Weber
Gesamtherstellung: Karin Schnellbach
Druck: CPI Books, Leck
ISBN 978-3-86728-210-9

Koha Verlag GmbH - St. Sebastian 13 - 84405 Dorfen
www.koha-verlag.de info@koha-verlag.de

Widmung

Meine tiefe Wertschätzung und ewige Dankbarkeit für Judi Sions unermüdlichen Einsatz für die Hathoren lässt sich nicht in Worte fassen. Ohne sie hätte es dieses Buch wahrscheinlich nie gegeben. Ihre unzähligen Stunden Mitarbeit am Manuskript und ihre generelle Unterstützung waren ein unersetzbarer Beitrag zu seinem Entstehen.

Ohne Judi wäre das Werk der Hathoren in dieser Welt nicht das, was es heute ist. Sie ist seine unbesungene Heldin. Sechsmal ist sie mit mir um die Welt gereist, damit die Hathoren ihre Klangsamen des Lichts pflanzen konnten, die sie »das Lied der neuen Erde« nennen. Es wäre undenkbar, ihre Hingabe und unbedingte Zuverlässigkeit hier nicht zu erwähnen.

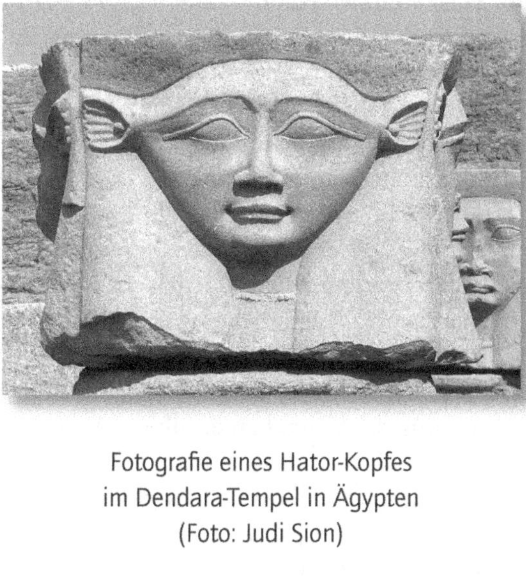

Fotografie eines Hator-Kopfes
im Dendara-Tempel in Ägypten
(Foto: Judi Sion)

Über dieses Buch

Der erste Verlag, der dieses Buch 1996 unter dem Titel »The Hathor Material: Messages from an Ascended Civilization« herausgab, war die SHARE Foundation von Virginia Essene. Sie wählten damals eine inzwischen überholte Form des Drucks mit einer Cameron Rollenpresse, die eine preisgünstige Herstellung erlaubt, deren Matrizen sich jedoch nach einiger Zeit abnutzen.

Als die letzten Kopien des Buches ausgeliefert waren, standen wir vor der Aufgabe, einen neuen Vervielfältigungsweg zu finden. Die letzte amerikanische Druckerei, die noch mit einer Cameron Rollenpresse arbeitete, hatte diese gerade abgeschafft, und so blieb uns nichts anderes übrig, als das ganze Buch zu überarbeiten. Das gesamte Manuskript musste digitalisiert und neu gesetzt werden, ganz abgesehen von all den anderen Einzelheiten, die mit der Neuauflage eines Buches einhergehen.

Da wir ohnehin alles noch einmal von Anfang an aufbauen mussten, entschloss ich mich, das Manuskript kritisch im Hinblick auf Verbesserungsmöglichkeiten durchzulesen.

Als ich in den Text eintauchte, entdeckte ich eine Unmenge Fehler. Ich fühlte mich voll und ganz dafür verantwortlich, denn ich hatte es ja so in die Welt gehen lassen. Dies führte für mich zu einer schwierigen und ernüchternden Erkenntnis. Als ich das Buch vor vielen Jahren channelte, hatte ich mich intellektuell und emotional davon distanziert. Zu jener Zeit stand ich dem ganzen Prozess des Channelns ziemlich ambivalent gegenüber und achtete daher nicht so sehr auf das, was dabei herauskam. Ach ja, die Lehren der Verdrängung sind Geschenke, über die man sich immer wieder freut!

Doch wie auch immer es dazu gekommen war, jetzt stand ich mit den letzten paar Kopien jenes Textes da und wusste nicht so recht, wie ich damit umgehen sollte.

Ich wandte mich an einen meiner Hathoren-Mentoren namens Enom. Von meinen 13 Hathoren-Mentoren scheint er mir immer wieder der eloquenteste und verständnisvollste. Ich fragte ihn, was er zu der Sache zu sagen habe.

Seine Antwort war kurz und pointiert: »Dieses Buch ist in der Tat ein Baum der Weisheit, doch er muss dringend beschnitten werden.«

Mit Enom an meiner Seite durchforstete ich also das gesamte Gestrüpp von Grammatik und Syntax. Mit seiner umfangreichen Unterstützung schrieb ich das ganze Buch um.

Das stark überarbeitete erste Buch finden Sie also unter der Überschrift »Botschaften einer aufgestiegenen Zivilisation« im 1. Teil dieser Ausgabe.

Wer die erste Ausgabe kennt, wird einige Veränderungen bemerken. Zunächst betrifft das die Struktur des Textes. Ursprünglich hatten mir die Hathoren die gesamten Informationen in einem zusammenhängenden Strom von dreizehn Kapiteln übermittelt. Die überarbeitete Fassung präsentiert diese ursprünglichen dreizehn Kapitel jetzt genau so – ohne Unterbrechungen. Die Fragen von Virginia Essene, die in das ursprüngliche Material eingestreut waren, wurden entfernt. Die wichtigsten Antworten auf ihre Fragen finden Sie jetzt am Ende des Buches, wo sie den Textfluss der ursprünglichen Übertragungen nicht stören. Jeder Antwort ist eine Aussage vorangestellt, die das Thema bezeichnet.

Insgesamt halte ich den 1. Teil für eine stark verbesserte Version des Original-Manuskripts.

Der 2. Teil dieses Buches besteht aus bislang unveröffentlichtem Material. Hier finden Sie einige der allerersten Informationen, die mir die Hathoren übermittelten. Meiner Ansicht nach ist ihre Art, das Bewusstsein mit Hilfe von Geometrie zu beeinflussen, sowohl faszinierend als auch äußerst effektiv. Nach all diesen Jahren staune ich immer noch über ihre schlichte Eleganz und Wirksamkeit.

In diesem Abschnitt finden Sie also die gesamte Geometrie des Bewusstseins, wie sie mir von den Hathoren gezeigt wurde, außerdem Anregungen, mit den drei grundlegenden Geometrien dieses Wissensfeldes zu experimentieren.

Den Hathoren zufolge kann die Arbeit mit diesen drei Geometrien die räumlichen Kapazitäten Ihres Gehirns erweitern und Ihre Kreativität und Intelligenz fördern. Darüber hinaus sollen diese Geometrien Ihrem Gehirn/Geist beibringen, multidimensional zu operieren. Das ermöglicht es Ihnen, leichter andere Bewusstseinsdimensionen zu erforschen.

Ich bin gewöhnlich mit solchen Versprechungen eher zurückhaltend, doch aufgrund meiner jahrelangen Beobachtungen und Erfahrungen mit diesen Geometrien scheinen mir die Hathoren hier recht zu haben. Dieses Wissen kann das Bewusstsein auf einfache und doch kraftvolle Weise transformieren.

Schlussendlich vertraue ich darauf, dass dieses neue Buch für all jene, die die außergewöhnlichen Wirklichkeiten tiefer erforschen möchten, ein hilfreicher Begleiter sein wird. In diesem Sinne hoffe und erwarte ich, dass dieser »Baum« reichliche Früchte tragen wird.

Vorwort

Bevor wir fortfahren, möchte ich dem Leser einen Rat anbieten, einige intellektuelle Erwägungen, wenn man so will. Ich empfehle Ihnen, die ganze Zeit, während Sie sich dieses Material zu Gemüte führen, eine imaginierte Kiste neben sich stehen zu haben. Wenn das, was Sie lesen, Ihnen nicht sinnvoll erscheint oder Ihrem Weltbild zu heftig widerspricht, können Sie es immer in diese Kiste werfen. Nehmen Sie nichts als wahr an, was jemand sagt, ohne es mit Hilfe Ihrer eigenen Lebenserfahrung, Ihres eigenen gesunden Menschenverstands und vor allem Ihrer eigenen Werte überprüft zu haben.

Ideen einfach zu schlucken, ohne sie ordentlich gekaut und verdaut zu haben, kann zu einer Art mentaler und/oder spiritueller Verstopfung führen. Und es gibt dafür kein schnell wirkendes Abführmittel. Manche behaupten, man solle bei spirituellen Erfahrungen seine Logik und sein rationales Denken außer Acht lassen, man solle sich vollständig dem Glauben hingeben, ungeachtet aller Vernunft.

Ich persönlich halte solches Denken für gefährlich. Wir alle brauchen unseren ganzen Verstand und alle Intelligenz, derer wir habhaft werden können, um auf unserem Weg zu spiritueller Erleuchtung keinen Täuschungen aufzusitzen. Schließlich suchen wir das wahre Licht der Selbsterkenntnis und kein trügerisches Leuchten persönlicher Fantasien und Wünsche.

In diesem Sinne sind Logik und rationales Denken keine Feinde gechannelter Informationen, sondern ihre wichtigen Verbündeten.

Inhalt

Eine persönliche Reise

»Die Wahrheit ist immer seltsam,
seltsamer noch als die Fiktion.«
Lord Byron (Dichter und Satiriker, 1788–1824)

»Die Realität ist nur eine Illusion,
allerdings eine sehr hartnäckige.«
Albert Einstein (Physiker, Nobelpreisträger 1921)

Die Lektüre dieses Kapitels ist für den Gesamtzusammenhang dieses Buches nicht unbedingt erforderlich. Es beschreibt einige Dinge aus meinem persönlichen Leben, bevor ich den Hathoren begegnete.

Ich füge diese biografischen Informationen hier ein, weil sie für Menschen nützlich sein könnten, deren Wahrnehmung der Wirklichkeit sich verändert und die sich ihren inneren Welten öffnen.

Was auch immer die Gründe sein mögen, es scheint, als ob immer mehr Menschen jene Erfahrungen eines grundlegenden Wandels ihrer Weltsicht durchmachen, die manchmal als »Paradigmenwechsel« bezeichnet werden. Diese manchmal auch »spirituelles Erwachen« genannten plötzlichen Umbrüche unseres Verständnisses der Wirklichkeit können erhebliche Auswirkungen auf das eigene Leben und das Leben der uns nahestehenden Menschen haben.

Darüber hinaus wird unsere Erfahrung der Welt mitsamt unserer Sicht der Welt meiner Ansicht nach davon bestimmt, wie uns die Zeit, der Ort und die Umstände geprägt haben.

Radikale Weltanschauungen entstehen nicht aus dem Nichts. Sie entwickeln sich im Mutterleib des Lebens und der direkten Erfahrung.

Meine Suche nach Wirklichkeit, Samadhi und Kühen

Das Konzept von Wirklichkeit hat mich schon immer fasziniert. Wie so viele Dinge im Leben begann es mit einem Missverständnis.

Erst als ich etwa sieben Jahre alt war, begriff ich, dass »Realty« (engl. für »Immobilien«) nicht dasselbe war wie »Reality« (»Realität«) und es daher keine »Realitäts-Vermittlungen« gab. In meinem kindlichen Geist hatten sich die Buchstaben der Schilder für »Realty« offensichtlich in »Reality« verwandelt und ich hatte mich immer wieder gefragt, woraus wohl die Arbeit von »Reality Agents« (»Realty Agent« = »Immobilienmakler«) besteht.

Vielleicht hat mich meine Faszination für die Idee der Wirklichkeit – und wie man Wirkliches von Unwirklichem trennen kann – sogar dazu gebracht, Psychologie zu studieren. Das – sowie eine äußerst merkwürdige Erfahrung, die ich im Alter von acht Jahren machte.

Es geschah, als ich auf der Farm meines Onkels in North Carolina über die Weiden schlenderte. Die Herbstluft war klar und frisch, die Bäume leuchteten in Rot-, Gelb- und Goldtönen, und obwohl es kühl war, badete die Sonne alles in einem warmen Licht.

Und da passierte es. Mich überwältigte der Drang, mich unter einem Baum auf die kalte Erde zu setzen. Ich zog meine Beine in den Lotussitz (wie im Hatha-Yoga), obwohl ich diese Körperhaltung noch nie ausprobiert oder gesehen hatte, und schloss die Augen.

Meine Wahrnehmung der Welt verschwand rasch und ich verfiel in einen tiefen Zustand innerer Ruhe und endlosen Raums, wie ich ihn noch nie auch nur ansatzweise erlebt hatte. Mein Zeit- und Raumgefühl löste sich auf, und ich verlor alle Wahrnehmung meiner selbst. Ich war reines Bewusstsein, ohne Körper und ohne Eindrücke der äußeren Welt.

Das Ereignis schien nur ein paar Augenblicke lang zu währen, aber als ich meine Augen wieder öffnete, stand die Sonne tief am Himmel. Offenbar waren mehrere Stunden verstrichen. Ein paar Kühe waren in meine Nähe gewandert und starrten mich neugierig an.

Ich verfügte über keinerlei Verständnis dessen, was mir da widerfahren war. Erst viel später begriff ich, was damals auf jener

Weide seltsamerweise geschehen war. Seltsamerweise deshalb, weil ich ein weißer Junge war, der ohne jegliche bewusste Verbindung zu Indien oder altem yogischem Wissen aufwuchs. Ohne zu wissen wie – oder was ich da tat –, war ich unbeabsichtigt in einen meditativen Bewusstseinszustand geraten, der »Samadhi« genannt wird.

Diese Erfahrung verfolgte mich und trieb mich auf eine persönliche Suche nach Antworten auf die Fragen, was da geschehen war und warum. Ich begann, die wichtigsten spirituellen und mystischen Traditionen der Welt zu studieren, und probierte jede yogische und mystische Technik aus, derer ich habhaft werden konnte.

Rückblickend haben mich in meinem Ringen um ein Verständnis des Wesens der Wirklichkeit und meiner Erfahrung dort auf der Weide nicht nur die spirituellen und mystischen Überlieferungen unterstützt, in die ich mich hineinstürzte, sondern ganz wesentlich auch die Disziplin der Wissenschaft. Das Zusammenkommen von persönlichen mystischen Erfahrungen mit den Entdeckungen der westlichen Neurowissenschaften fesselt mich bis heute.

Meiner Überzeugung nach wurzeln veränderte Bewusstseinszustände wie das erwähnte spontane Samadhi oder Bewusstseinszustände, wie sie die Hathoren uns eröffnen, im in uns schlummernden kreativen Potenzial des menschlichen Gehirns/Geistes.

Sie können uns innovative Lösungsansätze für Probleme und tiefe kreative, lebensbereichernde Einsichten offenbaren. Der Trick besteht gewissermaßen darin, sich durch diese Gewässer hindurchnavigieren zu können.

Engel an meiner Seite

Als ich an der Universität von North Carolina in Greensboro mein Grundstudium absolvierte, tauchte ich tief in Meditation und Yoga ein. Ich experimentierte mit den meditativen Methoden des Yoga, des tibetischen Buddhismus, der christlichen Mystik, des

Sufismus, Taoismus, der ägyptischen Alchemie und schließlich auch des Schamanismus und verglich sie. Neben meinem Universitätsstudium verbrachte ich jeden Tag mehrere Stunden in verschiedenen Formen der Meditation und Kontemplation.

Ich stand kurz vor meinem Abschluss in Sprach- und Kommunikationswissenschaften, aber ich fühlte mich bereits sehr zum Studium der Psychologie hingezogen. Ich wollte die verschiedenen Bewusstseinszustände verstehen, mit denen ich jeden Tag experimentierte.

In jenen Experimenten mit Meditation und mystischer Versenkung erlebte ich zwar tiefen Frieden und Erkenntnisse, doch meine brennende Frage lautete: Waren sie echt?

An einem schicksalsträchtigen Nachmittag in meinem letzten Jahr ging ich zu einem Psychologie-Kurs über Psychosen (das Sehen und Hören von Dingen, die es nicht gibt). Plötzlich, mitten im hellen Tageslicht, spürte ich zwei riesige Präsenzen neben mir her gehen. Ich wandte mich nach rechts und links und »sah« zwei Engel, mitsamt ihren großen weißen Flügeln.

Ich schreibe das Wort »sah« in Anführungszeichen, weil es sich dabei um ein psychisches Sehen handelte (das in den mystischen Traditionen »Hellsehen« genannt wird) und nicht um physisches Sehen. Doch der visuelle Eindruck jener zwei Wesen vermittelte sich mir sehr lebhaft.

Ich verspürte eine immense Liebe von ihnen zu mir strömen. Einen Augenblick lang genoss ich die Wärme ihrer himmlischen Liebe, doch mein Entzücken wich schnell der Angst.

Was, wenn jemand sah, wie mir zwei Engel über den Campus folgten? Und schlimmer noch: Ich ging gerade zu einem Kurs über Psychosen, jenen mentalen Zustand, in dem Menschen Dinge sehen und hören, die es nicht gibt. Was, wenn ich mit den Engeln an meiner Seite in den Kurs ginge und niemand sie sähe außer mir?

Im Stillen sagte ich den zwei Wesen, sie müssten verschwinden. Sie entfernten sich sofort, und es dauerte über zehn Jahre, bevor ich wieder eine Engelerfahrung machte.

Der Student und der Yogi

In jener Zeit lebte ich zusammen mit einigen anderen Studenten und befreundeten Musikern in einem großen, baufälligen Haus. Aus irgendwelchen Gründen wohnte ich in einem riesigen, dreieinhalb Meter hohen Raum, der früher einmal als Ballsaal oder als sehr großer Salon gedient haben musste. Ich musste als Student meinen eigenen Lebensunterhalt verdienen und besaß so gut wie keine Möbel, also wurde dies zu meiner minimalistischen Phase.

Der größte Teil meines Zimmers bestand einfach aus leerem Raum. In einer Ecke lag eine alte Matratze auf dem Boden, umgeben von einem wüsten Durcheinander von Büchern, Papieren, schmutziger Wäsche und natürlich meiner Gitarre.

Die andere Ecke des Raums sah ganz anders aus. Ich hatte am Straßenrand einen kleinen Beistelltisch gefunden und daraus einen Altar gemacht, mit Kerzen und Bildern der Heiligen und Mystiker der Traditionen, mit denen ich arbeitete. Vor dem Tischchen lag ein Gebetsteppich. In diesem Bereich war alles in perfekter Ordnung – in krassem Gegensatz zu dem Chaos, in dem ich als Student mit zwei Teilzeitjobs versuchte, alles auf die Reihe zu bekommen.

Ich hatte gelesen, echte Yogis würden sehr früh am Morgen aufstehen, um zu meditieren, und ich versuchte eifrig, es ihnen gleichzutun. Doch ich war schon damals kein Morgenmensch und schaffte es oft nicht, rechtzeitig aus dem Bett zu kommen.

Nichtsdestotrotz verfolgte ich meinen Traum, ein echter Yogi zu werden. Ich meditierte also, wann immer ich konnte, und erfuhr die bewusstseinsverändernden Effekte dieser Meditationen.

Ich lebte in zwei Welten. In der einen Welt war ich Tom, der Student. In meiner geheimen Welt jedoch war ich ein angehender Yogi, der in den unendlichen inneren Kosmos eintauchte. In diesen inneren Welten schwebte ich durch das All, begegnete eindrucksvollen Lichtwesen und konnte manchmal sogar mit ihnen in Kontakt treten. Und meistens gelang es mir, wieder in die tiefe innere Klarheit einzutreten, die ich an jenem schicksalsträchtigen Nachmittag auf der Farm meines Onkels erlebt hatte.

Ohne dass ich es merkte, entstand ein Riss in mir. Ich spaltete mich in zwei Aspekte meiner selbst: den Tom, den meine Freunde und Kommilitonen kannten, und jene Person, die insgeheim ein spirituelles Leben führte, über das ich nicht zu sprechen wagte.

Solch eine Spaltung birgt gewisse Gefahren, vor allem wenn wir sie nicht bemerken. Wir sehen sie oft erst, wenn uns jemand darauf hinweist – jemand, der außerhalb der Schubladen lebt, in denen wir uns eingerichtet haben.

Eines Tages wollte ich mit einem Freund zusammen zu einem Konzert gehen. Er war noch nie bei mir zu Hause gewesen. Als er in mein Zimmer trat, schaute er sich um und fragte: »Mit wem wohnst du denn hier zusammen?«

Da ging mir ein Licht auf. In mir konkurrierten zwei Teile um meine Aufmerksamkeit: ein heiliger und ein profaner.

Der profane Teil von mir lebte in jener Ecke das Raums, wo mitten zwischen dem Chaos all dessen, was ich für mein tägliches Leben brauchte, die Matratze auf dem Boden lag, während der heilige Teil von mir sich in die gegenüberliegende Ecke des Raums zurückgezogen hatte, wo die Heiligenbilder standen und der Gebetsteppich lag und alles perfekt geordnet war.

Ich wusste nicht, wie ich das Menschliche und das Göttliche in mir zusammenbringen konnte. Ich musste einen Mittelweg finden, aber der ganze mittlere Bereich meines Zimmers war leer – ähnlich der intellektuellen Leere, die sich in meinem Kopf einstellte, wenn ich versuchte, die beiden zusammenzubringen.

Im Rückblick betrachtet, litt ich wohl unter einem ernsten Anfall von Dogmatitis, jenem Zustand, in den man gerät, wenn man zu viel religiösen oder spirituellen Quatsch geschluckt hat. Abgesehen von einigen bemerkenswerten Ausnahmen waren alle spirituellen Traditionen, mit denen ich mich beschäftigte, der Ansicht, die spirituellen Welten seien besser als die physische Welt. Viele dieser Traditionen meinten sogar, man solle danach streben, sich aus der Gefangenschaft, dem Maya oder dem Samsara des irdischen Lebens zu befreien, indem man durch eine verborgene Tür ins Paradies schlüpft. Jede Tradition hatte dabei natürlich ihre eigenen Ansichten darüber, wie dieses Paradies beschaffen sei, wer dort eingehen dürfe und wo diese geheime Tür zu finden sei.

Ich war als Quasi-Katholik und Teilzeit-Lutheraner aufgewachsen, was meine Dogmatitis noch verstärkte. Die Gehirnwäsche meiner Kindheit hatte mir sowohl implizit als auch explizit die Überzeugung eingeimpft, dass wir in Sünde geboren werden und dass uns allein durch unsere Existenz bereits ein Makel anhaftet. In diesem Dogma war das Paradies natürlich nur jenen vorbehalten, die an Christus glaubten, an das Opferlamm Gottes, das für unsere Sünden gestorben ist – was übrigens ein ursprünglich heidnisches Konzept ist. In der christlichen Version des Paradieses ist jeder, der kein wahrer Gläubiger ist, zur Hölle verdammt. In diesem Fall ist die geheime Tür der Glauben – Glauben jenseits von Vernunft, wie es der Heilige Ignatius von Loyola beschrieb.

Agape

Ungefähr um diese Zeit widerfuhr mir eine weitere spontane »spirituelle Erfahrung«, ähnlich jener auf der Farm meines Onkels, aber doch anders. Rückblickend betrachtet meine ich, dieses Ereignis wurde vielleicht durch mein unablässiges Ringen um eine Versöhnung meiner Menschlichkeit (meines profanen Lebens) mit meiner Göttlichkeit ausgelöst.

Die Traditionen, die ich erforschte und deren Meditationen und Kontemplationen ich praktizierte, hatten ein durchaus unterschiedliches Verständnis von Göttlichkeit. Manchen zufolge war ich göttlich, weil ich ein Kind Gottes war. Anderen zufolge war ich grundsätzlich göttlich, weil mein innerstes Wesen ein Ausdruck von Boddhicitta (Buddha-Natur) oder Atman (Göttlichkeit von allem) war, je nachdem ob man es als Buddhist oder als Hindu betrachtet. Für einen jungen Mann Anfang zwanzig war das ein schwieriges philosophisches Terrain.

Das Ereignis fand völlig unbeabsichtigt statt, als ich für eine Prüfung lernte. Plötzlich spürte ich, wie ein Teil von mir aus mir herausschlüpfte. Es war äußerst merkwürdig, denn ich konnte auf einmal aus zwei Blickwinkeln gleichzeitig sehen. Die eine Perspektive war wie immer aus meinen Augen, die andere dagegen war die Perspektive aus einer leicht über dem Boden schwebenden Position heraus, in der ich auf mich und über meine Schulter in das Buch schaute, in dem ich gerade las.

Ich fühlte mich völlig losgelöst von mir und meiner Umgebung. Ich spürte auch dieses Gefühl tiefen Friedens und großer Klarheit, das ich aus meinen Meditationen kannte. Aber meine Augen waren offen und ich saß nicht im Lotussitz.

Ich staunte und wunderte mich über die Situation, besonders weil ein Teil von mir jeden Gedanken und jede Empfindung von mir mit großer Gelassenheit, einem gewissen Amüsement und viel Mitgefühl beobachtete.

Plötzlich verspürte ich den Drang, aufzustehen und in den nahe gelegenen Park zu gehen. Es war früher Abend, und die Dämmerung setzte gerade ein, als ich das Haus verließ. Das Gefühl der Losgelöstheit von meinem Körper und meiner Umgebung blieb unverändert, als ich den Park betrat. Die Dämmerung verwandelte sich in frühes Abendlicht.

Unterhalb des kleinen Hügels, auf dem ich stand, wogte ein Meer von Autos, und ich hatte den merkwürdigen Eindruck, dass ich die Leute in den Autos spüren konnte. Plötzlich traf mich mit voller Wucht eine Welle der tiefsten Liebe, die ich je erfahren hatte. Aber es war eine vollkommen unpersönliche Art von Liebe. So etwas hatte ich noch nie erlebt. Sie liebte alles und jeden. Ich konnte spüren, wie sie jeden Autofahrer und jeden Insassen erfasste. Die Intensität dieser Liebe berauschte mich, und plötzlich erkannte ich, was es war.

Ich hatte in den Schriften der großen christlichen Mystiker des Mittelalters gelesen. Die Worte es Heiligen Franziskus, der Heiligen Teresa von Avila und Meister Eckharts sprachen durch die Jahrhunderte zu mir von dieser Liebe, genau dieser Liebe, die ich gerade spürte. Sie nannten sie »Agape«.

Die Macht dieser Erkenntnis brachte mich ins Schwanken, und nochmals traf mich die Wucht dieser seltsamen, unerwarteten Liebe. Ich spürte, wie sie mich liebte. Und ich spürte, wie sie jeden Grashalm und jedes Atom liebte. Das gnadenreiche Strömen dieser Liebe ließ nichts unberührt. Staunend wurde mir bewusst, dass wir Menschen jeden Augenblick unseres Lebens darin leben und doch die meiste Zeit noch nicht einmal wissen, dass es sie gibt.

So schnell, wie sie über mich gekommen war, war sie auch verschwunden. Die Liebe mit all ihrer tiefen Klarheit war wieder weg. Ich war wieder auf mich selbst zurückgeworfen. Die Welt bebte nicht mehr mit der göttlichen Intensität, die ich eben noch verspürt hatte.

Ich wandte mich um, um nach Hause zu gehen. Nach einem kurzen Stück Wegs sah ich vor mir einen Torbogen; zwei Baumkronen neigten sich so einander zu, dass der Eindruck eines Tores entstand. Auf der anderen Seite dieses Tores leuchtete eine Straßenlaterne und tauchte alles auf der anderen Seite in ein bläulichweißes Licht. Ich stand auf meiner Seite des Tores in der Dunkelheit. Aus dem Abendlicht war Nacht geworden; wieder hatte ich jegliches Zeitgefühl verloren, ähnlich wie damals auf der Farm meines Onkels.

Als ich durch das Tor von der Dunkelheit ins Licht ging, hörte ich eine Stimme, die deutlich zu mir sprach. Es war keine äußere Halluzination, sondern eine klare, unmissverständliche Präsenz in meinem Geist. Sie sprach fünf einfache Worte, die mich bis ins Mark erschütterten. Sie sagte: »Du kannst nie wieder zurückgehen!«

Inzwischen stand ich im Licht der Straßenlaterne. Meine durch die Woge der Agape (göttliche Liebe) hervorgerufene Verzückung wich plötzlicher Ernüchterung. In tiefe Gedanken versunken, ging ich nach Hause. Meine Hauptsorge galt dabei derselben Frage, die mich seit jenem Ereignis beschäftigte, das ich mit achtzehn erfahren hatte:

Sind diese wundervollen spirituellen Welten wirklich und echt?

Ein Umweg durchs Zwielicht

Nach meinem Universitätsabschluss ging ich durch eine der merkwürdigsten Phasen meines Lebens. Zu jener Zeit war mir nicht bewusst, dass ich das Fundament meiner späteren Arbeit in der Gehirnforschung legte, in der ich mich mit der bewusstseinsverändernden Wirkung von Musik beschäftigen würde.

Zunächst einmal hatte ich keine Ahnung, wo es in meinem Leben hingehen sollte.

Ich war Anfang zwanzig und hatte gerade einen ziemlich nutzlosen Abschluss in Kommunikationswissenschaften erworben. Ich wusste nicht wohin.

Da ich seit etlichen Jahren in Clubs Musik gemacht und eine Reihe von Country- und Folk-Liedern geschrieben hatte, beschloss ich, nach Nashville, Tennessee, zu gehen.

Ein Musikerfreund namens Woody hatte in einer Wohnung ein Zimmer frei, also fuhr ich mit meinem altbewährten '64er Ford Galaxy, genannt »Big Red«, dorthin. Big Red hieß so, weil dieses Auto wirklich groß und einmal knallrot gewesen war. Im Laufe der Jahre war der Lack jedoch ausgeblichen und fleckig geworden und zeigte etliche Roststellen. Mit ein paar Dollar in der Tasche machte ich mich auf, Countrysänger zu werden. Tagsüber arbeitete ich als Koch und nachts sang ich in den Clubs. Ich verbrachte meine Zeit mit Toningenieuren, machte Demo-Aufnahmen und wartete atemlos auf den Durchbruch.

Das Merkwürdige war: Die Leute in den Studios, die mich singen hörten, waren sicher, dass ich groß rauskommen würde. Aber die Produzenten mit dem Geld waren nie interessiert.

Nach etwa einem Jahr geschah dann etwas, was meinem Leben eine völlig andere Richtung gab. Wie viele andere merkwürdige Ereignisse meines Lebens fand auch dieses um Vollmond herum statt. Es war eine anscheinend normale Nacht in Nashville. Ich hatte gerade mit Woody ein bisschen Musik gemacht und sah durch das Fenster ein nagelneues großes Auto an dem Stoppschild nahe bei unserem Haus anhalten. Plötzlich brach es in Flammen aus. Der explodierende Motor spuckte Feuer, und die Passanten rannten um ihr Leben. Woody und ich liefen nach draußen, um zu sehen, was da los war. Als die Feuerwehr kam, um dem Inferno ein Ende zu bereiten, hatte ich das merkwürdige Gefühl, etwas wäre mit Big Red passiert, obwohl er sicher dreißig Meter von dem geschmolzenen Wagen entfernt stand. Während ich zurück ins Haus ging, sah ich den leuchtenden, vollen Mond am Himmel und hatte eine böse Ahnung.

Als ich am nächsten Morgen zur Arbeit fahren wollte, ließ sich der Wagen nicht starten. Ich rief den Abschleppdienst. Nachdem der Mechaniker den Motor ebenfalls nicht zum Laufen brachte, schleppte er meinen treuen Freund in die Werkstatt. Es stellte sich heraus, dass der Zahnriemen gerissen war und die Kosten für eine Reparatur weit über das hinausgingen, was ich im Moment oder in absehbarer Zeit zur Verfügung hatte.

Meine Karriere als angehender Countrysänger fand damit ein abruptes Ende. Ich beschloss, zurück nach North Carolina zu gehen.

Das Schicksal wollte es, dass ein Freund von mir gerade einen Besuch bei seiner Familie in derselben Gegend plante; also fuhr ich mit ihm durch die Blue Ridge Mountains in Richtung Greensboro. Er sagte, er wolle zwischendurch einen kurzen Halt einlegen, um seinen »Lehrer« zu besuchen, der in den Bergen lebte. Wir würden dort übernachten und am nächsten Morgen weiterfahren.

Dort ereignete sich eines der merkwürdigsten Ereignisse meines bisherigen Lebens. Wir kamen zu einem Haus voller Menschen, die diesen Lehrer reden hören wollten.

Als ich Jim Gore, dessentwegen alle hier waren, begegnete, nahm er mich beiseite und bat mich, etwas für ihn zu tun. Ich war diesem Mann noch nie begegnet, und das waren praktisch die ersten Worte, die er an mich richtete: »Geh doch bitte dort vorne hinaus auf die Wiese und schau, was du spürst. Dann komm zurück und berichte mir, was du erlebt hast.«

Ich hatte keine Ahnung, wovon er sprach. Was sollte ich auf einer großen, leeren Wiese schon spüren? Und was meinte er überhaupt mit »spüren«? Nichtsdestotrotz ging ich hinaus in die kühle Abendluft und spazierte über die weite, raue Wiese.

Ich schaute hinauf zum Himmel. Die Sonne versank hinter den Bergen, und die Sterne leuchteten langsam auf. In der kalten Herbstluft funkelten sie wie Juwelen. Ich schaute wieder auf die Wiese, die sich eine kleine Anhöhe emporzog. Zu meinem großen Erstaunen hatte ich den visuellen Eindruck einer Kuppel, die dort stand. Ich sah das nicht im physischen Sinne, sondern als mentalen Eindruck.

Ich rieb mir die Augen und fixierte nochmals den Hügel. Er war leer, doch das mentale Bild der Kuppel blieb bestehen. Bei genauerem Hinsehen konnte ich darin Räume mit verschiedenfarbigem Licht erkennen, in denen Menschen für Frieden und ein Ende aller Konflikte zwischen den Völkern meditierten. In manchen erkannte ich tibetisch-buddhistische Mönche und Nonnen.

Ich schüttelte mir diese seltsame Erscheinung aus dem Kopf und kehrte in die Wärme von Jims Wohnzimmer zurück, wo er bereits seinen »Vortrag« begonnen hatte. Ich setzte mich in eine Ecke und hörte zu, doch ich kann mich bis heute nicht daran erinnern, worüber er sprach. Das deutliche Gefühl von Licht, das von ihm ausstrahlte, lenkte mich zu sehr ab.

Als der Vortrag zu Ende war und die Leute gingen, fragte mich Jim in einem Nebenraum, was ich gesehen hätte. Ich zögerte zunächst, denn ich hatte diese Art medialen Sehens noch nie erlebt und scheute mich, darüber zu reden. Aber mit sanfter Überredungskraft gelang es Jim, mir alle Einzelheiten zu entlocken.

Nachdem ich ihm all meine Wahrnehmungen von der leeren Wiese berichtet hatte, lächelte er und zog einen Plan aus einer Schublade. Er rollte ihn auf dem Tisch aus. Es war ein Entwurf genau jenes Gebäudes, das ich gesehen hatte. Jim erklärte mir, dass es eine Kuppel mit unterschiedlich beleuchteten Räumen werden solle, in die Menschen aus aller Welt kommen würden, um dort für Frieden und die Weiterentwicklung der Menschheit zu meditieren. Manche von ihnen würden auch aus Tibet sein.

Am nächsten Morgen fuhren Woody und ich weiter ostwärts nach Greensboro. Dort wurde die Geschichte noch merkwürdiger.

Kurz nachdem ich wieder in dem Haus angekommen war, das ich glaubte, hinter mir gelassen zu haben, erfuhr ich von einem Freund, ein sehr eindrucksvolles Medium komme in die Stadt und biete eine kostenlose Veranstaltung an. Ich merkte mir nur zwei Worte: »Medium« und »kostenlos«.

Am Abend betrat ich zögerlich einen kleinen, mit Klappstühlen vollgepackten Raum. Ich setzte mich ganz nach hinten in die Nähe der Tür. Wenn mir die Veranstaltung zu verrückt würde, könnte ich leichter unbemerkt hinausschleichen.

Eine Frau namens Marian trat ein. Marian war eine äußerst geradlinige Person, und sobald alle saßen, legte sie los.

Ihre ersten Worte verblüfften mich dermaßen, dass ich wie festgenagelt auf meinem Stuhl sitzen blieb. Zuerst dachte ich, ich hätte mich verhört. In nüchternem Ton sagte sie, falls irgendjemand an einem bestimmten Datum der vergangenen Woche Probleme mit seinem Auto gehabt habe, sei das ein Zeichen dafür, dass diese Person zugestimmt habe, der Weißen Bruderschaft etwas von ihrer persönlichen Energie zur Verfügung zu stellen, damit diese eine Katastrophe auf der Erde abwenden könne. Dieser mysteriöse Energie-Transfer würde irgendwie unauffällig über das Auto stattfinden, was zu plötzlichen, unerklärlichen Problemen führen könne. Das Datum, das sie nannte, war genau der Tag, an dem jener Wagen vor unserem Haus in Flammen aufgegangen war und Big Red seinen Geist aufgegeben hatte.

Ich war schockiert. In meinem Verstand wirbelte alles durcheinander. Was ist die Große Weiße Bruderschaft?, fragte ich mich. Und was in aller Welt konnte sie damit meinen, dass manche von uns zugestimmt hätten, Energie zu spenden, indem unsere Autos hopsgingen?

Mein logisches Denken war komplett verwirrt. Wenn sie nicht genau das Datum genannt hätte, an dem ich mein Auto verloren hatte, hätte ich alles einfach als Blödsinn abgetan.

Von dem, was sie nach dieser Mitteilung sagte, bekam ich nicht mehr viel mit. Mein Verstand hatte noch mit dieser Auto-Sache zu kämpfen. Ich hörte sie reden, aber ihre Worte kamen nicht mehr bei mir an. Mein Intellekt hing fest wie in einer Schachfalle. Um die Irrationalität dessen, was ich gerade gehört hatte, zu verarbeiten, bewegte ich meine Gedanken hin und her wie Schachfiguren. Und wer auch immer die Weiße Bruderschaft sein mochte, ich rang mit der kristallklaren Erkenntnis, dass sie Big Red und meinem Traum von einer Karriere als Countrysänger ein Ende bereitet hatten, ohne mich zu fragen. Selbst heute, Jahrzehnte nach jener merkwürdigen Vollmondnacht in Nashville, weiß ich nicht, wie ich diese Ereignisse oder Marians Erklärung dafür intellektuell verstehen könnte.

Am Ende der Veranstaltung erwähnte Marian, sie sei noch ein paar Tage in der Stadt, um persönliche mediale Sitzungen zu geben, und alle, die bereits einen Termin hätten, sollten diesen bitte von ihrer Assistentin bestätigen lassen.

Ich weiß nicht, was mich überkam. Mein Verstand arbeitete sich immer noch an der Irrationalität des Gehörten ab, aber trotz all meiner logischen Einwände stellte ich mich in die Schlange jener, die ihre Termine mit Marian bestätigen wollten.

Genau genommen gab es zwei Schlangen: eine, die sich um Marian selbst drängte, und eine um Marians Assistentin, die neben ihr stand. Als ich endlich dran war, fragte ich unsicher, ob es denn noch freie Termine gebe. Marians Assistentin sah mich an, als käme ich vom Mond. Sie erklärte mir, Marian sei mindestens sechs Monate im Voraus ausgebucht und sie könne mich höchstens auf die Warteliste setzen.

In diesem Augenblick entschuldigte sich Marian für einen Moment bei der Person, zu der sie gerade sprach, und wandte sich ihrer Assistentin zu. Sie hielt einen Finger in die Luft, als wolle sie kurz die Zeit anhalten. Dann wandte sich Marian mir zu und musterte mich von Kopf bis Fuß. Ich hatte das deutliche Gefühl, von ihr gescannt zu werden, auch wenn ich zu jener Zeit noch gar nicht wusste, was das bedeutete. Diese Frau, der ich noch nie zuvor begegnet war, schlug den Schleier zurück und schaute in meine Seele. Es fühlte sich ziemlich beunruhigend an.

Dann sagte Marian zu ihrer Assistentin: »Finde für ihn so bald wie möglich einen Termin. Wenn nötig lasse ich das Mittagessen ausfallen. Schiebe ihn irgendwo dazwischen.«

Ihre Assistentin schien mindestens so überrascht wie ich. Sie nannte mir eine Uhrzeit für den nächsten Tag und eine Adresse. »Bitte sei pünktlich«, meinte sie.

Am nächsten Tag war ich deshalb schon ein paar Minuten eher da. Die Assistentin, die ich am Tag zuvor gesprochen hatte, zeigte mir einen Raum und sagte, Marian werde gleich bei mir sein.

Ein paar Minuten später kam Marian ins Zimmer und setzte sich ein Stück von mir entfernt auf einen Stuhl. Sie legte eine Kassette in einen Rekorder und drückte die Aufnahmetaste.

Sie sprach etwa eine Stunde lang ununterbrochen und in einem unglaublichen Tempo über Dinge, die niemand außer mir selbst wissen konnte. Sie sprach über meine Kindheit sowie sehr persönliche Ereignisse, Gedanken und Gefühle. Wieder war ich vollkommen verblüfft darüber, was diese Frau, der ich nie zuvor begegnet war, über mich wusste. Wie am Tag zuvor war sie sehr direkt und kam ohne Umschweife auf den Punkt. Sie schien in mir zu lesen wie in einem offenen Buch.

Als sie innehielt, um mir Gelegenheit für Fragen zu geben, wollte ich wissen, woher sie all dies wissen könne. Sie wedelte mit der Hand, als wolle sie ihre Antwort als unbedeutend abtun. »Die Akasha-Chroniken, mein Lieber. Ich lese einfach nur in deiner Akasha-Chronik.«

Ich hatte noch nie von den Akasha-Chroniken gehört und fragte, was um alles in der Welt das sei. Sie lachte und meinte, sie seien nicht von dieser Welt. Sie befänden sich in den höheren ätherischen Welten, und alles, was je geschehen sei, sei dort aufgezeichnet.

Dann bekam ihre Stimme einen Ton hoher Dringlichkeit. »Wie du vielleicht bemerkt hast, habe ich mir trotz meines vollen Terminkalenders für dich Zeit genommen.«

Ich nickte.

»Weißt du, warum?«

Ich schüttelte den Kopf und flüsterte ein tonloses »Nein«.

»Was hast du gesagt?«, fragte Marian in einem Ton, der zu sagen schien: Vergeude nicht meine Zeit mit unhörbaren Antworten.

Ich räusperte mich und sagte: »Ich habe keine Ahnung.«

Marian wechselte ihre Haltung und sah mir direkt in die Augen. »Da gibt es etwas, das du wissen solltest ... Wenn du nur einen Monat länger in Nashville geblieben wärest, wärst du entdeckt worden und deine Karriere als Sänger wäre nicht mehr aufzuhalten gewesen.«

Mein Mund war staubtrocken. Ich hatte Marian gegenüber kein Wort von Nashville, jenem merkwürdigen Ereignis mit Big Red oder meinen Hoffnungen auf eine Musikerkarriere erwähnt.

»Möchtest du wissen, warum deine Karriere als Sänger zu Ende ging, bevor sie begann?«

»Ja«, sagte ich.

»Deine Seele wollte etwas anderes für dich. Du standest an einem Wendepunkt deines Lebens, mein Lieber, doch wenn du ein Country-Star geworden wärst, wäre die Sehnsucht deiner Seele verlöscht. Ich weiß, du hast keine Ahnung, was auf dich zukommt. Ich kann dir nur sagen, dass du einen anderen Weg finden wirst, deine Stimme zu verwenden, und es wird etwas mit Heilung zu tun haben.«

Ich muss ziemlich entgeistert ausgesehen haben, denn Marian zog eine andere meiner Kindheitserinnerungen heran.

»Erinnerst du dich an jenes Ereignis, als du dreizehn Jahre alt warst?«

Mein Verstand durchwühlte meine Erinnerungen jenes schwierigen Jahres, in dem meine Familie aus finanziellen Gründen in eine winzige Wohnung an der Küste umziehen musste. In jener Zeit war mein einziger Zufluchtspunkt der Hobbyraum im Keller. Es war Winter, weshalb kaum Leute in dem heruntergekommenen Apartmenthaus am Meer lebten. Ich schlich mich regelmäßig in den Keller, um dort zu singen, denn der Raum hatte einen tollen Klang. Ich ließ mich vom Hall meiner Stimme innerlich davontragen. Ich vermied es, zu singen, wenn mich irgendjemand hören konnte, doch wann immer ich in jenem Winter in den Keller gegangen war, um meiner Stimme zu lauschen, war ich nie jemandem begegnet.

An einem Nachmittag war ich nach der Schule wieder in den Hobbyraum gegangen und sang. Wie ich herausgefunden hatte, half mir der Klang meiner eigenen Stimme, den in meinem Körper angestauten Stress zu lösen. Im Rückblick weiß ich, dass mir vor allem die zunehmenden Spannungen zwischen meinen Eltern Schwierigkeiten machten. Erst zwanzig Jahre später, als ich mich mit Hirnforschung beschäftigte, wurde mir bewusst, wie sehr der Klang meiner eigenen Stimme mir durch die schwierige Zeit meiner Jugend geholfen hat.

An jenem Nachmittag wurden meine Träumereien jäh unterbrochen, als ich spürte, dass jemand an der Tür war. Ich hörte auf zu singen und sah einen Mann dort stehen, den ich nie zuvor gesehen hatte.

Er sprach nur wenige, leise Worte zu mir: »Ich will dich nicht stören«, sagte er. »Ich will dir nur sagen, dass du mit deiner Stimme in dieser Welt viele Menschen heilen wirst.«

Danach zog er sich zurück und schloss die Tür. Ich sah ihn nie wieder.

Hiermit endete meine Beschreibung jener Erinnerung und ich kehrte mit meiner Aufmerksamkeit in den gegenwärtigen Moment zurück, wo sich Marian noch näher zu mir neigte.

Ihre Worte waren knapp bemessen. Ich erinnere mich bis heute an sie, weil sie eine Intensität in sich trugen, die nicht von dieser Welt zu sein schien: »Dieser Mann«, sagte Marian, »war kein Mann. Er war ein Engel. Er wurde gesandt, um dir eine Botschaft zu bringen.«

Marian warf einen Blick auf die Uhr auf ihrem Tisch und drückte die Stopp-Taste des Rekorders. Sie nahm die Kassette heraus und gab sie mir. Mit den Worten »Es war sehr nett, dich kennenzulernen, Tom« geleitete sie mich zu der Tür, durch die ich hereingekommen war.

Draußen schien der Himmel zu schimmern. Ich fühlte mich gleichzeitig elektrisiert und wie betäubt.

Zu Hause hörte ich mir die Kassette wieder und wieder an und staunte jedes Mal aufs Neue, wie diese Frau, der ich nie zuvor begegnet war, so viel über mich wissen konnte.

Der hypnotische Schlüssel

Es vergingen viele Jahre, bevor ich ein intellektuelles Konzept fand, mit dem sich Marians frappierende Fähigkeit, außerhalb von Zeit und Raum Informationen zu gewinnen, erklären ließ.

Ich fand den Rahmen dafür in den faszinierenden Theorien der paranormalen Psychologie, zum Beispiel in der Vorstellung eines nonlokalen, nicht ortsgebundenen Aspekts des menschlichen Bewusstseins.

Dieser Theorie zufolge werden Informationen gewöhnlich durch unsere fünf Sinne aufgenommen, doch in gewissen veränderten Bewusstseinszuständen (z.B. Hypnose oder Meditation) werden Menschen fähig, auch Informationen von weit entfernten Orten oder aus lange vergangenen Zeiten aufzuspüren.

Meine Faszination im Hinblick auf veränderte Bewusstseinszustände und das Phänomen des nicht ortsgebundenen Gewahrseins führte schließlich dazu, dass ich meinen Master in Psychologischer Beratung machte. Zum eigentlichen Wendepunkt meines Verständnisses veränderter Bewusstseinszustände kam es jedoch erst während einer Fortbildung in klinischer Hypnose nach Erickson.

Die Hypnose nach Erickson stimuliert mit Hilfe einer speziellen, eleganten Sprache äußerst ungewöhnliche, heilende Körper- und Bewusstseinszustände. Darüber hinaus ähneln die Inhalte der hypnotischen Zustände zum großen Teil den Erfahrungen, die ich auch von yogischen Meditationen und mystischen Kontemplationen kannte.

Damit hatte ich eine Fährte gefunden. Meine Selbsteinschätzung meiner Meditations- und Kontemplationserfahrungen fing an, sich zu verändern. Ich betrachtete meine Erfahrungen der inneren Welt aus einem neuen Blickwinkel und unter einer neuen Fragestellung: Was geschah in meinem Gehirn/Geist, was derartige Erfahrungen ermöglichte?

Im Rückblick erkenne ich diesen Perspektivenwechsel als den wichtigsten Wendepunkt meines Lebens. Von da an suchte ich die Erklärungen für meine Erfahrungen weniger im Bereich des spirituellen Dogmas und wandte mich mehr der Präzision der Wissenschaften zu.

Gehirn, Geist und Musik

Ich begann, die Hypnose nach Erickson mehr und mehr in meinen Beratungen und meiner psychotherapeutischen Praxis einzusetzen. Und ich fing an, mich in die neuesten Hirn- und Bewusstseinsforschungen einzuarbeiten. Es war eine aufregende Zeit damals, Anfang der Achtzigerjahre.

Die Neuropsychologie steckte noch in den Kinderschuhen, genauso wie die Psycho-Neuroimmunologie (Erforschung der Wechselwirkungen zwischen unseren Gedanken und Emotionen und unserem Immunsystem).

In dieser Zeit lernte ich durch einen Bestseller mit dem Titel »Superlearning« die Arbeiten von Dr. Lozanov kennen. In seinen bahnbrechenden Entdeckungen wies er nach, wie Musik auf das Gehirn wirkt und dass bestimmte Arten von Musik eine Gehirnwellenaktivität hervorrufen können, die das Lernen fördert und Stress mindert.

Ich war fasziniert. Schließlich hatte auch mir selbst die Musik wesentlich geholfen, es durchs College zu schaffen. Ich fing an, während meiner hypnotischen Arbeit mit meinen Klienten leise barocke Largo-Motive (à la Lozanov) im Hintergrund zu spielen, und bemerkte, dass wir damit in tiefere Bewusstseinsschichten gelangten.

Was geschah da? Ich wollte ganz genau verstehen, wie die Musik zu diesen eindrucksvollen Veränderungen beitrug, die ich bei meinen Klienten beobachtete.

Ich begann, eine Musik für meine Klienten zu komponieren und während der Sitzungen abzuspielen. Die Tiefe und Kraft der psychologischen Arbeit, die daraus entstand, war einfach erstaunlich.

Aus der Überzeugung heraus, dass Klänge und Musik wesentlich zum psychotherapeutischen Heilungsprozess beitragen können, bildete ich eine lose verbundene Forschungsgruppe mit dem Namen »Acoustic Brain Research«, um diesen Ansatz wissenschaftlich zu dokumentieren. Diese Gruppe bestand aus mir und einigen Forschern verschiedener Colleges, Universitäten und unabhängiger Institute. Auf diese Weise arbeitete ich zehn Jahre lang in der Hirnforschung. Unser Schwerpunkt lag auf dem Erzeugen verschiedener Bewusstseinszustände durch Klänge. Dabei bedienten sich die verschiedenen Mitglieder unserer Gruppe unterschiedlicher Methoden. Für mich erwies sich das Neuromapping, eine Art computergestütztes, erweitertes EEG, als der nützlichste Ansatz.

Mir war klar, dass bestimmte Arten von Klängen eine große Bandbreite von Veränderungen im Gehirn hervorrufen können, mit denen sich kreative und ungewöhnliche Bewusstseinszustände erzeugen lassen. (Sie können einige der aktuellen Forschungsergebnisse sowie etliche Artikel, die ich zu dem Thema geschrieben habe, unter www.tomkenyon.com finden. Klicken Sie dort einfach auf »Acoustic Brain Research«. Dort steht Ihnen zu diesem Thema eine große Menge wissenschaftliches Material zur Verfügung. Sie können dort auch Beispiele psychoakustischer Klangmuster hören, die ich entwickelt habe, um bestimmte Bewusstseinszustände zu erzeugen.)

Die Synergie meiner persönlichen Geschichte

Wenn ich jetzt diese Worte schreibe, schaue ich aus einer Perspektive auf jene Zeit, die mir damals, als die Ereignisse meine intellektuelle Weltsicht prägten, nicht möglich war.

Nach meiner spontanen Samadhi-Erfahrung auf der Weide meines Onkels hatte ich mich auf die Suche begeben, herauszufinden, was da mit mir passiert war. Diese Suche führte mich zur christlichen Mystik, zum Sufismus, zu den indischen Yogis, zum tibetisch-buddhistischen Tantra, zum Taoismus, zur ägyptischen Alchemie und schließlich zum Schamanismus.

Eine Zeit lang experimentierte ich mit ihren verschiedenen Methoden zur Bewusstseinsveränderung mit einer Art transzendenter Leidenschaft. In meinen täglichen Meditationen erhob ich mich über meine alltägliche Existenz und tauchte in numinose Lichtwelten ein. Ich lebte nur für diese Augenblicke der Transzendenz und jene gelegentlichen Begegnungen mit Wesen, die aus anderen Seinswelten zu stammen schienen.

Durch meine Beschäftigung mit Neuropsychologie wandelte sich jedoch meine Betrachtungsweise veränderter Bewusstseinszustände. Meine zentralen Fragen wurden damit weniger philosophisch und waren mehr anatomischer und physiologischer Art.

Was genau geschah im Gehirn während solcher spiritueller Erfahrungen? Was waren die Gemeinsamkeiten zwischen den verschiedenen spirituellen Traditionen, wenn man sie aus der Sicht der Neuropsychologie und der Gehirnfunktionen betrachtete und nicht nur durch die Linse der spirituellen Dogmen?

Ich gelangte zu der Überzeugung, dass spirituelle Erfahrungen ein Resultat sowohl nichtphysischer Ereignisse im Bewusstsein (also im Geist) als auch neurologischer und biochemischer Prozesse im Gehirn seien.

Doch wie schon der Forscher Carl Pribham betonte, ist der Geist kein Ding. Er ist ein Prozess, der parallel zur Gehirnaktivität stattfindet. Man kann also ein Gehirn ohne Geist haben, zum Beispiel bei einer Leiche, aber es gibt keinen Geist ohne Gehirn.

Das schien wirklich die zentrale Frage zu sein. Waren alle spirituellen Erfahrungen nur ein Ergebnis bestimmter Gehirnaktivitäten, oder gingen manche von ihnen auch über diese hinaus? Und wenn einige spirituelle Erfahrungen tatsächlich die Gehirnaktivitäten transzendieren sollten, wie um alles in der Welt könnte man das wissenschaftlich nachweisen?

Damals war mir nicht bewusst, dass ich mich hiermit an der Schwelle zu einem Paradigmenwechsel befand. Dieser Wechsel stellte einige meiner grundlegendsten und hart erarbeiteten Annahmen über die Realität infrage.

Die Idee eines Paradigmenwechsels mag für viele exotisch und romantisch klingen, doch wenn man ihn durchlebt, kann er ziemlich nervenaufreibend bis desorientierend sein – vor allem, wenn an der eigenen Version der Realität viel dranhängt.

Als es zu meiner ersten Begegnung mit den Hathoren kam, hatte ich bereits eine Menge in mein eigenes kleines Paradigma investiert. Ich hatte mit Acoustic Brain Research über zehn Jahre lang Hirnforschung betrieben und Dutzende psychoakustischer Programme entwickelt, die von Therapeuten und Laien in aller Welt eingesetzt wurden. Und ich war seit über zwanzig Jahren als Psychotherapeut und Berater tätig.

Kollidierende Welten

An jenem schicksalsträchtigen Tag unserer ersten Begegnung befand ich mich in einem Meditations-Retreat, der nichts mit den Hathoren zu tun hatte. Ich praktizierte vielmehr die alte yogische Meditationspraxis des Siddhas-Yoga.

Ich kam gerade aus einer ziemlich tiefen Samadhi-Erfahrung (einer yogischen Trance), als ich psychisch zwei Wesen im Raum wahrnahm. Mit dieser Kollision zweier Welten – ihrer und meiner – begab ich mich in ein Bewusstseins-Abenteuer, bei dem es unmittelbar um das Rätsel ging, das ich eben angesprochen habe.

Trotz meiner intellektuellen Proteste bestanden die Hathoren darauf, dass sie nichtphysische Wesen seien und dass sich menschliches Bewusstsein nicht nur durch elektronische Entladungen neuronaler Netzwerke beschreiben lässt.

Den Hathoren zufolge wurzelt das menschliche Bewusstsein sowohl im Quantenbereich subatomarer Phänomene als auch im nonlokalen Hyperraum. Anders gesagt sind spirituelle und mystische Erfahrungen zum Teil das Ergebnis ungewöhnlicher Hirnaktivitäten. Doch sie sind auch mehr als das: Sie sind Fenster zu einem nicht lokalisierten Bewusstsein, das alle Phänomene transzendiert; ein Bewusstsein, das in das gesamte Universum eingewoben ist und zu dem alle Menschen potenziell Zugang haben.

Die Geschichten meiner Begegnungen mit diesen rätselhaften Wesen könnten selbst ein ganzes Buch füllen, weshalb ich hier nicht weiter auf sie eingehen möchte.

Wenn Sie gerne mehr über unsere Kollision von Wahrnehmungswelten erfahren möchten, steht Ihnen auf unserer Website www.tomkenyon.com unter »Sound Gifts« eine kostenlose Audio-Datei mit dem Titel »My First Experience With the Hathors« zur Verfügung.

Die Hathoren und ihre Botschaft

Die Hathoren sind Praktiker, auch wenn sie körperlose Wesen sind, die im Licht leben. Sie empfinden eine große Zuneigung zu den Menschen und haben einen wundervollen Sinn für Humor. Meiner Ansicht nach hängt beides zusammen. Ich meine, ist es überhaupt möglich, uns Menschen zu mögen, ohne mit einem ausgeprägten Sinn für Humor begabt zu sein?

In all den Jahren, die ich sie kenne, und das sind inzwischen über zwanzig, habe ich sie in Bezug auf ihre Sicht der Wirklichkeit oder auf das Potenzial des menschlichen Bewusstseins nie dogmatisch erlebt. Sie haben mir auch nie gesagt, was ich tun müsste. Das entspricht nicht ihrem Wesen. Falls Sie je einem Wesen begegnen, das sich als Hathor ausgibt und Ihnen sagt, was Sie zu tun oder zu lassen hätten, können Sie davon ausgehen, dass es nicht wirklich ein Hathor ist.

Wenn ich es wagen darf, die Unmenge an Informationen, die sie mir im Laufe der Jahre vermittelt haben, zusammenzufassen, stellt es sich mir folgendermaßen dar:

1. Wir Menschen sind wundersame Wesen; wir leben in einer Welt, die ständig zwischen zwei scheinbar divergenten Ausdrucksformen hin- und herwechselt, nämlich zwischen Materie und Energie. Naturgemäß sind wir sowohl Ausdruck von Materie als auch von Energie. Wir haben naturgemäß die Fähigkeit, zwischen diesen beiden Ausdrucksformen willentlich hin- und herzuwechseln – wenn wir uns von den einengenden Wahrnehmungsschubladen befreien, an die zu glauben wir gelernt haben.

2. Letztlich entspricht es unserem Wesen, Zeit und Raum zu transzendieren. Unser Körper mag gegenwärtig an diese Begrenzungen gebunden sein, doch unser eigentliches Wesen ist unbegrenzt.

3. Je mehr wir uns von den erlernten Reaktionen befreien, die uns in der Welt der Begrenzungen gefangen halten, desto mehr Freiheit werden wir erfahren.

4. Der Schlüssel zu höheren Bewusstseinszuständen liegt in unserer Lebenskraft. Indem wir unsere Lebenskraft kultivieren und in immer höhere Schwingung versetzen, können wir in himmlische, glückselige Wahrnehmungswelten eintreten.

5. Die Erde befindet sich zurzeit in ihrem eigenen Aufstieg in höhere Schwingungsebenen. Unsere Seelen haben sich dafür entschieden, zu dieser Zeit hier zu sein, um Zeuge dieses Prozesses zu sein und daran teilzuhaben.

6. Das Leben in der Materie ist weder ein Fluch noch eine Strafe. Es ist ein Abenteuer des Geistes.

7. Die Liebe gehört zu den machtvollsten Kräften des Universums.

1. Teil

Botschaften einer
aufgestiegenen Zivilisation

1

Wer wir sind und warum wir zu euch kommen

Wir sind die Hathoren. Wir kommen in Liebe und verkünden euch eine neue, traumhafte Wirklichkeit für eure Erde. Wenn ihr bereit seid, die neue Welt aufzubauen, laden wir euch ein, mit Geist und Herz mit uns auf die Reise zu gehen.

Wir sind eure älteren Brüder und Schwestern. Wir begleiten euch schon seit sehr langer Zeit in eurer Evolution auf diesem Planeten. Wir sind schon seit Äonen bei euch – selbst in jenen vergessenen Zeiten, als eure Geschichtsschreibung noch keine Spur von uns kannte.

Von unserem Wesen her sind wir energetisch und interdimensional.

Wir kamen ursprünglich über Sirius aus einem anderen Universum. Sirius ist ein Portal zu eurem Universum. Von dort setzten wir unseren Weg zu eurem Sonnensystem und den feinstofflichen Regionen der Venus fort.

In der Vergangenheit haben wir besonders durch und mit der alten ägyptischen Fruchtbarkeitsgöttin Hator gewirkt. [Um der Klarheit willen werden wir die Schreibweise »Hator« nur für die ägyptische Göttin und die Schreibweise »Hathoren« (meistens im Plural) für die aufgestiegenen Wesen verwenden, um die es in diesem Buch geht.]

Auch wenn wir mit einigen Frühkulturen der Erde im Austausch waren, sind wir doch eine intergalaktische Zivilisation mit Außenposten, die sich über das euch bekannte Universum und darüber hinaus erstrecken.

Wir sind eine aufgestiegene Zivilisation – eine Gruppe von Wesen, die in einem bestimmten Schwingungsfeld existieren. Wie ihr sind wir Teil des Mysteriums, Teil jener Liebe, die alle Universen verbindet und zusammenhält.

Wir sind wie ihr durch Freude und Leid gewachsen. In Bezug auf die unendliche Weite befinden wir uns höher auf der Spirale des Bewusstseins als ihr. Daher bieten wir euch an, was wir gelernt haben – als Freunde, Mentoren und Mitreisende.

Ihr befindet euch gerade an einem enorm bedeutsamen Punkt der Bewusstseinsentwicklung auf diesem Planeten. Es ist etwas im Gang, was noch nie zuvor stattgefunden hat, und es bereitet uns Freude und eine Art Ekstase, mit euch noch einmal teilzuhaben und in euer Bewusstsein zu treten, denn das letzte Mal waren wir im alten Ägypten bewusst zusammen.

In der ägyptischen Geschichte gibt es nur wenige Hinweise auf unsere Existenz, unsere Motive und unser Aussehen. Doch in den Tempeln der Göttin Hator haben Reliefs überdauert, die unser Aussehen zeigen. Auf dem Einband dieses Buches seht ihr eines dieser Reliefs. Vielleicht hilft es euch, euch zu erinnern.

Auf den folgenden Seiten werden wir versuchen, euch von unserer Bewusstseinsebene her Werkzeuge und Verständnis zu vermitteln. Wir hoffen und wünschen, diese mögen sich für euch als hilfreich erweisen. Wir möchten klarstellen, dass wir nicht eure Retter sind. Wir sind nicht messianisch. Wir sind eure in der Nähe wohnenden Brüder und Schwestern, aber wir werden nicht in eure Entscheidungsprozesse oder in eure Evolution eingreifen, denn diese unterliegen eurem freien Willen.

Wir stehen jedoch bereit, euch zu helfen. Wir sind bereit, euch nicht nur durch die Techniken und das Verständnis zu helfen, das wir auf diesen Seiten offenbaren werden, sondern euch auch ganz individuell zu mehr Gesundheit und Bewusstheit zu verhelfen. Dass ihr dieses Buch gewählt habt, ist ein Zeichen für eure Bereitwilligkeit, und wir sind unsererseits ebenso bereit, euch auf vielen Ebenen des Bewusstseins zur Verfügung zu stehen. Durch unser Hilfsangebot möchten wir nicht das Wirken eurer anderen spirituellen Helfer und kosmischen Beziehungen stören. Es gibt jedoch eine Menge, was wir euch gerne übermitteln möchten.

Beginnen wir mit einem Verständnis eurer selbst als Energie. Wir möchten unsere Ausführungen mit dem Thema »Energie« anfangen, weil zu dieser Zeit das menschliche Bewusstsein auf der Erde in dem gefangen ist, was ihr »dreidimensionale Wirklichkeit« nennt – jene materielle Welt, die ihr mit euren physischen Sinnen berühren und sehen könnt. Doch innerhalb des Spektrums der Energien – jenes elektromagnetischen Spektrums, das eure Physiker entdeckt haben – seht ihr nur ein Prozent dessen, was existiert. Wir existieren in jenen anderen 99 Prozent für euch nicht wahrnehmbarer Energie, genauso wie die unzähligen anderen Reiche dieses Universums, die es für euch noch zu entdecken gilt.

2

Der Mensch als Energiesystem

Als eure älteren Brüder und Schwestern leben wir in Regionen, die ihr als »vierte bis zwölfte Dimension« bezeichnen würdet. Unser Blickwinkel auf euch ist einzigartig, weil wir euch durch einen anderen Energiezustand betrachten. Wir nehmen euch als eure einander durchdringenden Energiefelder wahr.

Das erste dieser Felder, das für euch offensichtlich ist, nennt ihr den »physischen Körper«. Dazu gehören all die verschiedenen chemischen, biochemischen und elektrischen Prozesse in den Billionen von Zellen, die den Raum eures Körpers ausfüllen. Wenn wir euren physischen Körper sehen, nehmen wir ihn jedoch hauptsächlich als Raum wahr.

Wir sehen ihn als eine Galaxie von Sternen, denn jedes Atom ähnelt stark einem Sonnensystem, mit dem Atomkern als Zentralsonne und den sich darum drehenden Elektronen als Planeten. Die hermetischen Alchemisten der ägyptischen Tradition sprachen von dem Gesetz bzw. dem hermetischen Prinzip, das besagt: »Wie oben, so unten. Wie innen, so außen.« Das bedeutet, dass sich die verschiedenen Ebenen des Kosmos ineinander wiederholen. In diesem Sinne besteht das Sonnensystem aus den sich um die Sonne drehenden Planeten und das Atom aus den sich um den Zellkern drehenden Elektronen. Genauso wie euer Sonnensystem besteht auch ihr zum größten Teil aus Raum.

In euren physischen Körpern gibt es in der Tat eine Unmenge Raum, und es ist eine Illusion, zu meinen, ihr wäret feste Materie. Auch eure Wissenschaftler haben herausgefunden, dass ihr zu über 99 Prozent aus Raum besteht. Wenn wir eure Körper wahrnehmen, sehen wir sie als Raum und nicht als Masse so wie ihr.

Wir sehen euch buchstäblich als wandelnde Sternengalaxien. Auch wenn euch dieses erste Feld also recht fest erscheint, sehen wir es vom Standpunkt des Lichts und der Energie.

Euer physischer Körper ist von einem zweiten Energiefeld durchdrungen, das wir »KA« nennen. Manche bezeichnen es als den »pranischen Körper«. Wie die Yogis der alten Traditionen entdeckt haben, ist Prana die essenzielle Lebenskraft im Sauerstoff. Es entspricht jedoch nicht nur dem, was ihr gewöhnlich unter Sauerstoff versteht, sondern einer feinstofflichen Energie. In Gegenden mit üppiger Vegetation und in der Nähe großer bewegter Gewässer tritt Prana besonders reichlich auf. Prana ist Lebenskraft. Dieses Prana durchdringt sowohl euren physischen Körper als auch euren pranischen Körper, euer KA. [Die Taoisten bezeichnen diese Art feinstofflicher Energie, die wir hier »Prana« nennen, als »Chi«, und den Pranakörper dementsprechend als »Chi-Körper«. Die Hathoren bezeichnen das KA auch als »Ätherkörper«.]

Euer KA ist die Quelle der Lebenskraft, die euren physischen Körper durchströmt. Das KA wird auch »spiritueller Zwilling« oder »ätherischer Doppelgänger« genannt, da es ein feinstoffliches energetisches Duplikat des physischen Körpers und seiner Energiefelder ist. Diejenigen unter euch, die mit ägyptischer Alchemie vertraut sind, kennen den Begriff »KA« als Bezeichnung jenes Energiekörpers, der den physischen Körper nach dessen Tod eine Weile überleben kann.

Diagrammm des KA

Das KA ist ein Energiekörper, der euren physischen Körper durchdringt. Ohne das den physischen Körper durchdringende und das KA stärkende Prana könntet ihr nicht überleben. Es ist die eigentliche Lebenskraft. Manche der Techniken, die wir euch übermitteln werden, dienen daher der Stabilisierung des Pranaflusses der Galaxie, die ihr euren »physischen Körper« nennt, was für eure Gesundheit, ja für eure Existenz unabdingbar ist.

Ihr habt zwar auch noch andere feinstoffliche Körper wie den Emotional-, den Kausal- und den Astralkörper, aber wir werden uns vor allem auf das KA konzentrieren, da die Entwicklung dieses Körpers euch einen enormen Schub hin zu höheren Bewusstseinszuständen geben wird.

In den Diagrammen 1a und 1b (siehe S. 46) seht ihr, dass alle bipolaren magnetischen Felder ähnliche Formen haben. Zu den bipolaren magnetischen Feldern gehören so unterschiedliche Formen wie Magnete, Äpfel, Planeten (auch die Erde) und Menschen.

Im Diagrammm 1c (siehe S. 47) seht ihr eine zweidimensionale Darstellung des elektromagnetischen Feldes, das den menschlichen Körper umgibt. Euer Körper ist ein bipolarer Magnet mit einer zentralen Säule, die in alten esoterischen Traditionen auch »Zentralkanal«, »mittlere Säule«, »Pranaröhre« oder »Antahkarana« genannt wird. Wie eure Wissenschaften inzwischen auch entdeckt haben, strahlen alle bipolaren Magnete dreidimensionale Felder aus, die solche donutähnlichen Torusformen haben.

Das menschliche Magnetfeld ist wie ein Torus geformt. Genau durch die Mitte eures Magnetfeldes (also durch die Mitte eures Körpers) verläuft ein Energiekanal. Dies ist die zentrale Säule des Magnetfeldes, das von eurem physischen Körper gebildet wird. Sie verläuft vom obersten Punkt eures Schädels hinab zum Perineum.

Dieser Energiekanal (Pranaröhre) ist ein zentrales Merkmal eures KA. Er leitet die feinstofflichen Energien, die eure Lebenskraft stärken können. Er bestimmt, wie ihr Lebenskraft aufnehmt oder nicht aufnehmt, wie viel Energie euren Organen und Körpersystemen zur Verfügung steht. Das KA bestimmt die Klarheit, Kraft und Wirksamkeit eurer Gedanken. Und es entscheidet über die Qualität eurer Gefühle.

Wenn das KA gestört ist, sind auch die anderen Felder gestört. Der physische Körper operiert dann auf einem niedrigeren Energieniveau. Die Gedanken sind beeinträchtigt, und die Emotionen werden leichter getrübt.

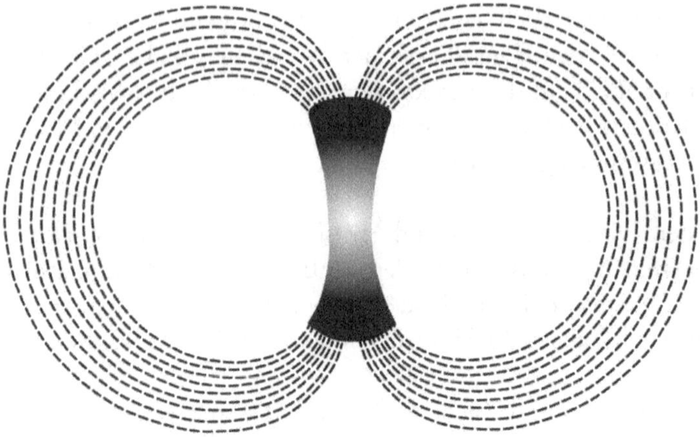

Diagramm 1a – Eine zweidimensionale Darstellung
eines bipolaren Magnetfeldes (z.B. eines Stabmagneten)

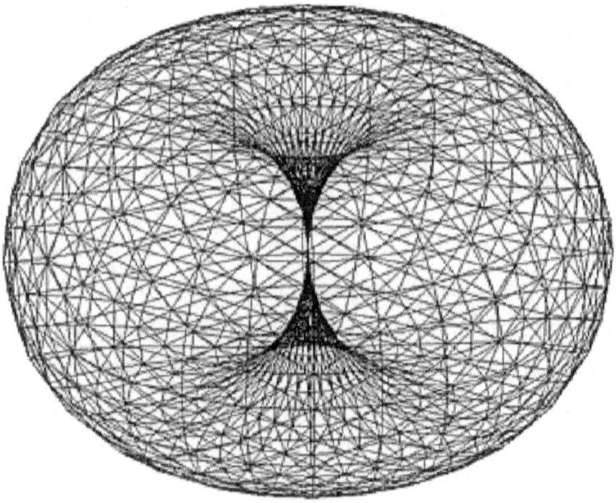

Diagramm 1b – Eine dreidimensionale Darstellung
eines bipolaren Magnetfeldes, auch »Torusfeld« genannt

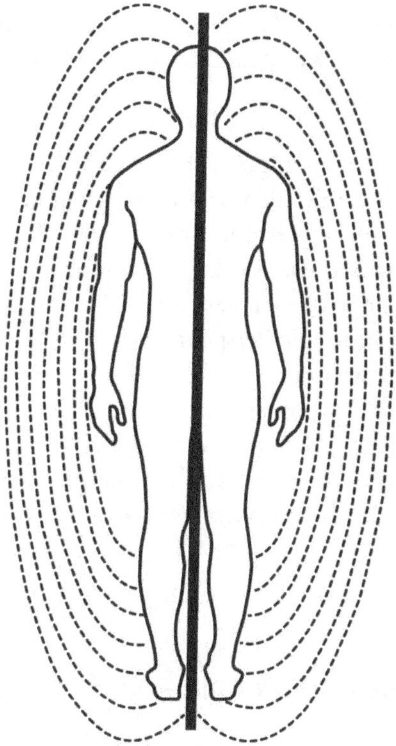

Diagramm 1c – Eine zweidimensionale Darstellung des bipolaren menschlichen Magnetfeldes

Wir würden uns nun gerne der zentralen Frage zuwenden: Wie könnt ihr mehr Prana-Energie in euer KA bringen?

Der Schlüssel dazu liegt in eurer Pranaröhre, die sich mitten durch euren Körper und sein Magnetfeld zieht.

Je nach Entwicklungsstand eures Bewusstseins variiert die Länge eurer Pranaröhre. Bei manchen hört die Pranaröhre am Scheitel auf, in anderen Fällen erstreckt sie sich weit darüber hinaus. Dasselbe gilt für das andere Ende am Perineum. Unter bestimmten Bedingungen kann sich die Pranaröhre weit über das Perineum hinaus in die Erde erstrecken.

Wenn ihr Daumen und Zeigefinger zu einem Kreis zusammenlegt, könnt ihr sehen, welchen Umfang eure Pranaröhre ungefähr hat.

Wir möchten euch jetzt gerne drei spezifische Techniken zur Stärkung eures KA mitteilen und danach einige Gedanken über Dinge, die wir euch zu verstärken oder zu mindern empfehlen.

Seid euch bewusst, dass ihr bei alldem die freie Wahl habt und wir euch nicht danach beurteilen, wofür ihr euch entscheidet und wofür nicht. Aus unserer Perspektive gibt es Dinge, die ihr tun und lassen solltet, wenn ihr euer KA aufbauen wollt. So einfach ist das. Wenden wir also unsere Aufmerksamkeit den Techniken zu, damit ihr euch eures KA und eurer Pranaröhre bewusst werden könnt. Mit diesem Wissen könnt ihr anfangen, eure Energie so zu meistern, wie es für eure Gesundheit und ein höheres Bewusstsein nötig ist.

Übung zur Selbstmeisterung - Nr. 1

In der ersten Übung (siehe Diagramm 2) gibt es zwei Phasen. Zuerst atmet ihr mit einem Atemzug von unten nach oben durch eure Pranaröhre und zieht dabei Erdenergie nach oben; dann entspannt ihr euch und lasst sie mit einem Seufzen ausströmen. Mit dem zweiten Atemzug atmet ihr von oben nach unten; dabei zieht ihr himmlische Energie durch eure Pranaröhre nach unten. Dann lasst ihr die Luft beim Ausatmen mit einem Seufzer wieder los. Probiert das mehrere Male, bis ihr deutlich spürt, wie die Energie durch eure Pranaröhre fließt.

In diesem ersten Schritt geht es nur darum, ein Gespür für den Fluss der feinstofflichen Energien in der Pranaröhre zu entwickeln. Manchen mag das leichter fallen, wenn sie dazu entspannende Musik hören; viele Menschen können sich mit Musik leichter entspannen, nach innen wenden und auf solche Prozesse einlassen. Doch ihr könnt diese Übung genauso gut ohne Musik machen. In der freien Natur entwickelt sie ganz besondere Kraft.

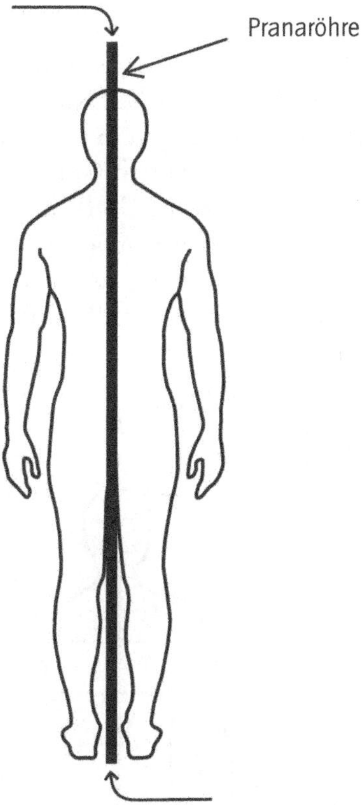

Diagramm 2: Die Bewegung von Energie und/oder Licht vom Himmel in die Pranaröhre und aus der Erde in die Pranaröhre

Das KA ist für den Prozess des Anhebens eurer Schwingung in die aufsteigende Spirale des Bewusstseins von entscheidender Bedeutung. Wir werden später noch mehr darauf eingehen. Um euer ganzes Sein die aufsteigende Spirale hinaufzubewegen, ist Energie – Lebensenergie – erforderlich. Diese Lebensenergie wird durch euer KA erzeugt. Die eigentliche Quelle eurer Lebenskraft ist »Alles-was-ist«; es strahlt durch alle Partikel und Energieströme aus, die sich durch das Universum bewegen. [Die Hathoren verwenden manchmal den Begriff »Alles-was-ist«, wenn sie sich auf die Gesamtheit aller Intelligenz, Materie und Energie des Kosmos beziehen. Aus ihrer Sicht ist das physische Universum der Körper dieses »Alles-was-ist«, und die vielen energetischen Verbindungen zwischen den kosmischen Körpern (z. B. Sternen) ähneln den neuronalen Verknüpfungen in unserem Gehirn. Man könnte den Begriff »Alles-was-ist« durch Gott/Göttin ersetzen, doch wo immer sich die Hathoren auf Göttlichkeit beziehen, bleiben wir bei ihrem »Alles-was-ist«. Wir möchten damit vermeiden, durch den Begriff »Gott« Verwirrung zu schaffen, da unterschiedliche spirituelle Traditionen mit diesem Wort teilweise widersprüchliche Weltanschauungen verbinden.]

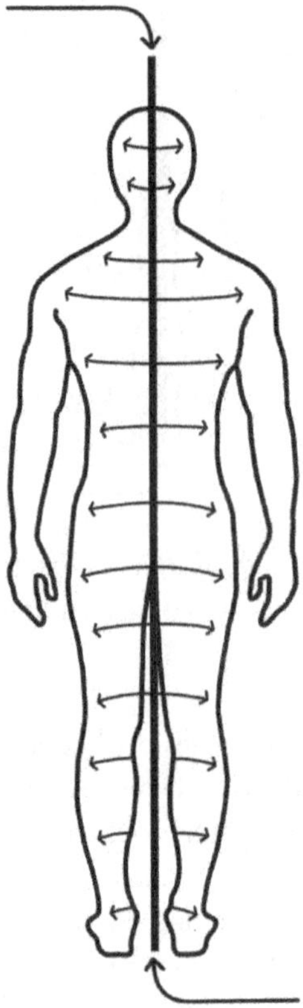

Diagramm 3 - Die Bewegung von Prana in eurer Pranaröhre und eurem physischen Körper

In Bezug auf euer KA und eure Lebenskraft lässt sich grundsätzlich sagen: Was ihr esst und trinkt, mit wem ihr zusammen seid sowie die Gedanken und Emotionen, die ihr pflegt – all das stärkt oder schwächt euer KA.

Übung zur Selbstmeisterung - Nr. 2

Der nächste Schritt dieser Übung zur Selbstmeisterung besteht darin, Prana in eure Pranaröhre zu ziehen und dann in eurem physischen Körper kreisen zu lassen.

1. Schritt: Zieht das Prana wie zuvor beim Einatmen durch eure Pranaröhre nach oben. Haltet den Atem einen Moment lang an und atmet dann mit einem Seufzen aus. Der Fokus bleibt dabei auf der Pranaröhre.

2. Schritt: Als Nächstes zieht das Prana über eurem Kopf nach unten in eure Pranaröhre. Haltet einen Moment lang den Atem an und lasst den Fokus dabei auf der Pranaröhre. Atmet mit einem Seufzen aus und verlagert dabei eure Aufmerksamkeit auf euren ganzen physischen Körper. Das Prana wird dem Gesetz der Aufmerksamkeit folgend aus der Pranaröhre in euren ganzen Körper fließen. Arbeitet mit dieser Phase der Übung, bis ihr den Energiefluss von eurer Pranaröhre in den Körper deutlich spürt.

Am Anfang spürt ihr das vielleicht nur ganz fein und in manchen Bereichen des Körpers besser als in anderen. Im Laufe der Zeit werdet ihr jedoch eine klare körperliche Wahrnehmung des Pranaflusses durch den Körper entwickeln. Lasst das Prana euren ganzen physischen Körper durchdringen und über ihn hinausstrahlen. Das wird die Energie in eurem KA erheblich stärken.

Übung zur Selbstmeisterung - Nr. 3

In dieser letzten Phase der Übung geht es darum, die Wirkung von emotional aufgeladenem Prana deutlicher wahrzunehmen. Das mag einfach erscheinen, doch dieser zusätzliche Schritt hat enorme Konsequenzen und kann eure Beherrschung der Energie erheblich vorwärtsbringen.

1. Schritt: Richtet eure Aufmerksamkeit auf euer Herzchakra in der Mitte eurer Brust. Vergegenwärtigt ein Gefühl bedingungsloser Liebe und Akzeptanz. Vergewissert euch, dass ihr es wirklich fühlt. Nur daran zu denken, bewirkt nichts. Ihr müsst es fühlen.

2. Schritt: Mit der Aufmerksamkeit auf eurem Herzchakra – sowie bedingungslose Liebe und Akzeptanz fühlend – atmet ihr ein und zieht dabei Prana aus der Erde in euer Herzchakra. Haltet den Atem einen Moment lang an und konzentriert euch auf das Herzchakra. Bleibt dabei im Zustand von Liebe und Akzeptanz. Mit dem Ausatmen wandert eure Aufmerksamkeit von eurem Herzchakra zu eurem physischen Körper. Lasst das derart aufbereitete Prana von eurem Herzchakra in euren ganzen Körper strömen.

3. Schritt: Kehrt mit der Aufmerksamkeit zu eurem Herzzentrum und in einen Zustand bedingungsloser Liebe und Akzeptanz zurück. Atmet ein und zieht das Prana aus dem Raum über eurem Kopf in euer Herzchakra. Haltet wieder den Atem einen Moment lang an und konzentriert euch, immer noch in einem Zustand bedingungsloser Liebe und Akzeptanz, auf euer Herzchakra. Mit dem Ausatmen richtet ihr euren Fokus auf euren physischen Körper und lasst das emotional aufgeladene Prana aus dem Herzchakra durch den ganzen physischen Körper strömen.

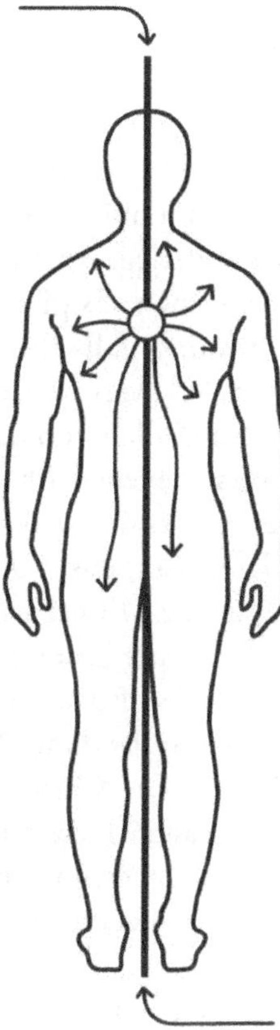

Diagramm 4 - Himmlische und irdische Energien strömen in die Pranaröhre und weiter ins Herzchakra; die emotional »angereicherten« Energien kreisen dann durch den ganzen Körper

Uns ist klar, dass manche Leser vielleicht noch nie wirklich bedingungslose Liebe oder bedingungslose Akzeptanz erfahren haben. Diesen Menschen empfehlen wir, den dritten Teil der Übung erst einmal wegzulassen. Arbeitet weiter mit den ersten beiden Teilen der Übung und kümmert euch nicht weiter um das emotionale Aufladen der Energie.

Sobald wir einmal mit all unseren Erklärungen und Übungen durch sind, wird es euch sehr viel leichter fallen, euch mit den

Gefühlszuständen von bedingungsloser Liebe und Akzeptanz zu verbinden.

Wir würden jetzt gerne auf die Möglichkeiten eingehen, wie ihr euer KA verbessern und stärken könnt und wodurch es geschwächt wird.

Wollt ihr die Reise des Aufstiegs unternehmen, müsst ihr euer KA so stark wie möglich machen. Es gibt klare Richtlinien, und es ist für uns völlig in Ordnung, falls ihr euch entscheidet, euch nicht nach ihnen zu richten. Wir verurteilen euch deswegen nicht. Es unterliegt alles dem freien Willen und der freien Entscheidung. Aber wenn ihr auf den verschiedenen Ebenen eures Seins in die Aufstiegsspirale einsteigen wollt, müsst ihr euer KA stärken und euch auch darüber im Klaren sein, dass ihr euch schaden könnt.

Wenn ihr beispielsweise einen Eimer hättet und ihn an einem Brunnen mit Wasser füllt und euer Ziel wäre, damit euren Garten zu wässern, dann würdet ihr den Boden des Eimers nicht durchlöchern, oder? Nein, denn wenn ihr damit Wasser zu euren Pflanzen tragen würdet, verlöret ihr das Wasser auf dem Weg. Es wäre vergebliche Mühe. So ist es auch hier. Dies sind nur die ersten Schritte. Es gibt danach auf dem Weg noch viele weitere Schritte, aber diese ersten Schritte werden euch zum Aufbau eurer Lebenskraft gut auf die Spur setzen.

Wir möchten sehr deutlich machen, dass ihr in alldem über euren freien Willen verfügt und eure Entscheidungen in eurer eigenen Verantwortung liegen. Wir sagen nur, dass aus unserer Erfahrung mit diesem Prozess – und wir haben ihn durchlebt – manche Dinge eure Fähigkeit, durch die verschiedenen Ebenen eures Seins aufzusteigen, fördern und andere sie behindern.

Das Erste, was wir besprechen möchten, hat mit der Lebenskraft zu tun, die ihr sexuell zum Ausdruck bringt. Sexuelle Energie ist eine Manifestation, ein Ausdruck eures KA durch die niedrigeren Chakras (vor allem des Sakral- oder Sexualchakras). Der Ausdruck »niedrigere Chakras« beinhaltet keinerlei Wertung.

Wollt ihr euer KA aufbauen, so gilt es, eure sexuelle Energie durch Methoden anzuheben, die euch volle sexuelle Beglückung und Ekstase ermöglichen, ohne eure Lebenskraft zu mindern.

Die alten Techniken, diese Energie zu steigern, werden in Büchern über taoistisches Yoga, tantrisches Yoga und Kundalini-Yoga ausführlich beschrieben, deshalb werden wir hier nicht weiter darauf eingehen. Nur so viel: Mit unseren Methoden, die zur Grundlage der ägyptischen Alchemie wurden, bringt ihr die Lebenskraft in eure höheren Zentren, indem ihr diese Lebenskraft in den gesamten Körper holt. Wenn ihr eure pranische Lebenskraft nur durch ein Freisetzen sexueller Sekrete und Energien zum Ausdruck bringt, verströmt sich euer Prana durch die niederen Zentren und wird nicht angehoben. Eure sexuelle Energie hat dann keine positive Wirkung auf euer KA.

Wenn ihr euch sexuell zu oft zum Ausdruck bringt, ohne eure sexuelle Energie zurückzuhalten oder zirkulieren zu lassen, kann das euer KA sogar schwächen. Dies wiederum schwächt die Organe des physischen Körpers, belastet das Immunsystem und mindert die Energie in eurem System auf andere Weisen.

Wir wollen euch nicht auffordern, des sexuellen Vergnügens zu entsagen. Die taoistischen Weisen und tantrischen Yogis haben jedoch Methoden entwickelt, mit denen tiefe sexuelle Seligkeit und Ekstase möglich sind, ohne das KA dabei zu schwächen. Im Gegenteil, diese Praktiken stärken sogar die Lebenskraft und heben das Bewusstsein. Wir empfehlen, diese Methoden zu erforschen.

Ein weiterer Faktor, der sich auf das KA auswirkt, ist die Nahrung. Die Lebenskraft strömt aus vielen verschiedenen Bereichen zu euch. Im Allgemeinen neigen die Menschen dazu, sich aufzuregen, wenn ihnen jemand sagt, was sie in Bezug auf Ernährung tun oder lassen sollten. Viele hängen sehr an ihrer Ernährungsweise. Wir wollen euch daher nur eine grobe Orientierung geben, und ihr könnt dann euren eigenen Weg wählen.

»Lebendige« Nahrungsmittel unterstützen den Aufbauprozess des KA. Der Prozess sollte jedoch ausgewogen sein. Wenn ihr lebendige Lebensmittel, also ungekochte Früchte und Gemüse sowie gekeimtes Getreide, nicht gewohnt seid, solltet ihr euch nur ganz langsam umstellen. Nehmt lebendige Nahrungsmittel so in eure Ernährung auf, wie ihr euch damit wohlfühlt. Zu viel davon in zu wenig Zeit erlaubt dem Körper nicht, sich auf den höheren

Enzymbedarf einzustellen, und kann zu einer Entgiftungskrise führen. Wie bei allem gilt es auch hier, Mäßigung zu üben. Achtet darauf, was euch euer Körper sagt, und nicht was eure Eitelkeit fordert. Euer Körper zeigt euch, was er braucht und was ihm guttut.

Es mag paradox erscheinen, aber ab einem gewissen Bewusstseinsgrad könnt ihr alles essen, ohne negative Nebenwirkungen befürchten zu müssen. Letztlich hat Essen nur wenig mit spiritueller Entwicklung zu tun. Unser Rat gilt jedoch den gewöhnlichen Menschen, die ihr KA stärken möchten. Die meisten Menschen fühlen sich vitaler, wenn sie ihre Nahrung mit lebendigen Lebensmitteln bereichern.

Generell gilt das Prinzip, dass Lebenskraft nur durch Lebenskraft gestärkt wird. Euer »Fast Food« ist tot. Und die ganzen Fertiggerichte schwächen in der Regel das KA, weil die darin enthaltenen toten Bestandteile so viele Verdauungsenzyme verbrauchen.

Ihr könnt euer KA stärken, indem ihr darauf achtet, was ihr esst, und euch so rein und natürlich wie möglich ernährt.

Auch reines Wasser spielt eine wesentliche Rolle, ebenso wie Bewegung. Seid so viel wie möglich in der Natur. Atmet frische, unverdorbene Luft und setzt euch auf sichere, vernünftige Weise dem Sonnenlicht aus, vor allem eure Augen. Das bedeutet, nur eine Sonnenbrille zu tragen, wenn das Licht wirklich grell ist.

Dies sind nur ein paar einfache Vorschläge, die ihr in euer Leben einfließen lassen könnt, wenn ihr wollt.

Wenn ihr euer KA aufbaut, wird sich, wie ihr feststellen werdet, auch eure Intuition verbessern. Diese Art von Intuition nennt sich »Gnosis«, das bedeutet eine Art von gefühltem Wissen, das einfach plötzlich da ist. Gnosis ist also eine Verfeinerung eures Fühlens, die sich natürlich einstellt, wenn ihr euer KA stärkt.

3

Das Fühlen und die menschliche Evolution

Wir möchten euch gerne ein Konzept vorstellen, welches eure Evolution sehr beschleunigen wird. Es hat mit dem zu tun, was ihr »Fühlen« nennt.

Wir unterscheiden zwischen Gefühlen und Emotionen. Zu den Gefühlen gehören die körperlichen Eindrücke, die ihr erfahrt, sowohl durch eure Sinneswahrnehmungen der äußeren Welt als auch durch das, was ihr innerlich spürt. Emotionen definieren wir als eine Kombination von Gefühlen und Gedanken über diese Gefühle.

Ist beispielsweise das Wetter kühl und bewölkt, können euch eure Gefühle diese Informationen über eure Umwelt übermitteln. Euer Fühlen empfängt diese Informationen durch das Nervensystem des Körpers. Auch die feinstofflichen Körper erhalten Informationen, die in das Fühlen einfließen. Sollte jetzt negatives Denken über diesen kühlen, bewölkten Tag in euch aufkommen, dann urteilt ihr vielleicht: »Dies ist ein trüber Tag«, und entwickelt deprimierte Emotionen. Dabei reagiert ihr auf eine neutrale, unvoreingenommen empfangene Empfindung mit einem Urteil. Interessanterweise mag jemand anderes einen kühlen, bedeckten Tag genießen und schon allein beim Gedanken daran fröhlich werden.

Echte Gefühle sind weder positiv noch negativ. Sie sind einfach neutrale Berichte, eine Art Barometer des Geschehens in eurer eigenen, auf Energien reagierenden und auf Energien ausgerichteten Welt.

Euer fühlendes Wesen ist eine Eigenschaft eures Emotionalkörpers, der eng mit eurem KA verbunden ist. Euer Emotionalkörper ist ein Energiefeld, welches euren physischen Körper umgibt und durchdringt. Wenn etwas euren Emotionalkörper aktiviert, beginnt er, in einer bestimmten Frequenz zu schwingen, und sendet dabei »Energieströme« aus, die um und durch den physischen Körper fließen. Sind diese Energieströme stark genug (kommt es also zu einer starken Empfindungs-/Gefühlsreaktion), spürt ihr sie in eurem Körpergewebe. Je stärker die Gefühlsreaktion, desto stärker das körperliche Erleben. Aus energetischer Sicht ist es für den Aufstiegsprozess von entscheidender Bedeutung, zuzulassen, dass eure Energiefelder sich öffnen und frei bewegen dürfen. Die Fähigkeit, mehr Energie zu bewegen und die Bewegung dieser Energie positiv auszurichten, entsteht durch das Kultivieren eures Fühlens.

Eure Emotionen wirken sich auf eure Gesundheit aus, was auch eure Wissenschaften immer deutlicher aufzeigen und dokumentieren. Und wenn ein Mensch eine bestimmte Art von Emotion empfindet, ein emotionales Schwingungsfeld, das »bedingungslose Akzeptanz« oder »bedingungslose Liebe« genannt wird, entsteht eine spezifische lebensfördernde, positive Resonanz.

Diese interzelluläre Resonanz hat eine positive Wirkung auf eure DNA. Sie stärkt sie und hilft ihr, Informationen genauer zu codieren. Sooft ihr Emotionen bedingungsloser Akzeptanz oder Liebe empfindet, findet diese positive Resonanz statt.

Wenn ihr zulasst, dass sich die Energie von bedingungsloser Akzeptanz und Liebe durch euren Emotionalkörper bewegt, aktiviert das einen Prozess tiefgreifender Heilung und Balance.

Die Erfahrung aller Gefühle und Emotionen zuzulassen, ist ein kraftvoller Weg, Energie durch euer KA fließen zu lassen. Bei vielen Menschen findet jedoch eher das Gegenteil statt. Wenn es schwierig wird, drücken sie der Situation den Stempel »schlecht« auf und leisten gegen die daraus entstehenden Emotionen Widerstand. Sobald ihr Gefühlen und Emotionen Widerstand entgegensetzt, kann euer Emotionalkörper nicht richtig schwingen und »erstarrt«. Weil er sich nicht angemessen bewegen und schwingen kann, leidet eure geistige Klarheit, eure Gedanken werden fahrig und verworren.

Die gegenwärtigen Lebenssituationen auf eurem Planeten und die dadurch hervorgerufenen Emotionen bilden die Anfangsphase eines höheren Bewusstseins, welches zu spirituellem Aufstieg und Meisterschaft führt. In den alten ägyptischen Tempeln ging der Eingeweihte auf dem Pfad zu höherem Bewusstsein durch verschiedene Initiationen, die immer intensiver wurden. Heute entspricht euer tägliches Leben diesem Einweihungsprozess.

Ihr braucht nirgendwo hinzugehen, um Einweihungen zu empfangen, denn wo ihr auch seid, ihr werdet vom Leben initiiert. Der Schlüssel liegt darin, euch auf die Wahrnehmung eurer Gefühle und emotionalen Reaktionen auf Situationen einzulassen, damit ihr sie erkennen und ausgleichen könnt. Euer Emotionalkörper und euer KA stehen energetisch in Verbindung, daher könnt ihr eure eigene Evolution enorm beschleunigen, indem ihr euer KA stärkt und euch eurer Empfindungen und Gefühle bewusst werdet.

Euer Emotionalkörper hat seine eigene Resonanz und bewegt sich anders als euer KA. Weil er in einem anderen Frequenzbereich schwingt, reagiert er auf Informationen anders und speichert sie anders.

Das ist so wichtig, dass wir es euch persönlich erfahren lassen wollen, um euch zu vermitteln, wie euer Emotionalkörper Erinnerungen speichert und wie emotionale Muster zum Ausdruck kommen, sodass ihr euch zur Meisterschaft aufschwingen und schneller aus emotional schwierigen Zuständen herausbewegen könnt.

Wie gesagt, wir nehmen die Menschen als wirbelnde, leuchtende, eierförmige Felder aus Licht und Klang (also Schwingung) wahr. Der physische Körper ist für uns durch diese wirbelnden Felder bunter Lichter zu »sehen« und erscheint uns als eine schimmernde Galaxie von Sternen. Jedes Atom ist ein winziger Stern, der helles Licht ausstrahlt, und die Organe eures Körpers wirken wie Sternenhaufen. Betrachtet man euren Körper durch diese wirbelnden Felder, die euch umgeben, seid ihr wunderschön. Ihr seid für uns wie geschliffene Diamanten aus Licht, kostbar und wundersam.

Es gibt jedoch etwas, was uns irritiert, wenn wir eure Lebenskraft betrachten. Bei vielen von euch nimmt die Qualität des euch umgebenden und durchdringenden Pranas immer mehr ab. Die Ursache dafür liegt in vielen Faktoren, von denen sich manche eurem Einfluss entziehen. Umso wichtiger ist es daher für euch, das KA zu nähren und auf eine höhere Ebene zu bringen.

Euer empfindendes Wesen freizusetzen, wird sich auch positiv auf eure Vitalität auswirken; deshalb wollen wir uns diesem Thema noch ausführlicher widmen.

Wir möchten euch zwei Explorationen anbieten, mit deren Hilfe ihr mehr Verständnis für das Wesen eures Emotionalkörpers entwickeln könnt. Die erste Exploration dreht sich darum, wie euer Emotionalkörper Erinnerungen und Gefühlsmuster speichert. Bei der zweiten Exploration könnt ihr erkennen, wie euer Emotionalkörper auf hochgradig kohärente Schwingungen reagiert, vor allem bei dem Gefühl, das wir »bedingungslose Akzeptanz« oder »bedingungslose Liebe« nennen.

Erste Exploration

Die erste Exploration beginnt damit, sich bequem hinzusetzen oder hinzulegen. Wenn ihr es euch gemütlich gemacht habt, erinnert euch an eine positive emotionale Reaktion auf eine Situation aus eurer Vergangenheit (für manche mag es notwendig sein, sich die Situation zu vergegenwärtigen, damit sie Zugang zu dem Gefühl bekommen). Wenn ihr die Emotion wahrnehmen könnt, vergesst die Situation wieder und achtet darauf, wo ihr die Energie der Emotion in eurem Körper wahrnehmt.

Falls ihr die Energie der Emotion nicht spüren könnt, war sie nicht stark genug, um in eurem Energiesystem oder eurem Bewusstsein eine Reaktion hervorzurufen. Sucht euch in diesem Fall etwas Lebhafteres, Deutlicheres. Wenn ihr die Emotion erkannt, zurückgeholt und gespürt habt, könnt ihr sie irgendwo in eurem physischen Körper lokalisieren.

Eventuell nehmt ihr die Energie irgendwo in dem Raum um euren Körper wahr, aber die meisten Menschen spüren sie irgendwo im physischen Körper.

Wo auch immer ihr die Emotion wahrnehmt, spürt dem nach. Spürt ihr Muster: Wie groß ist das Muster, welche Körperempfindungen sind damit verbunden? Mit welcher Geschwindigkeit pulsiert es? Achtet darauf, ob es vorwärts, rückwärts oder seitwärts pulsiert oder ob es sich überhaupt bewegt. Achtet auch auf alle körperlichen Merkmale dieses Gefühls und wo sie im Körper lokalisiert sind.

Als Nächstes bitten wir euch, zurückzugehen und euch eine andere Emotion aus einer anderen Situation zu vergegenwärtigen. Achtet darauf, wo diese Emotion im Körper lokalisiert ist, mit welcher Intensität sie pulsiert und wo sie sich bewegt. Pulsiert sie von rechts nach links, von vorne nach hinten oder umgekehrt? Benennt so viele unterschiedliche Merkmale wie möglich und achtet besonders darauf, wo die Gefühlsenergie sitzt.

Wir empfehlen, diesen Prozess mit verschiedenen Emotionen (wie Freude, Ärger, Angst, Liebe, Frieden etc.) durchzuspielen, um herauszufinden, wo genau ihr diese Muster in eurem Emotionalkörper haltet.

Bedauerlicherweise sind viele Menschen durch die Erziehung in ihrer Kindheit und durch ihre kulturelle Prägung von einer bewussten Wahrnehmung ihrer Gefühle und Emotionen abgeschnitten. Sie haben nicht gelernt, die hochkommenden Gefühle und Emotionen zu spüren, sind sich ihrer oft vollkommen unbewusst und schweben in ihrem Mentalkörper davon, ohne auf die körperlichen Merkmale zu achten, die mit Gefühlen und Emotionen einhergehen.

Das ist sehr schade, denn sie schneiden sich damit von vielen Informationen über sich selbst und ihre Welt ab. Impulse aus den subtilen Bereichen des Bewusstseins werden als Erstes durch das Empfinden wahrgenommen, erst später interpretiert ihr sie durch Gedanken und Sprache. Diejenigen, die immer »im Kopf« bleiben, berauben sich einer direkteren Erfahrung ihrer Welt und ihres

Platzes darin. Wenn ihr zu sehr im Kopf seid, handelt ihr unter Umständen aus einem Gefühl heraus und merkt es gar nicht. Dann werden die Gefühle »unbewusst«. Das ist das Gegenteil von spiritueller Entwicklung.

Es ist von essenzieller Bedeutung, sich darin zu üben, Gefühle und Emotionen bewusst wahrzunehmen. Ebenso wichtig ist es, darauf zu achten, wo sich diese Energien in eurem Körper bewegen: Wo pulsieren sie? Wie intensiv und in welche Richtung geht dieser Puls? Für manche Leser mag das selbstverständlich sein, für andere mag es wie ein revolutionärer neuer Ansatz wirken. Ob Anfänger oder Fortgeschrittene – es beginnt immer mit Bewusstheit.

Wir empfehlen, auf diese Weise viele Emotionen durchzuspielen, auch das, was ihr »positiv« oder »negativ« nennt, damit ihr spürt, wo die »negativen« Emotionen pulsieren, wie sie sich anfühlen, wo die »positiven« Gefühle pulsieren und wie sie sich anfühlen.

Wir nehmen eure Emotionalkörper als leuchtende, ovale Energiefelder aus schwebenden Lichtteilchen wahr – Milliarden und Abermilliarden winziger Lichtpartikel. Manche dieser Lichtpartikel können ziemlich dunkel sein, andere haben leuchtende Farben. Diese Farben bezeichnen die Qualität der Gefühle und Emotionen.

Wenn ihr beispielsweise verzweifelt seid, werden die »Lichtteilchen« aktiviert, die das emotionale Muster der Verzweiflung speichern, und sie halten es fest, bis es verändert wird. Erlebt ihr jedoch Freude oder Ekstase, taucht ein anderes Farbspektrum auf, und andere Teilchen mit der entsprechenden Frequenz werden aktiviert.

Bestimmte physische Körperbereiche haben die Neigung, bestimmte emotionale Muster zu speichern. Zum Beispiel erlebt ihr Traurigkeit und Freude vielleicht im Herzbereich, während ihr Angst oder Ärger im ganzen Körper und besonders in seiner Peripherie spürt. Das ist von Person zu Person unterschiedlich.

Viele Menschen erleben die Emotionen der Traurigkeit und des Kummers zuerst im Brustraum und dann reagiert das Gesicht auf diesen Herzschmerz. Das Ganze erzeugt ein Gefühl der Niedergeschlagenheit. Den Leuten ist oft zum Heulen, wenn die Energien vom Gesicht und den Augen nach unten ziehen, weil sich damit etwas löst, aber das eigentliche Muster der Traurigkeit befindet sich oft im Bereich des Herzens und der Lungen.

Auf dieselbe Weise spürt ihr auch Freude durch das Herzzentrum, ebenso wie Mitgefühl. Das Gefühl der Ekstase ist dagegen ein zelluläres Ereignis, das den ganzen Körper durchdringt. In Ekstase und Seligkeit fängt das KA an, sehr schnell zu schwingen. Durch das Öffnen der Oberschwingungen werden das Gehirn und das zentrale Nervensystem stimuliert, vor allem die Neurotransmitter, die ihrerseits die Zellen in einen Zustand von Ekstase und Seligkeit versetzen. Das wird dann zu einer Ganzkörpererfahrung, die bis in jede einzelne Zelle ausstrahlt.

Diese Art von Erregung unterscheidet sich deutlich von dem Gefühl von Ärger, das sich eher durch die Randbereiche des Körpers direkt unter der Haut bewegt, häufig besonders in Armen und Beinen, was manchmal zu dem Impuls führt, zu treten oder zu schlagen.

Auch das Gefühl von Angst oder Schrecken liegt direkt unter der Haut. Diese Energie kann den Körper von Kopf bis Fuß erfassen. Es ist dann, als würdet ihr komplett in der Angst versinken. Deshalb ist Angst, vom energetischen Standpunkt aus, für Menschen so schwierig. Da sie den gesamten Körper beeinflusst, kann sie andere Prozesse wie beispielsweise das klare Denken völlig überlagern.

Aus unserer Sicht reagieren Menschen entweder aus Liebe oder aus Angst. Ihr könnt auf jede Situation aus der Liebe oder aus der Angst heraus reagieren. Dies ist eine persönliche Entscheidung, auch wenn das schwer verständlich sein mag.

Die positive Entscheidung zur Liebe mag in einem schwierigen Augenblick nicht möglich erscheinen, weil das Energiemuster eures Emotionalkörpers euren Mentalkörper und eure Fähigkeit zur bewussten Entscheidung überdecken kann.

Arbeitet ihr in schwierigen emotionalen Zuständen mit eurem KA, könnt ihr solche Gefühle schnell verwandeln. Die Lösung liegt wieder in der Zentral- oder Pranaröhre. Wenn ihr ein heftiges, schwieriges Gefühl oder eine intensive schwierige Emotion durchlebt, solltet ihr zunächst herausfinden, wo sie in eurem Körper sitzt, denn ihr braucht das als Bezugspunkt. Wendet dann eure Aufmerksamkeit eurem KA und eurer Pranaröhre zu. Lenkt eure Aufmerksamkeit auf die Mitte der Röhre, die zentral durch euren Körper verläuft. Euer Fokus richtet sich damit auf die zentrale Leitbahn eures KA. Euer Emotionalkörper wird sich dadurch verändern. Je mehr die schwierigen Gefühle mit der Stabilität der Pranaröhre schwingen, desto subtiler werden sie und desto leichter sind sie zu steuern.

Denkt euch als Analogie einen Brummkreisel, mit dem die Kinder spielen. Diese Kreisel haben eine zentrale Energiesäule, auch wenn sie nicht sichtbar ist. In dieser liegt die Mitte ihres Gleichgewichts. Solange der Kreisel sich schnell genug dreht, bleibt er stehen. Doch je langsamer er wird, desto mehr fängt er an zu wanken, verliert schließlich seine Balance und fällt um.

Das ähnelt der Dynamik, die bei einer negativen emotionalen Reaktion auf etwas zwischen dem KA und dem Emotionalkörper entsteht. Ihr sprecht ja auch davon, dass euch das aus dem Gleichgewicht bringt, stimmt's? Der Emotionalkörper dreht sich und schwingt dabei in einer unausgeglichenen Frequenz. Doch wenn ihr lokalisieren könnt, wo ihr das im Körper spürt, und eure Aufmerksamkeit gleichzeitig mit eurer Pranaröhre verbindet, findet euer Emotionalkörper ziemlich schnell zu seinem Gleichgewicht zurück.

In gewissem Sinne ist die Unterscheidung zwischen Gefühlen und Emotionen eine Frage der Semantik, aber uns ist diese Unterscheidung wichtig. Wenn ihr zum Beispiel auf jemanden mit Emotionen reagiert, denkt ihr vielleicht: »Oh, ich liebe diese Person«, oder: »Wie ich diese Person schätze!«, oder: »Der tut mir aber leid.« Dabei verwendet ihr Gedanken – in Form von Sprache –, um die ursprünglich nonverbale, energetische Erfahrung zu beschreiben. Diese Etikettierung bzw. die bloße Tatsache, dass ihr sagen könnt, was ihr spürt, ist ein Phänomen, das im Mentalkörper ablaufen muss. Der Mentalkörper hat die Energie reflektiert und dann mit Hilfe von Sprache eine Bezeichnung dafür gefunden, damit ihr erkennen könnt, was ihr erfahren habt.

Bevor bei Kindern der Mentalkörper im Alter von etwa sieben Jahren voll aktiviert ist und besonders bevor sie sprechen können, strömen alle möglichen Gefühle durch sie hindurch, ohne dass sie sie benennen könnten. Und sie bezeichnen sie nicht als »gut« oder »schlecht«, solange ihnen das niemand beibringt. Empfindungen sind einfach Teil ihres Erlebens.

Eure Empfindungen und Gefühle sind die Initiationstore eures Lebens. Sie spiegeln euch, wo ihr in Bezug auf die äußeren Ereignisse eurer Einweihungsreise gerade steht. Doch die Gewohnheit der Menschen, Gefühle und emotionale Reaktionen in »gut«, »schlecht«, »angenehm«, »schwierig« und so weiter zu unterteilen, ist nicht hilfreich, denn daraus entsteht ein Widerstand gegen die Wahrnehmung unangenehmer Situationen. Wir sagen keinesfalls, es sei falsch, Gefühle und emotionale Muster zu benennen. Es läuft unserer Meinung nach nur der Evolution zuwider, wenn ihr euch aufgrund dieses Etikettierens zusammenzieht und das Durchleben emotionaler Erfahrungen meidet, denn dabei erstarren eure Energiekörper. Oft wird dabei nämlich auch das KA blockiert, je nachdem, wie intensiv die emotionale Reaktion ist.

Wenn euer KA erstarrt, fließt das Prana nicht in den Bereich eures Körpers, wo das emotionale Muster sitzt. Wenn das emotionale Muster Richtung Angst geht und beispielsweise in den Nieren festgehalten wird, kann das Prana nicht in die Nieren fließen, und ihr bekommt irgendwann ein körperliches Problem an den Nieren.

Euer KA ist der wesentliche, essenzielle Energiekörper. Euer KA kann sogar existieren, nachdem euer physischer Körper jahrtausendelang tot war. Manche der Einweihungspraktiken im alten Ägypten dienten dazu, das KA so zu aktivieren, dass der Betreffende seinen Tod bewusst überleben und sich bei vollem Bewusstsein in die höheren Körper und Bewusstseinssphären erheben konnte.

Die Entwicklung eures KA erhöht euer Potenzial, denn das KA trägt sozusagen die feinstofflichen Bausteine zum physischen

Körper bei. Es versorgt auch den Mental- und den Emotionalkörper mit Energie und Struktur und hält den Astralkörper aufrecht. Ohne das KA würden sich diese feinstofflichen Körper auflösen. Wenn ihr jedoch den physischen Körper, den Mental- und den Astralkörper auflösen würdet und das KA stark genug wäre, könnte es überdauern.

Zweite Exploration

Nehmt euch jeden Tag ein paar Minuten Zeit, vergegenwärtigt euch Gefühle der Liebe oder Wertschätzung und erhaltet sie ein paar Minuten lang aufrecht. Es hilft auch, sich im Verlauf des Tages zu verschiedenen Zeiten an diese liebevollen und wertschätzenden Gefühle zu erinnern. Intensiviert diese Gefühle, damit euer Emotionalkörper immer mehr in solche Schwingungen gerät. Dies ist eine wundervolle, angenehme Erfahrung, die eure Fähigkeit stärkt, kohärente Emotionen beizubehalten – was für euren Aufstieg in die Spiralen höherer Dimensionen von entscheidender Bedeutung ist.

4

Die Angst, sich zu öffnen

Menschen sind aus vielen Gründen faszinierende Wesen. Besonders merkwürdig finden wir, dass ihr am meisten fürchtet, wonach ihr euch am meisten sehnt. Euch einer größeren Wirklichkeit, einer größeren emotionalen Freiheit und umfassenderen spirituellen Bewusstheit zu öffnen, ist euch Sehnsucht und Schrecken zugleich. Die Angst, euch der Herzensliebe zu öffnen, wurzelt in vielen verschiedenen Ursachen, von denen einige offen gestanden darauf zurückgehen, wie ihr als Kinder erzogen wurdet.

In unserer eigenen Kultur genießen die Kinder sehr viel mehr Freiheit als bei euch. Wir vermitteln ihnen ein Verständnis von Grenzen, was sie dürfen und was sie nicht dürfen, aber innerhalb dieser Grenzen sind sie sehr frei.

Die Emotional- und Mentalkörper vieler Menschen sind durch negative Erfahrungen der frühen Kindheit geprägt. Damals mussten sich ihre Energien den Erwachsenen um sie herum beugen, und so wurde Freiheit zu etwas, das Angst erregte.

Wir haben uns entschieden, unsere Gedanken über die Angst der Menschen, sich der Liebe zu öffnen, mitzuteilen, denn in dem, was ihr »Gefühle« nennt, liegt aus unserer Sicht das Tor zu einer Beschleunigung von Wachstum und Entwicklung.

Uns fällt auf: Je mehr Menschen sich tieferen Empfindungen öffnen, desto stärker wird bei manchen auch die Neigung, genau diesen Prozess zu fürchten und ihm zu widerstehen. Von daher möchten wir euch beschreiben, wie sich Gefühle energetisch bewegen und welche Wirkung sie auf die feinstofflichen Körper haben; wir möchten euch ein paar Hinweise geben, wie ihr diesem Prozess sicher Raum schenken könnt – denn durch diesen Prozess der Öffnung für Gefühle können eure größten Entwicklungsschritte entstehen.

Eure feinstofflichen Körper schwingen in verschiedenen Frequenzen. Wie bereits erwähnt, ist euer Emotionalkörper stark mit eurem KA verbunden. Euer KA, eure Lebenskraft, und euer Emotionalkörper sind miteinander aufs Innigste verflochten.

Wenn ihr die Erfahrung tiefer Gefühle zulasst, dann kann euer KA schwingen. Damit meinen wir nicht, dass ihr hysterisch, übersensibel oder gefühlsduselig werden sollt. Doch eure Fähigkeit zu tiefem Fühlen lässt euer KA freier schwingen – unabhängig davon, ob ihr dieses Fühlen zum Ausdruck bringt oder nicht.

Die Organisation der Chakras hängt mit dem zusammen, was ihr »Wahrnehmungsebenen« nennt. In dieser Hinsicht ist das Herzchakra der Mittelpunkt zwischen den oberen und unteren Chakras, weshalb es auch als der »große Transformator« bezeichnet wird. Es ist die Zentralsonne des Körpers, der Gleichgewicht verleihende »Freiträger«, der alle Bewegungen energetisch in Richtung Ganzheit und höhere Bewusstseinszustände lenkt.

Das Herzzentrum ist blütenähnlich strukturiert, aber alle Chakras haben auf der feinstofflichen Ebene eine energetische Struktur, die an Blumen erinnert. Öffnet sich die Blüte des Herzchakras, dann nehmen die Gefühle zu. Wenn ihr also mehr fühlt, öffnen sich die Blütenblätter eures Herzens und dehnen sich aus. Je weniger ihr fühlt, je mehr ihr euch zurückzieht und euch von euren eigenen Gefühlen distanziert, desto mehr neigen die Blütenblätter dazu, sich zu schließen.

Die Grenze jenes Bereichs, in dem es angenehm ist, sich zu öffnen oder tief zu fühlen, liegt bei jedem Menschen woanders. Wie bereits erwähnt, hat das mit den Konditionierungen aus der persönlichen Vergangenheit zu tun.

Durch die zeitliche Beschleunigung auf eurem Planeten erlebt ihr immer mehr Ereignisse in immer kürzerer Zeit. Daher gibt es mehr Reaktionen und emotionale Situationen als je zuvor.

Letztlich sind dies Chancen für beschleunigtes Wachstum. Doch wenn ihr euch mit den Gefühlen in euch und ihrer Intensität nicht wohlfühlt, blockiert ihr möglicherweise den Prozess oder verlangsamt ihn. Die Kraft dieser Gefühle und Emotionen, die ihr in jedem Augenblick eures Lebens erfahrt, sind jedoch der Treibstoff, der euch in höhere Bewusstseinszustände befördert.

Wir haben es schon zuvor gesagt und werden es wieder sagen: Eure Erde bewegt sich in eine höhere Bewusstseinsoktave hinein, daher beschleunigt sich die Zeit. Immer mehr Ereignisse und Erfahrungen fallen in immer kürzere Zeitspannen und erzeugen mehr Gefühle und emotionale Reaktionen. Dies sind Chancen für beschleunigtes Wachstum und Entwicklung, sofern ihr sie akzeptiert! Wenn ihr die Erfahrungen jedoch ablehnt, wenn ihr eure emotionalen Reaktionen ablehnt und in Schuldzuweisungen polarisiert, habt ihr nicht verstanden, worum es geht.

Es ist irrig, Situationen oder anderen Menschen die Schuld für euer Unbehagen in die Schuhe zu schieben. Eure Gefühle und Emotionen sind Reaktionen auf Ereignisse, die durch eure Interpretation zustande kommen. Sie sind Spiegel, durch die ihr euch bewusst werden könnt, wie gut ihr auf eine Erfahrung oder ein Ereignis eingestellt seid.

Was meinen wir damit? Ihr erzeugt eure Reaktion, eure Erfahrung eines Ereignisses. Was auch immer geschieht, ihr werdet seine wahre Natur erst erkennen, wenn ihr eine grundlegende Wahrheit begriffen habt: Ihr seid die Schöpfer eurer Reaktionen auf alle scheinbar »äußeren« Ereignisse! Eure persönlichen Reaktionen sind das Produkt eurer eigenen Projektionen und Interpretationen und sind letztlich von euch selbst erschaffen.

Nehmen wir beispielsweise an, vier Leute hätten sich versammelt und etwas würde geschehen, dann gäbe es vier verschiedene emotionale Erfahrungen des Ereignisses, und alle wären in Bezug auf die Wahrnehmung der entsprechenden Person richtig. Es wären vier Wahrnehmungen eines scheinbar objektiven Geschehens.

Wir möchten etwas absolut klarstellen: Wir behaupten nicht, ihr würdet die »äußeren« Ereignisse eures Lebens erschaffen, auch wenn das in manchen Fällen zutreffen mag. Doch eure persönliche Wahrnehmung eurer Lebensereignisse ist definitiv von euch selbst erschaffen! Und diese Wahrnehmung beruht auf Überzeugungen, inneren Einstellungen, Absichten, versteckten Hintergedanken und euren Gefühlen über das Geschehen.

Gefühle können euch ein deutliches Barometer sein, und Emotionen geben euch deutliche Rückmeldungen darüber, was ihr wirklich erfahrt und was ihr euch selbst über eure Erfahrung erzählt. Wenn ihr euch auf eure Erfahrungen offen und in Akzeptanz einlasst, werden diese tiefen Gefühle euch größere Bewusstheit verschaffen. Einfach ausgedrückt sind die emotionalen Energien, die durch euch hindurchfließen, der Brennstoff für die Feuer der Verwandlung.

Eure Ängste davor, euch zu öffnen, hängen unter anderem auch mit den intensiveren physischen Empfindungen zusammen. Wenn ihr euch dem Fühlen öffnet, steigt die Empfindungsfähigkeit in vielen eurer feinstofflichen Körper, auch eures KA, und auf jeden Fall eurer physischen Form. Wer sich damit nicht auskennt, kann das alarmierend finden. Je nach Persönlichkeit und den Entscheidungen, die ihr über die Wirklichkeit und euren Platz in ihr getroffen habt, kann solch eine Öffnung aufregend oder beängstigend sein.

Doch die Öffnung für ein erweitertes Sein führt zu einem gesteigerten Gefühl von Freiheit und Beweglichkeit, wie es eurem Geburtsrecht entspricht. Eure Körper entwickeln sich auf genau dieses spirituelle Geburtsrecht zu, wenn ihr den Prozess nur zulasst.

Ja, die Angst davor, sich zu öffnen, entspringt aus so komplexen Ebenen, dass wir allein damit ein ganzes Buch füllen könnten. Doch möchten wir euch lieber praxisnahe Informationen übermitteln, statt all die verschiedenen Komplexitäten eurer Situation zu erläutern. Daher werden wir uns darauf konzentrieren, euch Werkzeuge für die Lockerung der emotionalen Fesseln eurer Freiheit und eurer Bewusstheit zu geben.

Jetzt kommen wir zu einer ganz einfachen Übung, durch die sich euer Herzzentrum öffnen und ihr eine größere Tiefe des Fühlens erfahren könnt. Wie alle Werkzeuge, die wir übermitteln, mag auch diese Übung täuschend simpel wirken, doch wie wir festgestellt haben, sind die kraftvollsten Dinge im Leben oft die einfachsten.

Übung zur Selbstmeisterung - Nr. 4

Richtet eure Aufmerksamkeit auf euer Herzchakra (in der Mitte eurer Brust). Haltet sie dort und zieht gleichzeitig irdisches Prana aus der Erde und himmlisches Prana aus dem Raum über eurem Kopf in euer Herzzentrum. Lasst beim Ausatmen das irdische und das himmlische Prana durch euer Herzzentrum zirkulieren.

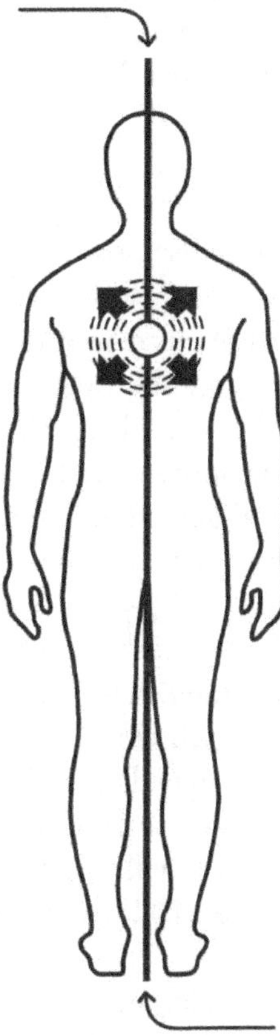

Diagramm 5 - Die Bewegung himmlischer und irdischer Energie in die Pranaröhre und in das Herzzentrum hinein, durch die sich das Herz wie eine Blüte öffnet

Seht und fühlt, wie die himmlischen und irdischen Energien sich bei jedem Einatmen in euer Herz bewegen. Wenn ihr wollt, könnt ihr visualisieren, wie sich in der Gegend eures Herzzentrums eine Blüte öffnet, aber das ist nicht das Ziel. Das Ziel besteht darin, wirklich zu spüren, wie sich euer Herzchakra wie eine Blüte öffnet. Spürt, imaginiert und fühlt, wie euer Herzchakra sich immer weiter öffnet, bis es so weit geöffnet ist wie eure Brust.

Lasst die Ränder eures Herzchakras sich immer weiter ausdehnen, so weit es euch angenehm ist. Dann haltet inne und verweilt mit eurer Aufmerksamkeit einige Minuten lang in dieser offenen Blüte des Herzzentrums. Spürt dabei deutlich die in euch aufsteigenden Gefühle und Emotionen.

Diese einfache Übung aktiviert sowohl euren Emotionalkörper als auch euer KA. Wird euer Emotionalkörper aktiviert, geht er in Resonanz mit eurem KA, und wenn ihr spürt, wie sich euer Herzzentrum öffnet, erzeugt ihr dort eine elektromagnetische Öffnung. Dann werdet ihr sanfte körperliche Empfindungen und Bewegungen von Energie spüren, und eure Persönlichkeit kann sich mehr an dieses Gefühl der Offenheit gewöhnen.

Es geht einfach darum, sich daran zu gewöhnen, offenherzig statt verschlossen zu sein.

Indem ihr diese einfache Methode eine Weile übt, wird eure Fähigkeit, euer Herz zu öffnen, sehr zunehmen, und eure Angst vor der Öffnung wird rasch schwinden.

Wir empfehlen euch dringend, eure Fähigkeit zu entwickeln, euch eine sich immer weiter öffnende Blüte in eurer Brust vorzustellen, denn durch die Vorstellung des Herzchakras, das sich öffnet wie eine Blüte, wird euer Herzchakra auf dieses innere Bild reagieren.

Behaltet ihr das Bild dieser sich öffnenden Blüte vor eurem geistigen Auge bei, erzeugt ihr eine Resonanz mit den feinstofflichen Strukturen eures Herzchakras.

Wir empfehlen euch, diese Übung in Situationen zu praktizieren, in denen ihr euch wohl und sicher fühlt, und nicht in Situationen, in denen ihr euch unsicher oder unwohl fühlt.

Es ist schön, diese Übung mit Freunden, euren Lieben oder auch mit euren Haustieren durchzuführen – aber auch allein in einer schönen, natürlichen Umgebung.

Indem ihr diese Übung zur Selbstmeisterung über längere Zeit hinweg praktiziert, werdet ihr positive Gefühle tiefer wahrnehmen als je zuvor. Lasst die Freudentränen fließen, falls sie aufsteigen, denn in ihnen zeigt sich das tiefe Verlangen der Seele nach Ausdruck.

Die Angst vor dem Öffnen lässt sich auf viele Ebenen zurückverfolgen, aber letztlich ist es die Angst, sich mehr dem Raum zu öffnen. Denn sobald ihr euch in mehr Weite hineinbewegt, fühlt ihr euch gleichzeitig eventuell verletzlicher, selbst wenn euch dieses Öffnen zu höheren Bewusstseinszuständen befähigt.

Natürlich kann sich das Gefühl von mehr Weite auch bedrohlich anfühlen, wenn ihr Probleme damit habt, gesehen zu werden oder verletzlich zu sein. Doch dieser weitere Raum birgt viele Schätze. Diese einfache Übung des Öffnens einer imaginären Blüte mitten in der Brust kann im Hinblick auf etwaige Widerstände gegen das Öffnen Wunder bewirken. Sie kann euch helfen, empfindsamer für eure eigenen Tiefen zu werden, und wie wir immer wieder gesagt haben: Das Fühlen ist sowohl der Treibstoff für die Verwandlung als auch die Nahrung für eure Entwicklung und euer Wachstum.

5

Die Pyramide des Gleichgewichts

Stellt euch eine Pyramide mit einer quadratischen Grundfläche vor, deren Spitze, der Schlussstein, die Höhe des Bewusstseins symbolisiert, das ihr erreichen könnt.

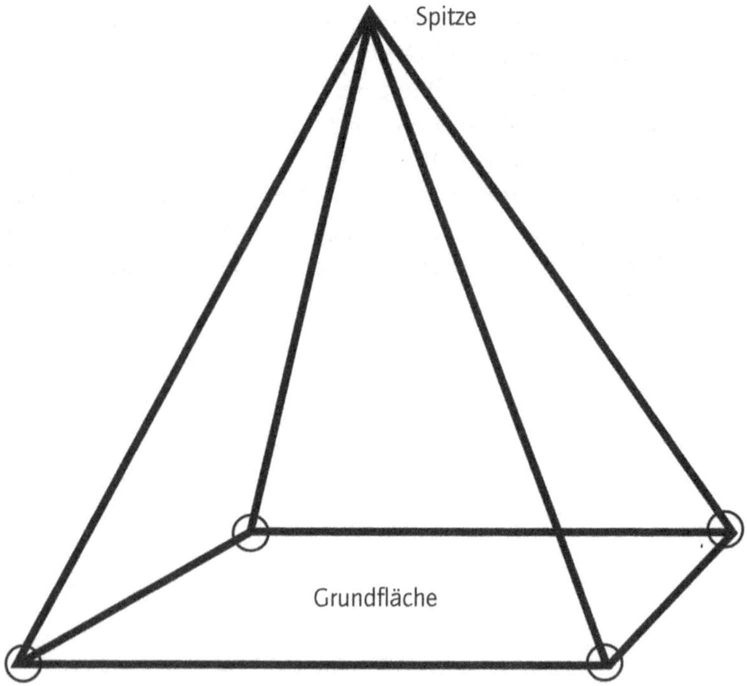

Diagramm 6 – Die Pyramide des Gleichgewichts

Die Spitze ruht auf den vier Ecken der Grundfläche. Jede dieser Ecken steht für einen wesentlichen Aspekt, der für das Erreichen höherer Bewusstseinszustände unabdingbar ist. Nach unserem Verständnis und nach unserer Erfahrung ist die Sicherheit und Stabilität eures Fundaments von ausschlaggebender Bedeutung.

Die vier Punkte oder Aspekte dieser Stabilität sind die Ecksteine bzw. Voraussetzungen eurer hiesigen Existenz:

1. eure Beziehung zu eurem physischen Körper und zu euren feinstofflichen Körpern, einschließlich des KA;
2. eure Beziehung zu euch selbst und anderen;
3. eure Beziehung zu eurem Dienst am Universum, der Welt und eurer Gemeinschaft, der oft – allerdings nicht immer oder ausschließlich – in Form eures Berufs stattfindet;
4. eure bewusste Beziehung zu den heiligen Elementen, aus denen die Welt, in der ihr lebt, besteht; diese heiligen Elemente sind Erde, Feuer, Wasser und Luft/Raum.

Wir haben bereits über die Beziehung zwischen eurem physischen und euren feinstofflichen Körpern gesprochen und darüber, wie wichtig es ist, ein starkes KA aufzubauen. Es ist sehr wichtig, eure physische Beziehung zu eurem physischen Körper und euren anderen feinstofflichen Körpern zu sichern, denn wenn euer physischer Körper die vermehrte Energie nicht aushält, wird das euren Aufstieg in höhere Bewusstseinsebenen behindern.

Ihr werdet dann nicht fähig sein, in höheren Bewusstseinszuständen zu verweilen, denn euer Körper wird euch zurückholen. Eine der vier Voraussetzungen für den Aufstieg ist daher ein starkes KA sowie starke Körper, einschließlich des physischen Körpers.

Das bedeutet nicht, dass ihr mit schwachem Körper keine höheren Bewusstseinszustände erlangen könntet. Es ist nur schwieriger.

Die zweite Voraussetzung besteht darin, euch selbst zu kennen und harmonisch mit anderen umzugehen (wann immer es möglich ist).

Hinsichtlich eurer Beziehungen zu anderen Menschen interessiert es euch vielleicht, zu wissen, dass man in den alten Mysterienschulen Ägyptens, vor allem in der ägyptischen Mysterienschule

Hators, erst mit einer gewissen Lebenserfahrung Einlass fand. Die Bewerber wurden umfassend geprüft, auch im Hinblick auf ihre Beziehungen. Waren die menschlichen Beziehungen nicht positiv ausgerichtet, hätten sie zu einem Hindernis werden können, und der Eingeweihte wäre in niedere Energiezustände zurückgefallen.

Bei manchen Menschen auf der Erde herrscht heutzutage die Auffassung, Beziehungen seien überflüssig, nicht wirklich notwendig und man könne auch ohne sie auskommen. Aus unserer Sicht ist dies ein Irrtum. Es ist notwendig, sich auf andere in klarer, aufrichtiger Weise zu beziehen. Und es ist wichtig, ehrlich zu seinen Erfahrungen, Bedürfnissen und Wünschen zu stehen.

Die Art, wie sich euer Bewusstsein in euren Beziehungen zum Ausdruck bringt, spiegelt euch deutlich eure eigenen ungelösten Themen wider. Ohne zwischenmenschliche Kontakte macht ihr euch leicht vor, ihr hättet eine gewisse Bewusstseinsebene erreicht und wäret voller Mitgefühl. Doch sobald ihr euch auf Interaktionen mit anderen einlasst, zeigt sich bei ehrlicher und aufmerksamer Betrachtung deutlich, was in euch nicht liebevoll und mitfühlend ist. Warum? Die anderen werden mit euch anecken. Im Kontakt mit anderen entstehen unter Umständen Reibungen und Unannehmlichkeiten, ja sogar Schmerzen.

Unserer Beobachtung nach vermeiden die meisten Menschen diese Art unangenehmer Situationen, indem sie sich selbst emotional im Stich lassen, nicht aufrichtig kommunizieren und ihre wahren Absichten vor sich selbst und anderen verbergen. Kommt dann der Moment, in dem das Bewusstsein die Chance hätte, kristallklar zu werden, entstehen Unklarheit und Benebelung. Leider wird das in Beziehungen oft erfahren.

Für dieses Ungleichgewicht gibt es viele Gründe, doch wir möchten euch eine Lösung anbieten, ohne tiefer auf die Hintergründe einzugehen. Die Essenz der Lösung liegt darin, in all euren Beziehungen mit anderen Menschen nach mehr Direktheit, Aufrichtigkeit und Ehrlichkeit hinsichtlich eurer Bedürfnisse und Wünsche zu streben und diese dann klarer zu kommunizieren.

Viele Lehrer auf Erden und aus den höheren Ebenen haben jahrtausendelang von der Bedeutung der Beziehungen gesprochen. Wir pflichten ihnen einfach bei, indem wir diese Wahrheit betonen. Wenn ihr diesen zweiten Eckstein des Fundaments eurer Aufstiegs-Pyramide verinnerlichen könnt, wird die Pyramide stabiler und fester. Sie wird dann zu einem Halt, mit dessen Hilfe ihr eine weitere Stufe in Richtung höherer Bewusstseinszustände und erweiterter Wahrnehmung erklimmen könnt.

Der dritte Eckpunkt der Pyramide bezieht sich auf die Art, wie ihr eure Zeit auf der Erde verbringt – eure Arbeit in der Welt und euer Dienst an anderen. Bei den meisten Menschen hat dieser Punkt mit ihrem Beruf zu tun, doch das muss nicht ausschließlich so sein. Er kann sich auch auf andere Dinge beziehen, die ihr tut. Hier geht es darum, wie ihr euch in der Welt engagiert, wie ihr der Welt entgegentretet und was ihr der Welt an Energie, Fokus und dienender Arbeit gebt. Eure Arbeit bzw. euer Dienst sind der Ausdruck eures wahren Selbst. Arbeit ist manifestiert gemachte Liebe.

Durch die Arbeit, in der ihr euch engagiert, könnt ihr eure Liebe, eure Bewusstheit und eure Meisterschaft manifestieren. Sie spiegelt euch euren persönlichen Ausdruck und jene Punkte in euch, die nicht klar sind, wo ihr verworren oder chaotisch seid.

Falls ihr euch also von eurer Arbeit nicht erfüllt fühlt und euch die Art, wie ihr euch in der Welt engagiert und eure Liebe und Kreativität zum Ausdruck bringt, nicht erfüllt, dann empfehlen wir euch, genauer hinzusehen, wo eure Absichten in diesem Bereich unklar sind. Das Problem ist nicht die Arbeit. Das Problem ist, wie man sich über den Energieeinsatz, der »Arbeit« oder »Dienst« genannt wird, auf die Welt einlässt oder nicht einlässt.

Der vierte und letzte Stützpunkt der Pyramide gründet in eurer bewussten Beziehung zu den Elementen. Die vier heiligen Elemente, aus denen die Erde besteht, sind Erde, Feuer, Wasser und Luft/Raum. Wir sprechen hier von den Elementen in ihrem feinstofflichen, metaphorischen Zustand, nicht von den Elementen eurer Chemie. Diese heiligen Elemente sind in Wirklichkeit erhabene, bewusste Wesen. Das mag für manche Menschen eine neue Vorstellung sein.

Das Element Luft, das sich um und durch euren Körper bewegt, ist bewusst. Die Luft, die ihr atmet, der Raum, durch den ihr euch bewegt, ist ein bewusstes Wesen. Das Element Erde, das euch trägt und euren Körper bildet, ist bewusst. Das Wasserelement der Erde, das Wasser, das sich in Form von Wolken durch den Himmel bewegt, und das Wasser in eurem Körper ist bewusst. Auch das Element Feuer ist bewusst.

Es ist wahrhaftig ein Wunder, was auf dieser Ebene der Existenz geschehen ist. Denn diese vier Wesen, diese großartigen Wesen der Erde, des Wassers, des Feuers und der Luft/des Raums, haben sich zusammengetan, um euch eine physische Form zu ermöglichen. Dieses Geschenk wurde euch freigiebig gespendet, damit ihr die Möglichkeit habt, Erfahrungen in einer dichteren Welt zu machen als jener, aus der ihr kamt. Ohne das Werk dieser bewussten Wesen und das Zusammenwirken ihres schöpferischen Wunsches nach eurer Existenz hier wäre in dieser dreidimensionalen Ebene keine Evolution möglich. Genau genommen gäbe es überhaupt keine physische Ebene.

Eine Beziehung voller Dankbarkeit zu diesen Wesen erzeugt ein kosmischeres und universelleres Verständnis in euch. Dann missbraucht ihr eure Umwelt nicht, denn ihr erkennt die Heiligkeit dieser Wesen, denen ihr eure Existenz verdankt.

Dank ihres Mitgefühls, ihrer Liebe und ihres Dienstes könnt ihr euch entwickeln. Denn auch sie haben, wie alle Wesen, die quadratische Pyramide des Gleichgewichts in sich. Ihre Arbeit und ihr Dienst bestehen darin, bei euch für eine Kontinuität der Existenz zu sorgen, damit alle Elemente im Gleichgewicht sind und die physische Welt weitergeht. Das ist ihr Werk und ihr Dienst, dem sie sich hingebungsvoll widmen. Sie entwickeln sich durch diesen Dienst an euch und allen anderen Bereichen dieser Dimension weiter.

Generell sind die Menschen jedoch vom alten Verständnis der Heiligkeit dieser Elemente und der Heiligkeit der Erde abgeschnitten. Eure Eingeborenenvölker haben sich dieses Wissen in ihren Stammesüberlieferungen bewahrt. Doch die modernen, technologieorientierten Menschen haben sich dieser Wahrheit größtenteils entfremdet. Deshalb suchen viele Menschen nach einem Gefühl von Frieden und sind doch ruhelos und gereizt, weil sie keinen Platz finden, in dieser Welt zu »sein«.

Der moderne Menschen ist technologieorientiert und erzeugt ständig neue Technologien in der Hoffnung, dadurch Frieden und das Gefühl zu erfahren, in dieser Welt einen Platz zu haben. Aber das klappt nicht. Die Ironie und die Tragödie liegen darin, dass der Ort der Ruhe hier ist, genau jetzt. Er umgibt dich. Er besteht aus den Elementen deines Körpers. Wenn ihr nur die Heiligkeit der Erde und eures Körpers sehen und fühlen könntet, würdet ihr Frieden finden und spüren, dass ihr einen Platz in der Welt habt.

Es gibt viele Methoden, die vier Ecksteine der Pyramide zu umgehen und schneller in höhere Bewusstseinszustände zu gelangen. Doch ihr könnt diese erst aufrechterhalten, wenn eine sichere Grundlage gegeben ist.

Errichtet ihr kein Fundament, dann werdet ihr in niedrigere Frequenzen und Bewusstseinszustände zurückfallen. Ohne die notwendige Basis lassen sich höhere Bewusstseinszustände nicht aufrechterhalten.

Da es unser Wunsch ist, euch darin zu unterstützen, euch ausgeglichen und dauerhaft emporzubewegen, empfehlen wir euch, euch fleißig um die vier Ecksteine des Fundaments eures Lebens zu kümmern.

Stärkung der vier fundamentalen Eckpunkte

1. Nährt und stärkt den physischen Körper.

2. Seid euch eurer eigenen Wahrheit bewusst. Übt euch in Wahrhaftigkeit mit anderen.

3. Vertieft und bereichert eure Beziehung zu eurer Arbeit und zu Möglichkeiten des Dienens.

4. Stärkt eure bewusste Beziehung zu den heiligen Elementen, aus denen euer physischer Körper und die ganze Ebene der irdischen Wirklichkeit bestehen.

Wenn ihr diese vier Bereiche stärkt und verfolgt, wenn ihr sie jeden Tag würdigt, euch ihrer bewusst seid und euch darum bemüht, sie weiterzuentwickeln, werdet ihr euch die Energie sichern, die für ein stabiles Fundament nötig ist, damit ihr euch sicher in die höheren Bewusstseinssphären erheben könnt.

6

Die aufsteigende Spirale

Die aufsteigende Spirale ist ein Begriff, mit dem wir den Prozess der gezielten Aufwärtsbewegung des Bewusstseins bezeichnen. Wenn ihr euch auf diesen Prozess die Spirale hinauf einlasst, erhebt das euren Körper, eure Beziehungen und eure Art des Dienens mit. Selbst die Elemente, aus denen euer physischer Körper besteht, werden erhoben. Aus unserer Sicht erhebt sich alles, nicht nur euer Geist.

Wenn ihr mit der Aufwärtsbewegung beginnt, könnt ihr euren eigenen Fortschritt an dem messen, wie viel sich in den vier »Ecksteinen« eurer Beziehungen ändert: eurer Beziehung zu eurem Körper, eurer Beziehung zu euch selbst und anderen, eurer Beziehung zu eurer Arbeit und eurem Dienst und schließlich eurer Beziehung zu den heiligen Elementen.

Ein besonders hilfreiches Barometer eures Fortschritts sind eure Beziehungen zu anderen. Fragt euch: »Was passiert im Bereich meiner Beziehungen? Sind sie echt? Bedeuten sie mir etwas?« Das Niveau und die Klarheit eurer Beziehungen zeigen euch ganz deutlich und direkt, wo ihr auf der Spirale steht.

Angenommen, ihr fühlt euch schon sehr hoch entwickelt, aber eure Beziehungen sind schwierig und eine Quelle der Disharmonie, dann könnt ihr euch sicher sein, dass ihr hinsichtlich eures Entwicklungsniveaus auf dem Holzweg seid. Wie wir bemerkt haben, gibt es Menschen, die sich dem sogenannten »Aufstiegsprozess« widmen und sich dabei von allen persönlichen Beziehungen mitsamt ihren Lernmöglichkeiten abschneiden. Damit bleiben ihnen ein kraftvoller Spiegel und ein höchst wirkungsvoller Feedback-

Prozess vorenthalten. Diese Art von Feedback macht deutlich, ob jemand wirklich aufsteigt oder sich nur etwas vormacht.

Beim Aufstiegsprozess ist die Gefahr der Selbsttäuschung groß. Und die Selbsttäuschung kann auf dem Weg des Aufstiegs sogar noch zunehmen, weil es das sogenannte »spirituelle Ego« gibt. Während ihr die Spirale nach oben wandert, nehmen eure Fähigkeiten und Kräfte zu. Dabei kann das spirituelle Ego selbstgefällig und aufgeblasen werden. Solcher Mangel an Urteilsvermögen und Bescheidenheit ist gefährlich, weil eine Haltung der Geringschätzung und Getrenntheit euch aus den höheren Zuständen der Bewusstheit stürzen lässt. Das spirituelle Ego kann sich auf dem Weg nach oben also als ein echtes Problem erweisen. Deshalb sind Beziehungen ein so wichtiger Bestandteil des Prozesses.

Im alten Ägypten wurden Personen, die sich psychisch oder sozial im Ungleichgewicht befanden, nicht zu den Mysterienschulen zugelassen. Das war eine weise Entscheidung, denn es war und ist zu gefährlich, die höheren Energien ohne die notwendige Klarheit und Stabilität zu aktivieren.

Um das Konzept der aufsteigenden Spirale leichter zu verstehen, könnt ihr euch eine Pyramide des Gleichgewichts mit ihrer quadratischen Grundfläche vorstellen. Und dann stellt euch eine an irgendeinem der Eckpunkte beginnende Spirale vor, die zur Spitze hinauf verläuft.

Genau genommen kann die Spirale an jedem der Eckpunkte und an allen gleichzeitig beginnen. Ihr könnt zum Beispiel in diesen Prozess eintreten, indem ihr eure Beziehungen klärt und positiv gestaltet oder indem ihr eure höchste Vision des Dienens verfolgt.

Ihr könnt diesen Weg auch nehmen, indem ihr eure eigene Lebenskraft klärt und kultiviert.

Und ihr könnt aufsteigen, indem ihr eure Beziehungen zu den vier heiligen Elementen Erde, Feuer, Wasser und Luft/Raum klärt und stärkt.

Es gibt also vier mögliche Spiralen, die sich unabhängig voneinander oder zusammen bewegen können. Natürlich sind alle vier gemeinsam am kraftvollsten. Wenn ihr die synergetische Kraft aller vier aufwärtssteigenden Spiralen nutzen könnt, ist enormes Wachstum möglich.

Die Spirale des Aufstiegs reicht bis in die Unendlichkeit hinein. Die Höhen, die ihr erreichen könnt, sind grenzenlos. Doch idealerweise sollte das Tempo des bewussten Fortschritts mit Hilfe dieser vier Aspekte zu jedem Zeitpunkt ausgeglichen sein.

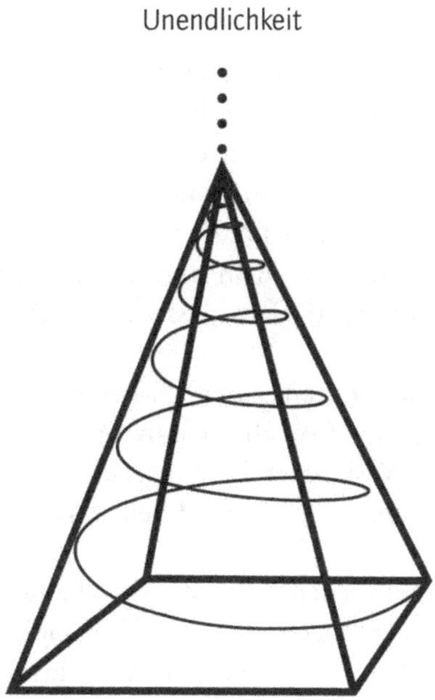

Diagramm 7 – Jede aufwärtsgerichtete Spirale hat vier Bewegungsmöglichkeiten: jeweils eine von jeder Ecke aus

Angenommen, ihr möchtet euch auf einer ausgeglichenen Spirale nach oben bewegen. Wie könntet ihr das tun?

Indem ihr in allen vier Bereichen gleichzeitig dieselbe Ebene von Bewusstheit und Befähigung erreicht, ohne einen Bereich auszulassen. Wenn ihr die Schwingung eures KA anhebt, dann hebt ihr damit auch eure Beziehungen, eure Arbeit und die heiligen

Elemente, also euer Fundament, auf eine höhere Ebene, und ihr seid im Gleichgewicht.

Doch wenn ihr drei eurer Ecksteine entwickelt und dabei eure Beziehungen vernachlässigt, landet ihr im Chaos, denn was eine ausgeglichene, stabile Ebene sein sollte, kippt stattdessen in einer Ecke gefährlich ab. Die Spirale kann sich dann nicht weiter nach oben bewegen, weil an einer Ecke der Pyramide die Grundlage fehlt. Daher ist es am besten, alle vier Eckpunkte der Pyramide gleichzeitig zu entwickeln, damit euer Wachstum stabil wird.

Wählt bei jedem Eckstein die höchste Option. Tretet von eurer höchsten Vision des Möglichen her mit anderen Menschen in Kontakt. Akzeptiert die Realität eurer eigenen Lebenskraft und arbeitet daran, sie zu verbessern. Angenommen, ihr strebt danach, das höchste Maß an persönlicher Energie und Gesundheit zu erreichen, dann müsst ihr so handeln und die richtigen Entscheidungen zur Lebensführung treffen, dass sich diese Möglichkeit verwirklichen kann.

Arbeitet beständig daran, euren Dienst an der Welt zu verbessern, damit er jeweils der Ausdruck eurer Möglichkeiten ist.

Und hebt unablässig euer Bewusstsein der vier heiligen Elemente, damit ihr in der Körperlichkeit eures Lebens verankert bleibt.

Indem ihr euch in jedem der vier Bereiche der höchsten Möglichkeit verschreibt, entwickelt sich eine Harmonie zwischen ihnen. Mit angemessener Zuwendung wird die Ausrichtung auf die höchste Möglichkeit bewirken, dass die Veränderung eurer Schwingung ausgeglichen erfolgt.

Sich all diese vier Bereiche gleichermaßen bewusst zu machen und in ihnen zu wachsen, unterscheidet sich jedoch sehr von dem, was viele Menschen tun.

Der Prozess des spiralförmigen Aufstiegs erfordert Energie. Es ist viel leichter, einfach lethargisch und unbewusst zu sein – was dem Zustand vieler Menschen und ihren Entscheidungen entspricht. Es braucht Energie, die Spirale zu erklimmen und in die höheren Bereiche zu gelangen.

Wie wir wissen, gibt es Menschen, die meinen, der Weg in die höheren Bewusstseinszustände sei ganz leicht und erfordere keine Arbeit, nur Denken. Doch unserer jahrtausendelangen Erfahrung nach ist das nicht wahr. Es verlangt Anstrengung. Sicher hilft auch die Gnade immer wieder weiter, aber es kostet doch Anstrengung, sich durch jene Bereiche hindurchzubewegen, die sich gegen Veränderung und Wachstum sträuben.

Euer KA verleiht euch die Energie, euch aufwärtszubewegen. Nur mit einem starken KA und viel Lebensenergie werdet ihr die Kraft haben, eure Gedanken zu klären und eure Emotionen zu stabilisieren.

Ihr braucht Energie, damit euer Umgang mit anderen gelingt, sonst habt ihr nicht einmal die Möglichkeit, euch der höchsten Vision dieser Beziehung zu widmen. Genau genommen werdet ihr ohne ausreichende Lebensenergie irgendwann so erschöpft sein, dass ihr überhaupt kaum noch mit anderen interagieren könnt. Deswegen beginnen wir mit diesen Grundlagen und kommen immer wieder auf sie zurück. Ihr müsst euer KA aufbauen! Ihr müsst eure Lebenskraft aufbauen.

7

Stabilität im Chaos

Eure Erde durchläuft eine monumentale und historische Zeit, in der die Energien mit einer Geschwindigkeit fluktuieren, wie es die Menschheit noch nie erlebt hat. Das hat mit dem Übergang in eine neue Schwingung zu tun. Während sich die Erde vom Alten zum Neuen bewegt, entfernt sie sich auch von einer alten Art, sich zu organisieren, und tritt in eine neue Art der Selbstorganisation ein.

Die Erde ist ein bewusstes, lebendiges Wesen. Und alle Menschen müssen auf die Fluktuationen antworten, die mit der Evolution der Erde einhergehen. Ihr werdet sozusagen mit dem evolutionären Schwall der Erde emporgehoben. Ihr habt es gewählt, zu dieser Zeit hier zu sein, damit ihr diese noch nie da gewesenen Veränderungen miterleben könnt.

Viele dieser Veränderungen sind chaotischer Art und vor allem für euren Emotionalkörper herausfordernd. Daher erleben viele von euch an der Oberfläche eurer Wahrnehmung viel mehr emotionale Instabilität als je zuvor. Das wird wahrscheinlich noch eine Weile so weitergehen, während die Erde durch diese chaotische Übergangsphase in eine neue Ordnung findet.

Wann immer ein System sich zu einer nächsthöheren Ordnungsebene erhebt, gibt es eine Phase des Chaos, in der die Störungen zunehmen. Dies geschieht gerade auf eurem Planeten. Deshalb sind alle Ebenen – die atomare, die molekulare, die biologische, die geologische, die soziale, die ökonomische und so weiter – im Aufruhr und verändern sich. Natürlich wirkt sich das auch auf eure innere Wirklichkeit aus, vor allem auf eure emotionale Reaktion auf die Menschen und Dinge um euch herum.

Es gibt viele Möglichkeiten, eure Emotionen in diesen chaotischen Zeiten besser zu meistern. Wir möchten euch gerne einen besonders wertvollen Ansatz übermitteln. Wie bereits erwähnt, sehen wir euch als multidimensionale Energiesysteme. Wir möchten daher gerne eine Methode an euch weitergeben, mit der ihr eure eigene Energie so einsetzen könnt, dass sich euer Emotionalkörper während dieser enormen Übergangsphase stabilisiert.

Wie bereits ausgeführt, erfordert diese Methode, dass ihr die Aufmerksamkeit auf eure Pranaröhre lenkt, auf jenen zentralen Kanal, der sich von über eurem Kopf durch die Mitte eures Körpers bis in die Erde hinein erstreckt.

Falls ihr euch beispielsweise in einer emotional schwierigen Situation befindet, kann die unmittelbare Verlagerung eurer Aufmerksamkeit auf eure Pranaröhre sehr hilfreich sein. Durch diese Verlagerung kann das Prana freier durch die Pranaröhre strömen, was euren Atem so verändert, dass mehr Lebenskraft fließt. Wie ihr feststellen werdet, stabilisiert sich dadurch euer Emotionalkörper und ihr könnt dank der Zentrierung bessere Entscheidungen treffen.

Jetzt möchten wir euch wie zuvor durch eine kleine Reihe von Explorationen führen, um eure Meisterschaft im Umgang mit euch selbst sowie eure Selbstkontrolle und euer Verständnis zu stärken.

Dritte Exploration

Stellt euch eine Lichtröhre vor, eine Energieleitung, die mitten durch euren Körper führt und bis zum Erdmittelpunkt reicht (siehe Diagramm 8, S. 88).

Stellt euch nun vor, wie sich diese Lichtröhre auch nach oben weit in den Raum hinein erstreckt, so weit, wie es jetzt für euch angemessen ist. Manche von euch werden die Erfahrung machen, dass sich die Pranaröhre nur ein kleines Stück über den Kopf erhebt, bei anderen erstreckt sie sich weit ins All hinein. Es ist nicht wichtig, wie weit sie reicht. Die Entfernung wird so sein, wie es jetzt für euch stimmig ist.

Diagramm 8 - Durch die Verbindung von »Himmel« und »Erde« über die Pranaröhre werden emotionale Energien ausgeglichen; dadurch kann sich das Individuum »selbst erden« und leichter mit emotionalen Zuständen umgehen

Sobald das erreicht ist, verlagert eure Aufmerksamkeit auf euer Herzzentrum und atmet, während euer Gewahrsein in eurem Herzchakra ruht. Während eure Aufmerksamkeit so auf euer Herz gerichtet ist, stellt euch vor und spürt, wie von oben himmlische Energie herabströmt und von unten Erdenergie aufsteigt und beide sich in eurem Herzchakra begegnen.

Lasst diese beiden Energien von oben und unten in euer Herzchakra fließen und gemeinsam euer Herz nähren, ob ihr nun gerade ein- oder ausatmet, ob der Atem innehält oder nicht. Erfahrt einfach den kontinuierlichen Strom des Pranas, wie er aufsteigt und absteigt. Das Ziel dieser Übung besteht darin, ein deutlicheres Gespür für das Prana zu entwickeln, wie es vom Himmel und aus der Erde in euer Herzchakra strömt.

Nehmt euch ein paar Minuten Zeit, um diesen Pranafluss deutlich wahrzunehmen. Das ist der erste Teil der Übung.

Im zweiten Teil der Übung kommt ein weiterer Schritt hinzu. Während eure Aufmerksamkeit auf eurem Herzchakra und dem von oben und unten einströmenden Prana ruht, nehmt auch euren Atem mit in euren Fokus. Achtet darauf, wann ihr ein- und wann ihr ausatmet und wann ihr zwischen den Atemzügen innehaltet.

Seid euch also eures Atems, des Pranaflusses von oben und von unten in euer Herzzentrum hinein bewusst. Achtet darauf, wie das Prana kontinuierlich strömt, unabhängig davon, ob ihr gerade atmet oder innehaltet. Und achtet dann, während ihr den kontinuierlichen Pranafluss spürt, wieder auf den Rhythmus eures Ein- und Ausatmens, damit ihr ein Gespür für diese beiden voneinander unabhängigen Strömungen bekommt.

Bemerkt den Fluss eures Atems, der zwischen dem Ein- und Ausatmen innehält, und den Fluss des Pranas, der kontinuierlich weitergeht, ohne anzuhalten.

Verweilt einige Minuten bei dieser Übung, um ein klares Gefühl für den Atemrhythmus und ein ebenso deutliches Gefühl für den beständigen Strom des Pranas in euer Herzzentrum zu entwickeln.

Sobald ihr diese Phase der Exploration hinter euch habt, könnt ihr wahrscheinlich den kontinuierlichen Pranastrom von oben und unten in euer Herz und gleichzeitig euren Atem wahrnehmen.

Macht euch bewusst, dass ihr damit zwei lebenswichtige Aktivitäten spürt: zum einen den Rhythmus eures Atems und zum anderen den kontinuierlichen Pranastrom durch eure Pranaröhre. Das befähigt euch, den dritten Teil der Übung hinzuzufügen, bei dem der beständige Fluss des Pranas während dreier verschiedener Atemmuster wahrgenommen wird. Das eine ist ein sehr schnelles Atemmuster, das zweite ein sehr flaches Atemmuster, und beim dritten geht es einfach darum, den Atem anzuhalten. Vielleicht ist euch das nicht bewusst, aber dies sind die drei grundlegenden Atemmuster, die ihr bei unterschiedlichen Emotionen durchlauft. Wenn ihr es schafft, den Pranafluss unabhängig von diesen drei Atemmustern aufrechtzuerhalten, werdet ihr mehr emotionale Stabilität erlangen.

Bringt jetzt also das Prana von über eurem Kopf in euer Herzchakra und dann von unten aus der Erde in euer Herzchakra, während ihr sehr schnell atmet. Dann atmet ganz langsam, während ihr Prana von oben über eurem Kopf und dann von unten aus der Erde in euer Herzchakra fließen lasst.

Und dann haltet den Atem an, während ihr das Prana von oben über eurem Kopf und dann von unten aus der Erde in euer Herzchakra holt.

Entwickelt ein deutliches Gespür für den kontinuierlichen Pranafluss, ganz gleich in welcher Phase sich euer Atem gerade bewegt.

Jetzt kehrt wieder zur normalen Atmung zurück. Dann nehmt euch ein bis zwei Minuten Zeit, diese drei Phasen zu üben. Beim Üben werdet ihr merken, dass das Prana frei fließen kann, egal in welchem Atemmuster ihr euch gerade befindet. Das ermöglicht euch mehr Stabilität, unabhängig davon, in welchem Atemmuster oder emotionalen Muster ihr gerade seid.

Diese drei Schritte sind euer Übungsfeld für den Umgang mit unerwarteten Notsituationen und emotional chaotischen Umständen.

Wenn ihr euch mit diesen drei Phasen wohlfühlt, könnt ihr einen weiteren wichtigen Schritt hinzufügen. Dieser nächste Abschnitt der Exploration zeigt euch, wie ihr euren Fokus in die Pranaröhre verlagern und sie unmittelbar in der Erde verankern könnt.

Richtet eure Aufmerksamkeit auf die Pranaröhre eures Körpers (siehe Diagramm 8, S. 88) und verlängert die Röhre mit eurer Vorstellungskraft bis zum Mittelpunkt der Erde. Sobald eure Pranaröhre so im Mittelpunkt der Erde verankert ist, lasst das himmlische Prana von über eurem Kopf nach unten in euer Herzchakra fließen und gleichzeitig Erd-Prana aus der Erde in euer Herzchakra aufsteigen.

Ihr braucht sonst nichts zu tun. Ihr braucht es nicht zu »machen«, ihr braucht es nur geschehen zu lassen. Das Prana folgt sofort eurer Absicht. Eure innere Ausrichtung wirkt hier entscheidend. Die Absicht, die Pranaröhre im Erdkern verankert zu halten und gleichzeitig die Energien in euer Herzchakra aufsteigen zu lassen, während die himmlischen Energien in euer Herzzentrum hinabfließen, stabilisiert eure Emotionen.

Wir empfehlen, dies ebenfalls jeweils ein bis zwei Minuten lang zu üben.

8

Die heiligen Elemente

Wir sehen die Erde sehr anders als die meisten Menschen des westlichen Kulturkreises. Unsere Sicht steht jener der alten, eingeborenen Kulturen näher.

Aus unserer Sicht seid ihr Teil des Mysteriums, des »Alles-was-ist« als zentralem Bestandteil von allem. Die Kraft und Intelligenz der Schöpfung durchströmt auch die kleinsten Teilchen der Materie und ist in ihnen gegenwärtig. Aus dieser Sicht ist das gesamte physische Universum ein heiliger Ort, ein geweihter Tempel. Viele Menschen sind oder haben sich von der Wahrnehmung der Erde als einem heiligen Ort und noch viel mehr von der Heiligkeit der vier Elemente abgeschnitten.

Über die subtileren Ebenen des Bewusstseins könnt ihr in jenen archetypischen Bereich eingehen, in dem die Heiligkeit der Materie und der vier Elemente offensichtlich wird. Dieser archetypische Bereich, von dem wir hier sprechen, ist nicht identisch mit dem, was der Schweizer Psychiater Carl Gustav Jung beschrieben hat. Wir meinen damit eine Urkraft, die sich durch das erstreckt, was wir die »Unterwelt der Materie« nennen. Diese entspricht dem Subquanten-Bereich – einer theoretischen Ebene, auf der das Bewusstsein die Materie ständig neu erschafft. Die vier heiligen Elemente sind Teil dieses ewigen Prozesses.

In unserer Welt haben wir für jedes dieser heiligen Elemente einen Klang. »EL« ist Erde, »KA« ist Feuer, »LIIM« ist Wasser und »OM« ist Luft und Raum. Diese vier bilden ein Schwingungskontinuum. Es ist möglich, die Klänge dieser Elemente zu tönen und darüber in die archetypische Ebene einzutreten, in der sie existieren. Es ist, als ob diese Klänge die Tore der Wahrnehmung öffnen und euch in ein resonantes Bewusstseinsfeld eintreten lassen – in die archetypischen Sphären, die Urkraft, die Unterwelt der Materie –, wo die Elemente lebendig sind. Der Eintritt und das Verweilen in dieser Welt verändert euer Bewusstsein und eure Wahrnehmung so, dass ihr die Tiefgründigkeit der physischen Welt und ihren Platz im Kontinuum des Bewusstseins spüren könnt.

Dies ist eine sehr wirkungsvolle Übung. Im Grunde chantet ihr das Mantra EL-KA-LIIM-OM mindestens vier Mal und immer in Vierergruppen. Ihr könnt es also auch sechzehn Mal chanten. Dies ist eine sehr starke Übung. Wir empfehlen oft, dieses Mantra 256 Mal, also vier hoch vier mal zu chanten. So hat das Bewusstsein Zeit, verschiedene Zustände zu durchlaufen und sich auf die archetypische Ebene der Elemente einzustellen. Ihr könnt direkt die Lebendigkeit und das Kontinuum des Bewusstseins erleben, das durch die Erdenebene zum Ausdruck kommt. [Auf der Internetseite www.tomkenyon.com gibt es weitere Informationen über die vier heiligen Elemente, und zwar unter »Articles« – »Chant of the Four Elements«.]

Es ist sehr kraftvoll, diese Übung im Freien zu machen, wo ihr die Elemente direkt spüren könnt. Sehr wirkungsvoll ist es auch, eure Aufmerksamkeit dabei in eure Pranaröhre zu lenken, die durch die Mitte eures Körpers verläuft. Indem ihr euren Fokus in eurer Pranaröhre haltet und die Klänge der Elemente chantet, wird das Prana, das durch die Röhre fließt, veredelt und belebt, wodurch die Elemente in eurem Körper aktiviert und geweckt werden. Es ist eine Erfahrung, die sich kaum mit Worten beschreiben lässt; sie muss erlebt werden.

Vor allem beim länger andauernden Singen dieser Klänge taucht oft Material aus dem Unbewussten auf, weil dadurch ein sehr tiefer Bewusstseinszustand erzeugt wird.

Ihr könnt dabei jeden Bewusstseinszustand erleben, von totaler Langeweile und Mattigkeit bis hin zu höchster Ekstase und Seligkeit, oder auch eure »Dämonen«, euer eigenes negatives emotionales Material. All dies kann durch das Chanten dieser Klänge aktiviert werden, deshalb ist es wichtig, zu wissen, dass alles, was während des Singens auftaucht, Teil des Reinigungsprozesses ist.

Wenn ihr EL-KA-LIIM-OM chantet, würdigt ihr die Heiligkeit der Elemente und das Kontinuum des Bewusstseins von der Quelle durch die verschiedenen feinstofflichen Ebenen hindurch bis in die Erde selbst. Und ihr würdigt die Heiligkeit der Erde, die Heiligkeit eures eigenen Körpers und die Heiligkeit eures Platzes im Kontinuum des Bewusstseins, im »Alles-was-ist«.

Es heißt, der menschliche Körper sei der Tempel Gottes. Auch wir betrachten euren Körper als einen heiligen Tempel, denn in ihm stellen sich die vier heiligen Elemente – Erde, Feuer, Wasser und Luft/Raum – in euren Dienst.

Wir betrachten die Erde als einen heiligen Ort, einen Ausdruck der heiligen Elemente der archetypischen Sphäre des Bewusstseins. Wir betrachten die Erde als der Quelle ebenso nahe wie jede andere Ebene der Existenz, denn das Kontinuum des Bewusstseins und die Materie sind ein Ganzes.

Es ist möglich, in tiefer Kommunion mit dem Göttlichen zu sein, sich ganz im Bewusstsein zu Hause zu fühlen und dabei verkörpert zu bleiben. Es ist nicht notwendig, die Erde zu verlassen, um »nach Hause« zu kommen, denn »zu Hause« ist ein Bewusstseinszustand, ein Zustand der Verbindung, der aus euch selbst hervorgeht.

Wir beobachten zurzeit eine gefährliche Situation auf der Erde, vor allem in den technologisch hoch entwickelten Ländern. Diese Situation ist die Getrenntheit von der Natur und den Elementen. Die moderne Kultur hat sich isoliert und von den natürlichen Elementen, der Welt der Natur abgeschottet. Die westliche Gesellschaft hat den biblischen Ausdruck, »sich die Natur untertan zu machen«, unverantwortlich weit auf die Spitze getrieben. Die Menschheit unterdrückt die Natur. In der modernen Welt unterdrückt die Menschheit die Natur und die Elemente nicht nur, sondern ist auch ernsthaft von ihnen abgespalten und hat deshalb auch viel von ihrer Verbindung zum höheren Bewusstseinskontinuum verloren.

Wenn ihr in der Natur seid, wenn ihr eine Beziehung zu den Elementen habt, dann steht ihr dem Bewusstseinskontinuum, das in den Bereich des Archetypischen führt, näher … und von dort ist es nur ein Schritt in das »Alles-was-ist«.

Es ist nicht klar, ob die Kultur der modernen Welt hierfür erwachen und ihre Haltung umkehren wird. Doch mit eurem individuellen Bewusstsein steht es euch jederzeit frei, mit den Elementen in Beziehung zu treten. Ihr könnt diese Verbindung von eurem eigenen Bewusstsein in die archetypischen Bereiche der Elemente herstellen. Viele Urvölker tun dies.

Wir empfehlen euch, häufig in die Natur zu gehen und Zeit mit den natürlichen Elementen zu verbringen, denn sie sind Abbilder der archetypischen Muster. Isoliert euch nicht von den Elementen. Nähert euch ihnen und würdigt sie. Gebt eurem Bewusstsein und Gewahrsein Gelegenheit, mit den vier heiligen Elementen in Einklang zu kommen. Singt die Namen der Elemente mit Ehrerbietung, und es wird sich euch eine Welt eröffnen, die euer Vorstellungsvermögen weit übersteigt. Wenn ihr in diese archetypische Welt der Elemente eingeht, werdet ihr eine tiefere Verbindung mit der Natur erfahren und die Welt mit neuen Augen sehen.

9

Der Dreh- und Angelpunkt

Ein gutes Beispiel für einen Dreh- und Angelpunkt ist der Hebelstützpunkt einer Wippe, wie man sie oft auf Spielplätzen sieht. Zwei Kinder sitzen auf den gegenüberliegenden Enden einer Stange, die in der Mitte (am Dreh- und Angelpunkt) aufliegt. Die Kinder stoßen sich abwechselnd vom Boden ab, wodurch das andere Ende der Stange (und damit das andere Kind) gen Boden sinkt. Solange es Bewegung gibt, wirken am Dreh- und Angelpunkt die Kräfte der Polarität (die Auf- und Ab-Bewegungen).

Dies ist eine wunderbare Metapher für das Bewusstsein, da auch bei der Bewegung des Bewusstseins von seinem Ruhepunkt der Nondualität in die Dualität einander entgegenwirkende Kräfte ins Spiel kommen. In eurer Welt muss sich wie bei der Wippe bei jeder Aufwärtsbewegung auch etwas herabbewegen.

In eurem gegenwärtigen Leben als Menschen auf diesem Planeten erlebt ihr eine rasante Beschleunigung vieler multidimensionaler Kräfte – physischer, mentaler, emotionaler, kultureller, sozialer, spiritueller und globaler Art – und viele davon treten gleichzeitig auf. Für euch als Menschen liegt der Dreh- und Angelpunkt dort, wo sich diese multidimensionalen Kräfte im gegenwärtigen Augenblick verbinden.

Falls ihr je auf einer Wippe gesessen habt, wisst ihr um die Möglichkeit eines Gleichgewichts, dann nämlich, wenn die Wippstange bewegungslos parallel zum Boden in der Luft hängt. Dieser Moment stellt ein perfektes Gleichgewicht der Dualitäten dar. Der Dreh- und Angelpunkt befindet sich dann in einem neutralen Zustand. Doch wenn die Dualitäten sich wieder zu bewegen beginnen (wenn also ein Ende aufsteigt und das andere hinabsinkt), entstehen am Dreh- und Angelpunkt vermehrt Aktivität und Reibung.

Als Menschen erlebt ihr diese Reibung in eurem Fühlen oder Spüren als zunehmenden Druck. Die Ereignisse werden intensiver, und ihr nehmt den gegenwärtigen Augenblick intensiver wahr. Der Punkt, um den herum sich diese Empfindungen intensivieren, ist euer Dreh- und Angelpunkt. Hier liegt euer Initiationsportal, euer Zugang zur beschleunigten Evolution eurer Seele und zu erhöhtem Gewahrsein.

Wie ihr mit euren Erfahrungen umgeht, ist eure individuelle Entscheidung. Betrachtet ihr jedoch euer Leben sowie diesen Planeten nicht als heiligen Ort und erkennt ihr dieses Leben nicht als Einweihungsprozess, dann verfallt ihr unter Umständen in Anklagen, Geringschätzung und Vermeidungshaltungen.

Es gibt viele Arten, den gegenwärtigen Augenblick eures Lebens zu vermeiden. Doch wenn ihr die Ereignisse und Erfahrungen eures Lebens als Einweihungsprozess versteht, wird euch alles heilig sein, was geschieht, und sei es noch so schwierig.

Der Einweihungsprozess steckt letztlich voller Schwierigkeiten und Prüfungen, denn daran wächst die Seele. Die Meisterung einer bestimmten Ebene oder eines bestimmten Bereichs des Selbst führt zur Meisterschaft der Seele.

Im Grunde arbeitet ihr euch durch die emotionalen, mentalen und spirituellen Inhalte eures eigenen Bewusstseins. Ihr erfahrt dies durch die Ereignisse eures Lebens, vor allem durch die Gedanken, Gefühle und Emotionen, die diese Ereignisse in euch auslösen.

Wenn ihr den Dreh- und Angelpunkt (also den gegenwärtigen Moment) als Fokus eures eigenen Lebens würdigt, dann seid ihr für eine andere Beziehung zu eurer Erfahrung bereit. Würdigt eure Erfahrung und eure Empfindungsreaktionen, denn sie sind der Sinn, der Zusammenhang und der Zweck eures Lebens.

Aus unserer Sicht möchten wir noch ein weiteres Element hinzufügen: die Meisterung eurer Energie. Wie ihr vielleicht bemerkt habt, seid ihr umso weniger in der Lage, effektiv mit euren emotionalen Reaktionen umzugehen und die richtigen Entscheidungen zu treffen, je stärker eure emotionalen Reaktionen sind oder je mehr ihr euch überwältigt fühlt. Ihr könnt die Situation dann immer weniger als Chance, als Treibstoff für die Transformation eures Bewusstseins nutzen.

In Augenblicken starker Überwältigung, in denen sie in die Unbewusstheit abgleiten, versuchen viele Menschen, die Wahrnehmung des gegenwärtigen Moments (des Dreh- und Angelpunktes ihrer Erfahrung) zu vermeiden, indem sie abschweifen, schlafen, sich überarbeiten oder sich der ganzen Angelegenheit durch Drogen, Essen oder Alkohol entziehen. Für manche stellt sogar Meditation eine subtile Form der Vermeidung dar.

Die Werkzeuge, die wir in diesem Material vorstellen, sollen euch helfen, eure Energie so zu meistern, dass ihr in einer wichtigen Erfahrung, wenn die Intensität des Augenblicks zunimmt, über die Energie verfügt, euch positiv auszurichten.

Ihr werdet sowohl über das Gewahrsein des Geschehens verfügen als auch eure Energie meistern können, um in diesem Moment die für euch richtigen Entscheidungen zu treffen. Diese beiden Aspekte erzeugen zusammen einen mächtigen Wirbel, der euch rasch in höhere Ebenen des Bewusstseins fließen lässt. Doch es muss beides gegeben sein.

Ihr müsst eure Lebenserfahrung verstehen, schätzen und würdigen. Dann müsst ihr eure Empfindungsreaktion für den Einweihungsprozess nutzen, um die Meisterschaft über eure Energie zu erlangen, die euch so stabilisiert, dass ihr diese Wachstumschancen nutzen könnt.

Es hat eine gewisse Ironie und Paradoxie, dass das Bewusstsein um dasselbe Ereignis einen Himmel oder eine Hölle erzeugen kann. Die Art, wie ihr auf verschiedene Ereignisse reagiert, hat letztlich wenig mit den Ereignissen selbst zu tun. Zum Einweihungsbewusstsein gehört, jedes Geschehen als Produkt der eigenen Empfindungs- und Emotionsreaktionen zu erkennen und die Verantwortung dafür zu übernehmen.

Es gibt emotionale Verfassungen, die ihr tendenziell als reine Hölle erlebt, eine Art Fegefeuer, in dem euch sowohl die Dämonen eurer eigenen Anhaftungen als auch Angst, Schmerz, Ärger und Traurigkeit quälen. Und es gibt emotionale Verfassungen, in denen ihr euch zufrieden, zentriert, geliebt und erfüllt fühlt. Erkennt einfach, dass diese beiden polaren Zustände, Himmel und Hölle, in euch sind, in eurem Bewusstsein, in eurem eigenen Sein. Sie sind nicht irgendwo im physischen Raum zu verorten. Sie sind in euch. Sie sind polare Gegensätze, die hin und her pulsieren. Der Dreh- und Angelpunkt eures Lebens ist jener Punkt, an dem diese Polaritäten in die eine oder andere Richtung kippen. Macht euch diese Erkenntnis zu eigen und meistert euren Energiefluss, dann werdet ihr die Polaritäten besser in euch ausgleichen können.

Um das Bild des Dreh- und Angelpunktes noch weiter auszuschöpfen, möchten wir hinzufügen, dass die Ereignisse selbst letztlich leer sind. Sie sind jedoch Auslöser für Reaktionen aus eurem Bewusstsein.

Während ihr die Einweihungsprozesse eures Lebens durchlauft, erlebt ihr Gefühle und emotionale Reaktionen auf unzählige, oft herausfordernde Dinge. Das gehört zu eurem menschlichen Wesen. Doch wenn ihr diese emotionalen Reaktionen und Gefühle mit Bewusstheit und in Mitgefühl mit euch selbst durchlebt – sozusagen mit liebevollem Blick auf euch selbst –, werdet ihr in eurem Sein die Polaritäten entdecken, die euer eigenes Leiden bewirken. Diese Polaritäten werden von den tiefsten Überzeugungen und Entscheidungen eures Bewusstseins bestimmt.

Der Zweck und das Wesen dieser Initiation liegen darin, der Seele einen Spiegel vorzuhalten, damit sie die Entscheidungen, die sie getroffen hat, klar erkennen kann. Der Einweihungsprozess eures jetzigen Lebens und die Menschen und Ereignisse, die euch begegnen, halten euch alle einen Spiegel vor. Wenn ihr daher etwas als schwierig erfahrt und euch eure Reaktion auf das Geschehen nicht bewusst macht, verpasst ihr eine enorme Chance, euch für größere Bewusstheit und Klarheit zu öffnen.

Darin liegt die Macht des Dreh- und Angelpunktes. Er ist der heilige Augenblick. Jeder Moment eurer Erfahrung ist heilig.

Wenn ihr euch in einer schwierigen und herausfordernden Situation wiederfindet, könnt ihr euch bewusst machen, dass sich euch eine weitere Einweihungschance eröffnet. Dadurch wird dies ein Anlass zur Freude, zur Bewusstheit, zur Klarheit und zum Mitgefühl mit euch selbst. Je mehr ihr die Werkzeuge meistert, die wir euch gegeben haben und weiterhin geben werden, desto mehr wird euer Körper in Einklang kommen und es euch ermöglichen, diese Einweihungschancen auf konstruktive, kreative Weise zu nutzen.

Wir möchten euch jetzt eine Geschichte aus unserer Kultur erzählen, eine Legende von einem Menschen, der in einer früheren historischen Epoche lebte, die ihr »das alte Ägypten« nennt. In gewisser Weise symbolisiert diese Geschichte die gegenwärtige menschliche Erfahrung.

Ein Initiand kam zum Tempel der Hator (der Fruchtbarkeitsgöttin der Liebe und der Freude) und wollte unbedingt diese Seinszustände erfahren. Aber er wollte gleich auf der obersten Ebene in den Einweihungsprozess einsteigen, ohne durch die niederen Tempel der Unterwelt zu gehen. Sooft der hoffnungsvolle Initiand zum Hator-Tempel der Liebe und Freude kam, wurde er mit den Worten weggeschickt: »Du bist nicht bereit. Du musst die Unterwelt betreten.«

Diese Person war sehr geschickt und nutzte verschiedene Maskierungen als Frau, als Krüppel, als Bettler und sogar als Weiser. Doch er war stets dieselbe Person und wurde weggeschickt. Immer wieder kam er und wollte in die Mysterien eingeweiht werden, doch er blieb unwillig, zuerst durch die niederen Tempel zu gehen, obwohl ihn das zum Ziel seiner Sehnsüchte gebracht hätte.

Der Punkt an dieser Geschichte ist, dass ihr eurer eigenen Unterwelt nicht entgehen könnt. Ihr müsst euch auf die Katakomben eures Unbewussten einlassen, bevor ihr nach den höheren spirituellen Mysterien streben könnt.

Ihr seht, je höher man im Bewusstsein steigt, desto tiefer muss man tauchen, um im Gleichgewicht zu bleiben. Wenn ihr zu weit aufsteigt, ohne eure verborgenen Tiefen in Balance zu bringen, mitsamt eurem Unbewussten, dann seid ihr unausgeglichen und potenziell gefährlich. Warum? Weil ihr dann handelt, ohne euch der wesentlichen Teile eurer selbst bewusst zu sein, die in eurer Unterwelt stecken – jener Aspekte von euch, die sich nicht weiterentwickelt haben, wie euer Ärger, euer Hass, eure Eifersucht, eure Wut, eure Fantasien, selbst eure Todeswünsche. Diese Dinge, die ihr aus eurer Wahrnehmung zu verdrängen versucht, gehören zu eurem Menschsein, und eure Aufgabe als Menschen ist es, alle Ebenen eurer Erfahrung in dieser Dimension zu integrieren und zu heilen.

Eine der Ebenen der Lebenserfahrung auf Erden, die der Heilung bedarf, hat damit zu tun, was ihr »Dunkelheit« nennt – wir nennen es »Unbewusstheit«. Die Dunkelheit ist Unbewusstheit. Die Aufgabe der Evolution ist unserer Meinung nach, die Bewusstheit auszuweiten, damit sie allumfassend wird und in euer gesamtes Sein eingeht. Die gegenwärtigen Prozesse, Umstände und Ereignisse auf eurem Planeten sind derart intensiv, dass sie Gefühle und Überzeugungen aus eurer Unterwelt auslösen. Der Dreh- und Angelpunkt der Erfahrung – die Intensität der Erfahrung des Lebens von einem Augenblick zum nächsten – ist das Einweihungstor, durch welches ihr eine Bewusstheit und Erkenntnis der Tiefen eurer selbst erlangt.

Zweifelt nie daran, dass euer Wesen dieser Aufgabe gewachsen ist, denn euer Bewusstsein umfasst das Licht, die himmlischen Bereiche eures Seins, genauso wie die dunklen, dämonischen Welten eures Seins und alle Bereiche zwischen diesen beiden Polaritäten. Diese beiden Polaritäten mitfühlend, bewusst und liebevoll zu halten, bringt sie in Balance und heilt eure eigene Dunkelheit durch die Macht und das Licht eurer Bewusstheit. Dies ist unserer Meinung nach für diese Ebene und eure Dimension die Aufgabe der Evolution.

10

Klang als Schlüssel

Alle Dinge im manifesten Universum sind im Wesentlichen Schwingung. Auch eure Wissenschaft bestätigt zunehmend, dass alles, was es im Universum gibt, im Wesentlichen Schwingung ist.

Aus unserer Sicht gibt es eine direkte Beziehung zwischen der Form von etwas und seiner Schwingung. Aus unserer Perspektive seid ihr komplexe, miteinander verbundene Energiefelder aus Licht und Klang. Die verschiedenen Zellen eurer Organe und Körpersysteme geben Klangschwingungen (Frequenzen) ab, die sich mit denen anderer Zellen verbinden und so komplexe zelluläre Resonanzen erzeugen.

Genau genommen ist das gesamte Universum eures Körpers eine wandelnde Symphonie. Ihr seid leuchtende, eiförmige Gebilde kaskadierender Energie, die vielfältige klangliche Resonanzkaskaden erzeugen. Euer Körper beispielsweise ist ein durch viele Wirkkräfte hervorgerufenes stehendes Wellenmuster, und die verschiedenen stehenden Wellenmuster, aus denen euer Körper besteht, schwingen in Resonanz mit der Erde und werden auch durch die Schwingungswechsel der Erde beeinflusst.

Die Erde geht zurzeit durch eine große Übergangsphase, in der sich ihre eigenen Resonanzen und Schwingungen ändern und zu einem neuen Gleichgewicht finden. Die Resonanzfelder eures Körpers finden daher auch zu einer neuen Balance, von der subatomaren über die atomare bis in die zelluläre Ebene. Das wirkt sich auf eure Organe und Körpersysteme aus.

Aus alldem entsteht enormer biologischer Stress; er wird zur physischen Herausforderung, die manchmal in Form von Krankheiten, manchmal als Erschöpfung, Lethargie oder als unruhiger, nervöser Zustand auftritt. Im emotionalen Bereich zeigt sich dieser Stress oft in emotionaler Instabilität.

Emotionen sind vielschichtige Phänomene, die sowohl mit den neurologischen Mustern in eurem Gehirn als auch mit Klang- und Schwingungsmustern zu tun haben. Die hormonellen Reaktionen in eurem Körper hängen ebenfalls mit emotionalen Veränderungen zusammen.

Emotionen bewirken Veränderungen des Atemrhythmus sowie des Sauerstoffgehalts und der chemischen Zusammensetzung des Blutes.

Alle Emotionen haben eine Klangsignatur, die ihrer Schwingung entspricht. Man kann Emotionen also mit musikalischen Akkorden vergleichen, von denen sich manche melodisch und besänftigend anhören, andere rau und schrill.

Es stimmt auch, dass Klang bzw. die Signatur der Emotion in bestimmten Körperbereichen in interzellulären Resonanzfeldern gespeichert wird. Eine Emotion wie Ärger hat also eine Klangsignatur einer bestimmten Qualität, eines bestimmten Timbres, einer bestimmten Tonhöhe und Intensität.

Diese Klangsignatur strahlt aus den Zellen und den zellulären Resonanzen eines bestimmten Teils eures Körpers aus. Viele Menschen spüren ihren Ärger vor allem im oberen Brustbereich und in den Armen. Traurigkeit hingegen wird oft in der Herzgegend und in und um die Augen herum erfahren. Jede Emotion oder emotionale Reaktion hat ihren Ursprung in den interzellulären Resonanzfeldern des Körpers. Diese emotionalen Reaktionen oder Muster wirken sich auf spezifische Weise auf die Chemie und die elektromagnetischen Feldmuster des Körpers aus.

Emotionen zu unterdrücken, ist ungesund. Wer Emotionen »in sich hineinfrisst«, um es in euren Worten auszudrücken, löst in der Biochemie des Körpers eine Art Gegenreaktion aus. Da wir euch vorwiegend als Energiekörper wahrnehmen, als Klangschwingungen verströmende, leuchtende Energie-Eier, zeigt sich uns euer bewusstes Unterdrücken von Emotionen als tiefer in die zelluläre Struktur eures Körpers zurückgedrängte Klangsignatur.

Wenn die emotionalen Resonanzen immer wieder unterdrückt werden, kann das den Körper negativ beeinträchtigen. Die nicht gelebten Emotionen werden zu körperlichen Symptomen. Zum Beispiel kann Wut zu hohem Blutdruck führen, und es gibt viele andere Beispiele dafür, wie wiederholt verdrängte Emotionen sich in körperlichen Symptomen Ausdruck verleihen.

Bei der Erörterung dieses wichtigen Themas werden wir drei Bereiche vorstellen, die mit Klang oder Schwingung zu tun haben.

Der erste Bereich hat mit der Signatur von Emotionen und dem wohltuenden Ausdruck von Emotionen durch Klang zu tun.

Der zweite Bereich handelt von der Aktivierung bestimmter Bewusstseinszustände durch Klang.

Und zum Dritten möchten wir beschreiben, wie ihr mit Hilfe von Klang oder Schwingung physische Prozesse eures Körpers gezielt beeinflussen könnt.

Klangsignaturen

Um Emotionen deutlicher zu verstehen, empfehlen wir euch, euch als komplexe, resonante Energie- und Schwingungsfelder zu begreifen und die Klangsignaturen von Emotionen anzuerkennen, die stimmlich als Seufzen, Schreien, Lachen oder sonstige Geräusche zum Ausdruck kommen. Dann könnt ihr eure Bewusstheit auf die Bereiche eures Körpers richten, wo die Emotionen festgehalten werden, um sie freizusetzen. Mit den von uns vorgestellten Experimenten könnt ihr euch mit diesem Prozess vertraut machen, um mit dieser Methode Emotionen durch Klang auszudrücken und auszuräumen.

Vierte Exploration

Erinnert euch an eine bestimmte Emotion und eure gefühlte Reaktion. Sobald ihr diese spürt, entspannt euch und umfasst mit eurer Bewusstheit dieses ganze riesige interzelluläre Universum eures Körpers von Kopf bis Fuß.

Jetzt richtet eure Aufmerksamkeit darauf, zu spüren, wo ihr diese Emotion in eurem Körper erlebt. Das mag nur ganz fein spürbar sein, aber irgendwo in eurem Körper wird es als Reaktion auf diese Emotion eine resonante Schwingung geben. Lasst eure bewusste Aufmerksamkeit zu diesem Bereich eures Körpers wandern, atmet dann tief ein und gebt beim Ausatmen den Klang dieser Emotion von euch.

Dies ist kein rationaler Denkprozess, sondern ein spontaner, intuitiver, biologischer Prozess – etwas, was ihr ganz natürlich tut, was aber für manche Menschen aufgrund ihrer Erziehung schwierig geworden ist.

Kinder bringen ihre Gefühle spontan durch Weinen, Lachen, Schreien oder andere Geräusche zum Ausdruck, bis ihnen jemand sagt, sie sollen es lassen und still sein. Es ist jedoch ein natürlicher, biologischer Impuls, bei starken Emotionen Laute von sich zu geben.

Für manche von euch ist es sehr wichtig, wieder zu lernen, was das menschliche System eigentlich natürlicherweise tut – was auch ihr getan habt, bevor euch beigebracht wurde, still zu sein. Wir meinen damit nicht, sich auf störende, chaotische Weise kindisch zu verhalten, sondern euch diesen Aspekt eures natürlichen biologischen Erbes wieder anzueignen.

Es spricht eine Menge für die Wahrung des sozialen Friedens, doch wenn dieses Bemühen zu weit getrieben wird, zahlt der Körper für die Unterdrückung der emotionalen Energie einen Preis.

Emotionale Energie lässt sich über die Stimmbänder abbauen und/oder durch Körperbewegungen, anstatt sie in die interzellulären Felder des Körpers zu verbannen, was zu ungesunder zellulärer Spannung führt. Bei dieser Art von Stress werden die zellulären Energiefelder dazu gezwungen, die Schwingungsresonanz verdrängter Emotionen aufzunehmen; die Folge sind negative biochemische Körperreaktionen und eine Minderung der Lebenskraft.

Sobald ihr euch dessen bewusst seid, könnt ihr Stress ganz einfach verhindern oder auflösen. Mit Hilfe dieser Methode könnt ihr auch negative Emotionen rasch verarbeiten.

Sooft ihr etwas erlebt, das in euch eine emotionale Reaktion auslöst, könnt ihr eure Aufmerksamkeit gezielt in den Bereich des Körpers lenken, wo ihr diese emotionale Reaktion verspürt, anstatt sie zu verdrängen oder zu leugnen. Nehmt Verbindung auf zu den Lauten, die dabei auf natürliche Weise entstehen wollen, und habt den Mut, diese zum Ausdruck zu bringen (wenn ihr die entsprechende Privatsphäre habt).

Lasst aus der Emotion einen Klang aufsteigen. Vielleicht ist es ein Lachen, ein Grunzen, Stöhnen oder Weinen; es kann auch ein Rufen oder ein Schrei sein. Es kann eine Melodie bilden oder nur ein formloses Geräusch. Was auch immer es ist, lasst zu, dass sich diese Form in ihrer ursprünglichen Unschuld ausdrücken kann, ohne sie in irgendetwas Bestimmtes zu zwingen.

Wir empfehlen euch, diese Klangtechnik regelmäßig anzuwenden, um eure Emotionen zu bereinigen und ins Gleichgewicht zu finden. Fangt mit diesen »Experimenten« am besten in eurer privaten Umgebung an, wo euch niemand hört oder stört. Ganz leise könnt ihr solche Töne überall machen, wann immer ihr wollt.

Habt vor allem den Mut, euch jeder von euch erlebten Emotion bewusst zu werden und die jeweilige Klangsignatur dieser Emotion durch eure Stimme nach außen zu bringen. Gebt die jeweiligen Laute von euch, bis ihr euch erleichtert und klar fühlt. Das ist die Technik. Sie ist sehr einfach, und sie funktioniert.

Die Aktivierung bestimmter Bewusstseinszustände

Die zweite Ebene betrifft den Klang als Mittel, bestimmte Bewusstseinszustände zu aktivieren oder zugänglich zu machen. Aus energetischer Sicht hat jeder Bewusstseinszustand seine eigene Klangsignatur.

Es ist möglich, über Klang Zugang zu diesen Bewusstseinszuständen zu erlangen. Diese alte Wissenschaft lässt sich durch viele verschiedene Traditionen auf eurem Planeten zurückverfolgen, in denen spezifische Klänge (manchmal auch »Mantras« genannt) genutzt wurden, um sich bestimmte Bewusstseinsebenen zu erschließen.

Fünfte Exploration

Lasst in euch ein tiefes Gefühl des Friedens aufsteigen. Nun erzeugt einen Laut, der dieses Gefühl des inneren Friedens am besten repräsentiert.

Welcher Laut ist dabei entstanden? Wiederholt jetzt diesen Klang und erinnert euch zukünftig daran. Unter Stress könnt ihr einfach diesen friedvollen Klang ertönen lassen und damit euren Fokus zurück auf den Frieden richten. Wann immer ihr in eurem Leben einen Zustand erfahrt, den ihr als besonders hilfreich erlebt, lasst einfach zu, dass sich eure Aufmerksamkeit auf die Wahrnehmung dieses Bewusstseinszustands richtet, und bringt aus diesem Zustand einen Ton oder eine Reihe von Tönen hervor. Lauscht auf die Klänge, die ihr erzeugt. Die in diesem Zustand hervorgebrachten Töne spiegeln die jeweilige Klangsignatur wider. Das wird euch helfen, jederzeit in diesen Zustand zurückzukehren.

Es gibt also zwei Elemente, die euch Zugang zu bestimmten Bewusstseinszuständen gewähren. In ihnen verbinden sich das Gefühl und die Klangsignatur.

Erreicht ihr zum Beispiel in der Meditation einen tiefen Zustand von Ruhe und Frieden, könntet ihr in diesem Moment das Gefühl mit eurem Bewusstsein erfassen und einen Ton oder eine Reihe von Tönen durch eure Stimme erklingen lassen. Diese Klänge zu hören und sich dabei des Gefühls bewusst zu sein, führt zu einer tiefen Verankerung dieser Erfahrungen, um sie jederzeit wieder abrufen zu können. Beides zusammen wirkt sehr kraftvoll, denn auch alle Gefühle haben Klangsignaturen. Bei dieser Übung bringt ihr zwei Elemente einer grundlegenden Beziehung (nämlich Gefühl und Klang) in eure bewusste Wahrnehmung.

Einen bestimmten positiven Zustand, den ihr in der Vergangenheit erfahren habt, in den gegenwärtigen Moment zu holen, hat eine wunderbar stärkende Wirkung.

Wenn ihr also während der ursprünglichen Erfahrung ein Bewusstsein eurer Empfindungsreaktion und der entsprechenden Klangsignatur zulassen könnt, dann könnt ihr euch diesen Bewusstseinszustand jederzeit über das Gefühl und den Klang vergegenwärtigen.

Diese Aktivität erfordert jedoch eine Wertschätzung und Selbstmeisterung als ein komplexes Feld von Resonanzen und Schwingungen, die in Gefühlen, Emotionen und Klängen zum Ausdruck kommen. Die für den jeweils erwünschten Effekt angemessene Mischung aus Gefühl und Klang zu erkennen und zu erzeugen, ist ein Schritt zu erweiterter Bewusstheit.

Die Beeinflussung physischer Prozesse im Körper

Der dritte Weg, Klang einzusetzen, hat mit seinem Einfluss auf physische Prozesse zu tun, besonders auf körperliche Heilungsprozesse. Es ist möglich, auf die physischen Prozesse in eurem Körper – oder auch im Körper von jemand anderem – durch mit bewusster Absicht selbst erzeugte Klänge Einfluss zu nehmen.

Klangschwingungen wirken auf die resonanten Felder der interzellulären Prozesse bis hinab auf die genetische, ja sogar bis auf die atomare und subatomare Ebene. Der Schlüssel liegt in der rechten Verwendung von Absicht, Bewusstheit und Klang. Über diese drei Komponenten könnt ihr anfangen, durch euer im Klang zum Ausdruck gebrachtes Bewusstsein auf die physische Materie einzuwirken.

Dies ist ein weites Feld, und wir haben hier nicht genug Raum, um es vollständig darzulegen. Doch es ist möglich, mit dem, was wir euch gegeben haben, in diesem Bereich anzufangen und tätig zu werden. Während ihr diese Möglichkeiten erkundet, werdet ihr zu weiteren Erkenntnissen gelangen.

Letztlich ist alle Materie Schwingung, egal welche Form sie annimmt. Mit den richtigen Schwingungen ist es daher möglich, jegliche Form in eine resonante Schwingung zu versetzen. Durch Bewusstheit, Absicht und den Klang eurer eigenen Stimme könnt ihr auf jede Ebene der manifesten Schöpfung einwirken. Dies ist Teil eures Geburtsrechts, doch ihr könnt es erst meistern, wenn euer Bewusstsein entsprechend erweitert ist, um hinreichend klare und starke Absichten zu erzeugen, die zu entsprechend klaren Klängen führen. Wenn diese Schwingungen zusammenkommen, habt ihr eine mächtige Kraft, die physische Zustände aller Ebenen verändern kann, so unglaublich das für manche auch klingen mag.

11

Das Schicksal ändern

Euer Schicksal ist nicht festgelegt. Es ist nicht komplett vorherbestimmt. Gewisse Aspekte eurer Bestimmung treten an euch heran, weil sie wie ein Muster angelegt sind, aber diese Muster sind nicht auf Dauer fixiert. Diese Aspekte eures Schicksals oder eurer Bestimmung sind Wahrscheinlichkeiten und als solche veränderbar.

Wenn ihr euer Leben als eine Spirale betrachtet, die sich aufwärts (Aufstieg) oder abwärts (Abstieg) windet, könnt ihr das Leben als etwas sehen, was eure energetische Schwingung entweder erhöht oder senkt. Das Bewusstsein bewegt sich auf und ab wie die zuvor erwähnte Wippe. Die menschliche Erfahrung kann sich in hohe Bereiche der Bewusstheit und Meisterschaft aufschwingen, aber ihr könnt euch auch nach unten in niedere Bewusstseinssphären drehen.

Die Frage nach eurer Bestimmung und wie ihr sie verändern könnt, hängt von eurer Bewusstheit, euren Entscheidungen und eurer Schwingung ab. Ihr braucht hinreichend Bewusstheit, um zu erkennen, dass ihr die Wahl habt.

Indem ihr die in diesem Buch vorgestellten Methoden praktiziert, werdet ihr einen Anstieg eures Bewusstseins feststellen und erkennen, dass ihr in allem die Wahl habt. Sobald ihr eure Bewusstheit bis zu der Erkenntnis angehoben habt, dass ihr nicht nur eine Bauernfigur auf dem Schachbrett oder ein Opfer des Lebens seid und dass euch Optionen offenstehen, dann liegt die Zukunft frei, offen und formbar vor euch. Diese Wahrnehmungsverschiebung ist der Schlüssel zur Veränderung eurer sogenannten »Bestimmung«.

Wenn ihr die äußeren Muster, die sich in eurem Leben entfalten, als Ausdruck von Bewusstseinsmustern erkennt, liegt die Freiheit in eurer Hand. Diese Muster sind das Produkt von Überzeugungen, die ihr selbst, eure Eltern und Familien, eure Lehrer, eure Freunde, Kollegen und viele andere Menschen euch eingepflanzt haben. So fest manche dieser Überzeugungen auch zu sitzen scheinen, sie sind veränderbar, und nur ihr selbst könnt das bewirken.

Menschen haben die Neigung, sich angesichts schwieriger Situationen in ihrem Leben selbst leidzutun, weil diese Situationen sich nicht so entwickeln, wie sie es sich wünschen. Damit verpassen sie eine Chance, denn aus unserer Sicht lässt sich die Kraft der Unzufriedenheit mit einer Situation, die sich nicht so entwickelt, wie ihr es wünscht, und die somit eine starke emotionale Reaktion auslöst, konstruktiv nutzen.

Ihr könnt euch der Ereignisse und Begebenheiten sowie eurer emotionalen Reaktionen darauf voll und ganz bewusst werden.

Unabhängig davon, ob ihr die äußere Situation verändern könnt oder nicht, könnt ihr auf jeden Fall eure innere Reaktion darauf beeinflussen. Indem ihr eure inneren Reaktionen auf schwierige Situationen eures Lebens verändert, erzeugt ihr einen entscheidenden Impuls, aus dem heraus sich eure Bestimmung weiter entfalten und verändern kann.

Eure Entscheidung, wie ihr ein Ereignis erlebt, wird bestimmen, wie euer Schicksal sich von diesem Moment an entfaltet. Eure Reaktionen auf Situationen eures Lebens werden zu inneren Mechanismen, durch die sich eure Überzeugungen im Außen manifestieren. Ihr pflanzt die Samen für eure Zukunft in jedem Augenblick eures Lebens, ob ihr euch dessen nun bewusst seid oder nicht. Indem ihr euch dessen bewusst seid, könnt ihr positiv auf das Ergebnis einwirken und euer eigenes Schicksal positiv beeinflussen.

Es gibt viele Möglichkeiten, die Ereignisse eures Lebens zu erfahren. Wir empfehlen dabei das, was wir die höchste Ausdrucksform von Entscheidungen nennen, nämlich zu erkennen, welche innere Ausrichtung oder Haltung die höchste Ebene der Bewusstheit, die höchste Ebene der Entscheidung und die höchste Ebene der Schwingungsresonanz ermöglicht.

Die höchste Ausdrucksform von Entscheidungen ist ein Ausdruck von Mitgefühl. Dies beruht auf dem Verständnis, dass – was auch immer passiert – eine mitfühlende Haltung möglich ist, eine Resonanz der Akzeptanz. Das bedeutet: Ihr akzeptiert sowohl eure eigenen Reaktionen auf Situationen in eurem Leben als auch die von anderen.

Ihr mögt mit den Reaktionen anderer vielleicht nicht einverstanden sein, doch in einer mitfühlenden Haltung erkennt ihr deren derzeitige Reaktionen an. In dieser mentalen und emotionalen Haltung seid ihr mit dem Zwiespalt zwischen euren Reaktionen und denen der anderen im Frieden.

Mit dieser mitfühlenden Haltung geht das Verständnis einher, dass sich jeder in jedem Augenblick weiterentwickelt, und zwar so, wie es für den Betreffenden eben möglich ist. In Momenten der persönlichen Frustration, Traurigkeit, Wut, Schuldzuweisung, Angst – oder was auch immer – ermöglicht euch die Haltung des Mitgefühls, innerlich Akzeptanz zu entwickeln.

Dann passiert etwas Bemerkenswertes: Sobald ihr eure eigenen negativen emotionalen Reaktionen auf die Ereignisse eures Lebens mit einer gesunden Akzeptanz betrachtet, beginnen sie, sich zu verändern und ihre Energie abzugeben. Dann wird die Klarheit der Bewusstheit zu euch zurückkehren und ihr erinnert euch an eure Wahlfreiheit dahingehend, wie ihr diese Ereignisse erlebt. Indem ihr euch selbst und andere mitfühlend betrachtet, hebt ihr eure Schwingung – was entscheidend ist, um euer Schicksal zu verändern.

Mitgefühl ist ein Tor, durch das ihr euch in höhere Schwingungsresonanzen begeben könnt. Von hier aus könnt ihr euer Schicksal auf tiefgreifende und wundervolle Weise verändern.

Der Schlüssel dazu findet in jedem Augenblick eures Lebens statt und in jedem Augenblick des Miteinanders mit anderen. Jeder Augenblick eures Lebens ist ein Entscheidungspunkt, ob ihr euch nun dessen bewusst seid oder nicht.

Wenn ihr euch in jeder Lebenserfahrung für Bewusstheit, Akzeptanz und Mitgefühl entscheidet, werdet ihr mit Weisheit und

Frieden belohnt. Erkennt, dass alle Wesen in Entwicklung begriffen sind und die für sie besten Entscheidungen treffen, die ihnen gerade möglich und zu denen sie gerade fähig sind.

Die Entscheidungen mancher Menschen schmerzen sie oder ihre Mitmenschen vielleicht, genauso wie manche eurer Entscheidungen unter Umständen für euch oder die anderen schmerzhaft sind. Bringt dem Leben dieses scheinbar widersprüchliche Mitgefühl und Akzeptanz entgegen, dann können sich eure negativen emotionalen Reaktionen auflösen und klarer Bewusstheit Raum geben.

Da nichts festgelegt oder statisch ist, sondern sich alles immer verändert, bewegt ihr euch mit der Verschiebung eurer Wahrnehmung auf die Oktave der Akzeptanz und des Mitgefühls – spirituell gesehen – in ein höheres Schwingungsfeld. Das wird euch zu der höheren Bestimmung führen, nach der ihr strebt. Die drei Schlüssel zur Veränderung eurer Bestimmung lauten also:

- Bewusstheit
- Entscheidung
- Schwingung

Der Meister Jesus hat zu diesem Thema einmal gesagt: »Wer da hat, dem wird gegeben; wer aber nicht hat, dem wird auch das genommen, was er hat.« Er bezog sich dabei auf das universelle Gesetz der Schwingung. Wenn ihr etwas entfalten wollt, wenn ihr in eurer Bestimmung etwas erleben wollt, dann müsst ihr das als Schwingung in eurem Bewusstsein halten. Ihr müsst es fühlen, damit es zum Ausdruck kommen kann. Wenn ihr die Schwingung oder das Gefühl davon nicht habt, kann es sich nicht manifestieren.

Angenommen, ihr möchtet liebevolle Beziehungen, so müsst ihr diese Schwingung der liebevollen Beziehungen in eurem Bewusstsein halten, und dann werdet ihr durch das Gesetz der magnetischen Anziehung auch liebevolle Menschen anziehen.

Erlebt ihr in diesem Augenblick keine liebevollen Beziehungen, sondern Frustration, Ärger, Trennung und Isolation, dann müsst ihr die Wahrheit akzeptieren, dass ihr eine negative Schwingung ausstrahlt und daher diese unerwünschten Dinge anzieht.

Wenn euch eure gegenwärtige Wirklichkeit nicht gefällt, dann müsst ihr sowohl euer Denken als auch eure emotionalen Fehlwahrnehmungen verändern, um eure Schwingung zu ändern. Die Schwingung ist für die Veränderung eurer Bestimmung entscheidend – sie ist der wesentliche Schlüssel zu einem großartigeren Leben. Die Macht, euer Schicksal zu verändern, liegt in euren eigenen Händen.

Lasst uns also nochmals die drei Schlüssel zur Veränderung eurer Bestimmung betrachten, die wir zuvor erwähnt haben.

Ihr müsst euch bewusst bleiben, dass ihr in allen Lebensumständen die Wahl habt. Ja, es gibt Bewusstseinszustände, in denen die Wahrheit der Wahl verschleiert ist. In diesen Geisteszuständen kann es sich für euch so anfühlen, als hättet ihr keine Wahl und alles sei hoffnungslos.

Manche von euch sind vielleicht sogar in diesem Augenblick, wo sie dies lesen, in einer Situation, die sich völlig hoffnungslos anfühlt und aus der sie sich keinen Ausweg vorstellen können. Doch seid euch ganz klar darüber: Die Schlüssel zur Veränderung eurer zukünftigen äußeren Wirklichkeit liegen in den Entscheidungen, die ihr in euch selbst trefft.

So verzweifelt eine Situation auch sein mag: Ihr könnt doch eure innere Ausrichtung verändern und damit die Samen eines neuen Bestimmungsmusters pflanzen, welches sich mit derselben Sicherheit entfalten wird, wie die Sonne aufgeht.

Der erste Schlüssel zur Bewusstheit ist also, sich der Wahlmöglichkeit und Entscheidungsfreiheit bewusst zu sein, und der zweite Schlüssel besteht darin, dann tatsächlich eine Entscheidung zu treffen.

Menschen haben manchmal ein Problem damit, wichtige Entscheidungen zu treffen. Wir beobachten viele, die lieber jammern, sich in Negativität verlieren und anderen oder sich selbst oder der Vergangenheit die Schuld daran geben, was ihnen widerfährt, als sich zu entscheiden, aus ihrer niederen Schwingung herauszugehen.

Wenn ihr nicht bereit seid, euch zu bewegen, dann seid ihr nicht im Strom des Lebens – denn das Leben bewegt sich immer und verändert sich ständig. Wenn ihr euch der Möglichkeit der

Wahl bewusst seid, müsst ihr auch eine Wahl treffen, wie ihr ein Ereignis eures Lebens bewertet und wie ihr darauf reagieren wollt.

Wie bereits erwähnt, halten wir die höchste Ausdrucksform von Entscheidungen (nämlich Mitgefühl für euch selbst und andere) für die fruchtbarste Art, eure Bestimmung zu verändern.

Euch selbst und anderen in einer Haltung der Akzeptanz zu begegnen, egal was sich in euren Gedanken und Gefühlen abspielt, erzeugt im Bewusstsein eine Resonanz, ein Schwingungsfeld, das andere berühren und verändern kann. Mit Sicherheit wird es euch selbst verändern. In einer Haltung von Mitgefühl und Akzeptanz werden sich schwierige emotionale Energien allmählich beruhigen. Und ihr werdet euch zunehmend eurer Fähigkeit, positive Entscheidungen zu treffen, bewusst. Dann werdet ihr in eine andere Schwingungsresonanz eingetreten sein, die man die »Haltung aufgestiegener Wesen« nennen könnte.

Das ist euer dritter Schlüssel. Die Haltung der Akzeptanz und Vergebung gegenüber sich selbst und allen Wesen ist eine wirklich hohe Schwingung. In ihr könnt ihr andere Entscheidungen treffen, und sie ermöglicht euch Ergebnisse, die in einer niedrigeren Schwingung nie möglich wären.

Die Gesetze des Universums sind unpersönlich und genau. Die Entscheidungen, die ihr täglich trefft, in jedem Augenblick, bilden die Schablonen eures zukünftigen Schicksals.

Die Samen des Mitgefühls und der Akzeptanz, die ihr in aufgestiegenen Haltungen der Bewusstheit und des Fühlens pflanzt, werden euer Leben und die Weiterentwicklung eures Bewusstseins unterstützen. Diese Saat des Aufstiegs wird vielfältige Früchte tragen und kann unter bestimmten Umständen auch äußere Situationen beeinflussen.

Ihr tragt alle Schwingungen in euch, von den allerniedrigsten bis zu den allerhöchsten. Ihr könnt Dämonisches und Bestialisches zum Ausdruck bringen oder Himmlisches und Engelsgleiches und auch alles, was dazwischen liegt. Diese Dualität entspricht eurem menschlichen Wesen. Spirituelle Meisterschaft bedeutet, wahrzunehmen und zu verstehen, dass die von euch gefällten Entscheidungen bestimmen, was sich für euch entfalten wird.

12

Kraftstäbe

Der Begriff »Kraftstäbe« umfasst vier bestimmte Anwendungsbereiche.

Der erste bezieht sich auf die Verwendung von physischen Metallstäben in den Tempeln und Mysterienschulen des alten Ägyptens. In manchen Hieroglyphenmalereien könnt ihr verschiedene Arten dieser Stäbe sehen, manchmal mit einem Ankh an der Spitze. Einige dieser Stäbe wurden für die gezielte Aktivierung der Chakras (Energiezentren) von Eingeweihten eingesetzt.

Die Stäbe wurden entlang dem Rücken der Initianden platziert und dann angeschlagen, was sie ähnlich wie Stimmgabeln zum Klingen brachte. Diese resonanten Klangmuster versetzten die Wirbelsäule in Schwingung und aktivierten die Chakras. Die Stäbe waren unterschiedlich lang. In der richtigen Reihenfolge und auf die richtige Weise eingesetzt, brachten sie die Lebenskraft (Sekhem) dazu, in der Wirbelsäule durch den Djed, den Pfad der Chakras, aufzusteigen. Auf diese Weise halfen die Stäbe den Eingeweihten, über die Chakras andere Bereiche des Bewusstseins zu erfahren und zu erkunden.

Die zweite Bedeutung des Begriffs »Kraftstäbe« bezieht sich auf den Energiefluss im menschlichen Körper, insbesondere die Pranaröhre oder zentrale Säule, die wir zuvor beschrieben haben. Diese Pranaröhre mit ihren spezifischen Energieflüssen zwischen den Chakras ist wesentlich für die Weiterentwicklung des Selbst.

Zum Beispiel könnte sich die Energie zwischen dem sexuellen Zentrum und dem Herzen oder dem Machtzentrum bewegen. Wird der Energiefluss (oder Kraftstab) zwischen dem zweiten

Chakra (Sexualzentrum) und dem dritten Chakra (Machtzentrum) aktiviert, dient Sex dem Machtgewinn oder -erhalt. Doch wenn die Sexualität durch das Herz zum Ausdruck kommt – was einer höheren Frequenz entspricht –, wird der Stab zwischen dem sexuellen Zentrum und dem Herzen aktiviert.

Auf diese Weise beziehen sich die Kraftstäbe auch auf die energetischen Beziehungen zwischen verschiedenen Frequenzbereichen der eigenen Erfahrung.

Durch das Streben, höhere Bewusstseinsbereiche zu erfahren, werdet ihr die Kraftstäbe aktivieren, die mit den höheren Chakras verbunden sind. Damit könnt ihr euer Bewusstsein durch Intention anheben.

Zum Beispiel könnt ihr dann in einer sexuellen Beziehung Sex als Weg einsetzen, mit den höheren Frequenzen eures eigenen Bewusstseins in Kontakt zu kommen.

Die Aktivierung eines Kraftstabs in eurer Pranaröhre ist letztlich ganz einfach. Um während einer sexuellen Begegnung einen Stab als Zugang zu höheren Bewusstseinssphären zu aktivieren, stellt ihr euch einen Stab (genauer gesagt: einen Energiekanal) zwischen eurem Sexualchakra im Becken und eurem Kronenchakra auf eurem Kopf vor. Das erzeugt einen Pranafluss, der zum Kronenchakra aufsteigt, und im Augenblick des Orgasmus werdet ihr dann nicht nur körperliche Lust, sondern auch höhere Bewusstseinszustände erfahren.

Dies ist nur ein Beispiel dafür, wie ihr die Stäbe in eurer eigenen Pranaröhre einsetzen könnt, um höhere Zentren zu aktivieren. Mit Hilfe eurer Imagination, eurer Absicht und Entscheidung könnt ihr bestimmen, welche Stäbe oder Energieflüsse in eurer Pranaröhre zu welchem Zweck aktiviert werden.

Es gibt einen dritten Anwendungsbereich des Begriffs der Kraftstäbe, den wir gerne erklären möchten. Er bezieht sich auch auf physische Stäbe, die im alten Ägypten von hohen Eingeweihten verwendet wurden. An der Spitze dieser Art von Stäben befanden sich mehrere spezifische Kristalle und Edelsteine; ihre Frequenz und Struktur verstärkte die Gedanken, die das Dritte Auge der Eingeweihten ausstrahlte. Dazu wurde der Stab auf Armeslänge direkt vor den Eingeweihten gehalten, sodass sich die Kristalle in einer geraden Linie zum Dritten Auge befanden. Mit bestimmten innerlich angewandten Methoden formulierten die Eingeweihten dann einen Gedanken und richteten ihn auf die Kristalle, was diesen Gedanken verstärkte.

Die Wirkung dieser Stäbe war sehr stark und effektiv; gleichzeitig waren sie ein gefährliches Werkzeug – weshalb wir hier nicht näher darauf eingehen wollen. Denn in der Zeit von Atlantis war diese Technologie in Gebrauch, wurde aber auch missbraucht. Als sie nach Ägypten kam, wurde sie verändert. Doch das grundlegende Wissen um den Einsatz von Kristallen zur Verstärkung von Gedanken und Absichten ist auch heute noch gültig.

Wir möchten darüber hinaus ein viertes und abschließendes Verständnis von Kraftstäben ansprechen. Es hängt mit dem zusammen, was man als »vierten Bewusstseinszustand« bezeichnen könnte. Doch bevor wir diesen vierten Bewusstseinszustand erörtern, möchten wir für diejenigen, die nicht damit vertraut sind, die ersten drei Bewusstseinszustände noch einmal darlegen.

Im ersten Zustand der vegetativen Bewusstheit existiert nur der Körper, ohne eine Vorstellung von sich selbst als menschlichem Wesen.

Ein Mensch, der einen massiven Schlaganfall erlitten hat und dessen höhere Gehirnzentren all ihre Funktionen eingebüßt haben, verfügt über keine Erinnerung seiner selbst. Der Körper ist dagegen weiterhin funktionsfähig, wenn die lebenswichtigen Organe unverletzt und die primitiven Strukturen des Gehirns intakt sind. Das ist ein Beispiel für vegetative Bewusstheit.

Den zweiten Zustand könnte man als niederen animalischen Zustand beschreiben, in welchem aus dem vegetativen Zustand eine Bewusstheit von sich selbst bzw. Bewusstsein als Teil der Matrix der Körperhaftigkeit wird, allerdings getrennt davon.

In höheren Bewusstseinszuständen nennen wir dies manchmal den »Zeugen«. In dieser Form von Bewusstheit schaut ihr euch selbst wie in einem Film zu. Ihr seid euch sowohl eurer selbst bewusst als auch der Tatsache, dass ihr euch aus einer distanzierten Bewusstheit heraus beobachtet.

Diese Form der Bewusstheit gehört zum Kontinuum der biologischen Funktionen und ist doch auch von diesem getrennt. Diese Selbst-Wahrnehmung ist die zweite Stufe der Bewusstheit. Sie entwickelt sich, indem ihr eure Emotionen, Triebe, Instinkte und Gedanken beobachtet.

Der dritte Zustand von Bewusstheit befasst sich mit der äußeren Welt. Dazu gehört, sich anderer Menschen und Beziehungen, der Umwelt und der darin wirkenden Kräfte bewusst zu sein. Es gehört zu einer normalen menschlichen Existenz, sich durch diese verschiedenen Kräfte und Beziehungen hindurchzunavigieren. Da die Gesellschaft und ihre Gesetze auf der bewussten Wahrnehmung dieser dritten Ebene und einer Übereinkunft über die Erfordernisse dieser Ebene beruhen, nimmt sie im aktiven Leben einen großen Raum ein. Die meisten Menschen bleiben auf dieser Ebene in ihrer Entwicklung stehen.

Es gibt noch eine vierte Ebene der Bewusstheit, die jedoch eine Bewegung vom personalen in das transpersonale Bewusstsein erfordert. Darüber hinaus gibt es weitere Ebenen, aber sie sind so abstrakt, dass die meisten Menschen nichts damit anfangen können. Für die Menschheit besteht der nächste evolutionäre Schritt darin, zur transpersonalen Erfahrung überzugehen.

Nach unserer Auffassung geht diese vierte Ebene mit dem Verständnis einher, dass sich das Leben durch euch lebt und zum Ausdruck bringt. Sie bedeutet nicht nur eine Bewegung vom Personalen zum Transpersonalen, sondern auch vom Egozentrierten zum Universellen. In dieser Bewegung verändert sich eure Wahrnehmung und euch wird ganz klar, dass sich das Leben in zahllosen Formen zum Ausdruck bringt. Das Leben bewegt sich durch den Regenwald und die Ozeane, durch Schimpansen, Hunde, Goldfische und Amöben, durch Delfine und Wale und den kleinsten Samen, den der Wind davonträgt.

Zu dieser transpersonalen Bewusstheit gehört auch ein tiefes Verständnis der heiligen Natur des Menschen, ohne dem Menschen mehr Wichtigkeit einzuräumen als allen anderen Formen, durch welche sich das Leben in seiner ungeheuren Weite entfaltet. Diese vierte Ebene bildet also einen tiefen spirituellen Kontext, in dem eure eigene Rolle im Leben weitergeht, doch eure Erfahrung eurer selbst, der Welt und des Lebens eine ganz andere ist.

Viele der inneren Lehren der alten Mysterienschulen handelten vom Übergang in diese vierte, transpersonale Ebene der Bewusstheit.

Diese vierte Ebene lässt sich auf vielfache Weise aktivieren. Ein Weg ist der selbstlose Dienst an anderen. Sie lässt sich auch durch das Herz aktivieren, durch die Emotion der Liebe und durch Beziehungen. Auch ein Verständnis der heiligen Elemente ist dem förderlich, und sie ist durch das KA aktivierbar.

Bei all den vielen Möglichkeiten, diese vierte Ebene zu aktivieren, muss unbedingt die Pranaröhre einbezogen werden.

Beim Übergang in die vierte Ebene der Bewusstheit wird die Pranaröhre sehr stark aktiviert. Ob ihr das bemerkt oder nicht, hängt von eurer Sensibilität dafür ab. Diese Aktivierung betrifft die gesamte Pranaröhre. Wenn die Pranaröhre anfängt, mit der Intensität des Pranas zu vibrieren, werdet ihr von einem personalen Menschen zu einem transpersonalen Menschen. Ihr werdet euch des universellen Lebens bewusst, und die interdimensionalen Welten offenbaren sich euch. Wählt ihr diese Bewusstseinsebene als euren Bezugspunkt, dann werdet ihr anfangen, ein vollkommen anderes Leben zu führen.

13

Die nicht gestellte Frage

Während ihr andere Bereiche des Bewusstseins und ihre Potenziale für höheres Bewusstsein erforscht, wird euch Folgendes auffallen: Die Fragen, die ihr stellt, bestimmen die Antworten, die ihr erhaltet.

Es ist also wichtig, die richtigen Fragen zu stellen, damit ihr die für euch nützlichsten Antworten bekommt.

Wenn wir uns die evolutionären Muster der Menschen betrachten, scheinen uns die meisten in ihrer persönlichen Welt involviert, mit ihren eigenen Wünschen und Sehnsüchten sowie der Erfüllung ihrer persönlichen Wunschvorstellungen beschäftigt. Jeder Mensch scheint seinen eigenen Weg zu beschreiten, ohne sich viel um die anderen zu kümmern. Die meisten Menschen stellen daher fast in jeder Situation die Frage »Was bringt mir das?«. Das ist ihr primärer Filter. Einige sind natürlich über diese Haltung hinausgewachsen. Das ist ermutigend. Doch die Massen sind immer noch in vielerlei Hinsicht unbewusst. Auf manchen Ebenen der Evolution ist »Was bringt mir das?« sicherlich eine angemessene Frage, aber für die höheren Ebenen des Bewusstseins, die in eurer Reichweite liegen, ist sie zu einschränkend.

Die nicht gestellte Frage ist hier jene, deren Antwort euch die größte Freiheit bringt, das meiste Wachstum, die größte Bewusstseinserweiterung, die höchste Meisterung eurer eigenen Bewusstheit. Die Antworten auf einige der tiefsten Mysterien des Lebens liegen in dieser wichtigen Frage. Der Kontext für diese Frage entsteht aus der Erkenntnis, dass ihr Teil einer fortwährenden größeren

Lebenserfahrung seid. Das Leben lebt sich selbst und prägt sich gegenwärtig in zahllosen Formen aus, zu denen auch ihr gehört.

Ein Baum zum Beispiel wird von einer primären Lebenskraft durchströmt, die sich in den Samen zum Ausdruck bringt. Natürlich ist jeder Samen für die Fortpflanzung des Baumes wichtig, aber der Baum selbst geht weit über die einzelnen Samen hinaus. Das Bewusstsein eines Samens kann das Bewusstsein des Baumes nicht erfassen, da der Baum viel umfassender ist als ein Samen, der an einem seiner Zweige hängt. Und doch ist der Baum auf paradoxe Weise auf der tiefsten Ebene der Materie und des Bewusstseins auch im Samen als Information enthalten.

Die Anzahl der Neuronen in euren Gehirnen übersteigt die Anzahl der Sterne in dem euch bekannten Universum. Durch ihre wechselseitige Verbundenheit könnt ihr denken, fühlen und die Welt um euch herum erfahren. Ihr könnt euch diese Neuronen als ein riesiges Netzwerk vorstellen, aber auch als eine Unmenge von Individuen, denn das sind sie tatsächlich.

Jedes einzelne dieser Neuronen birgt ein Bewusstsein seiner selbst in sich und verbindet sich gleichzeitig mit anderen Neuronen, wodurch das biologische Phänomen der Bewusstheit erzeugt wird. Das individuelle Neuron in eurem Gehirn ist sich jedoch nicht der enormen Komplexität bewusst, zu der es gehört.

Dasselbe trifft auch auf euch zu. Die Vielzahl der Wesen auf dem Planeten, Menschen, Pflanzen und Tiere, sind alle Teile eines umfassenderen Lebens, Ausdrucksformen eines größeren, komplexeren Geistes, wenn ihr so wollt.

Ihr seid für die Erde wie Neuronen. Die Frage »Was bringt mir das?«, die die meisten Menschen stellen, schreibt von daher nur einschränkende Antworten fort.

Indem ihr eure Aufmerksamkeit von euren eigenen Bedürfnissen und Verlangen auf die nicht gestellte Frage »Was kann ich in dieser Situation zum größeren Wohl des Ganzen beitragen?« verlagert, entwickelt sich euer Bewusstsein weiter. Das verändert den Kontext radikal. Statt weiter nur auf eure eigenen Bedürfnisse konzentriert und beschränkt zu sein, entscheidet ihr euch durch diesen Akt bewusst, euch mit dem kollektiven Ausdruck des Lebens in seinen zahllosen Formen zu verbinden.

Es heißt, um geliebt zu werden, muss man lieben. Das ist ein Aspekt der Frage, um die es hier geht. Wenn ihr die Erfahrung machen wollt, geliebt zu werden, dann bringt jemandem die Energie der Liebe entgegen. Wenn ihr eure Liebe anderen zufließen lasst, wird die Liebe, den Gesetzen des Magnetismus und der Resonanz folgend, reagieren und zu euch zurückkehren. Um dieses wundervolle Gesetz zu nutzen, müsst ihr euch jedoch über eure kleine Welt der Überzeugungen, Reaktionen und Verlangen hinauswagen.

Indem ihr euer Bewusstsein dahingehend ausdehnt, anderen auf ausgeglichene, integrierte Weise zu helfen, erweitert sich euer individuelles Gewahrsein zum großen Ganzen hin.

Das Leben im Dienst am Leben ist ein anderer Kontext, als nur um eurer selbst willen zu leben. Das Leben um des Lebens willen, um des Ausdrucks von Leben willen, wie er durch euch und andere geschieht, führt euch zu Entscheidungen, die das Leben bejahen.

Wenn ihr das Leben zum Wohle allen Lebens (auch eures eigenen) lebt, geht ihr in ein Meer der Möglichkeiten ein, in einen Ozean der Chancen. Das Leben wird reichhaltiger und erfüllender, weil ihr anfangt, die wechselseitige Verbundenheit aller Dinge und die immensen Kräfte des Bewusstseins zu erkennen, die das Universum durchziehen.

Wir sind zwar gekommen, um euch zu ermutigen und zu unterstützen, aber es ist auch angemessen, euch eine Herausforderung zu hinterlassen. Wir fordern euch heraus, diese Chance, die vor euch liegt, zu nutzen, nämlich euer Leben im Dienst am Leben zu leben.

Das bedeutet nicht, dass ihr euch jemand anderem unterwerfen sollt! Es bedeutet auch nicht, euch auf eure Kosten um andere zu kümmern!

Es bedeutet vielmehr, euch der wechselseitigen Verbundenheit aller Wesen bewusst zu sein und sie zu ehren. Es bedeutet, dass die Motivation für euer Handeln nicht ausschließlich eigennützig ist, sondern auch dem Wohle des größeren Ganzen dient.

Während ihr euch weiterentwickelt und die Spirale des Aufstiegs erklimmt, wird sich euer Blick auf das Gemeinwohl verändern, denn alle Dinge hängen von dem Bewusstseinszustand ab, aus dem sie wahrgenommen werden.

Je mehr ihr euch mit der Evolution des Lebens, mit dem Wachstum des Lebens und des Bewusstseins in Einklang bringt, desto mehr werdet ihr auf unvorstellbare Weisen emporgehoben werden. Wunder werden geschehen. Lebt euer Leben im Dienst am Leben, und es werden sich euch Chancen eröffnen und euer Schicksal wird sich verändern.

Bietet sich die Gelegenheit, zu einem anderen Menschen oder einem Tier freundlich zu sein, zeigt Freundlichkeit.

Habt ihr die Gelegenheit, Mitgefühl zu zeigen, seid mitfühlend.

Bietet sich die Gelegenheit, jemandem zuzuhören, gewährt ihm die Gnade und hört zu. Hört tief und vollständig zu, ohne eure eigenen Ansichten oder Ziele zu verfolgen.

Stellt die nicht gestellte Frage und fragt: »Was kann ich hier tun, um dem größeren Wohl zu dienen? Was kann ich hier tun, damit durch mich dem tiefsten Sinn des Lebens gedient wird?« Dann werden euch Wunder erwarten.

Zu guter Letzt möchten wir noch Folgendes sagen: Ihr habt die Schlüssel zu eurer eigenen Befreiung und Erleuchtung. Diese Schlüssel liegen in der Macht eurer Bewusstheit, in eurer Entscheidungsfähigkeit und in den Gesetzen der magnetischen Anziehung und Schwingung.

Wenn ihr euer Leben im Dienst des Lebens lebt, um der Evolution des Bewusstseins zu dienen, die durch euch zum Ausdruck kommt, könnt ihr sicher die Treppe emporschreiten, die in die himmlischen, seligen Reiche des Bewusstseins führt. Jene von euch, die sich bereits entschieden haben oder sich jetzt entscheiden, dem Leben und der Entwicklung des Bewusstseins zu dienen, heißen wir auf dieser Reise des Herzens und des Geistes als Brüder und Schwestern willkommen.

2. Teil

Die Geometrie des Bewusstseins

2.1

Persönliche Begegnungen

Anmerkung:
Dieser Abschnitt enthält einfache Skizzen des Autors, die den Lesern »helfen« sollen, sich die verschiedenen geometrischen Muster vorzustellen. Allen, die meinen, nicht zeichnen zu können, helfen diese rudimentären Kritzeleien vielleicht auch, jegliche Formen von »künstlerischer Scham« aufzulösen.

Den Hathoren zufolge leben wir in einem komplexen, multidimensionalen Universum und sind – wie sie – multidimensionale Wesen. Sie behaupten, dass unsere Erfahrung als menschliche Primaten mit einem physischen Körper nur eine Facette unserer enormen multidimensionalen Wirklichkeit ist.

Unser biologisches und soziales Dasein wird durch Zeit, Raum und Umstände definiert, aber es gibt andere Aspekte von uns, die diese dreidimensionale Realität transzendieren. Wir erleben die Großartigkeit unseres Wesens nur deshalb nicht, weil wir darauf konditioniert wurden, es nicht zu tun.

Bei unseren ersten Begegnungen begannen meine Mentoren, mir Informationen über das zu vermitteln, was sie »die Geometrie des Bewusstseins« nannten, eine Beschreibung dessen, wie bestimmte geometrische Muster zur Beeinflussung des menschlichen Bewusstseins eingesetzt werden können. Diese Geometrien könnten insbesondere die Pforten der Wahrnehmung derart öffnen, dass wir unsere Multidimensionalität nicht nur als Vorstellung wahrnehmen, sondern direkt erfahren.

Die direkte Erfahrung der Multidimensionalität verbessert nach Aussage der Hathoren allgemein die Hirnfunktionen. Weiterhin sollen dadurch die Qualität und das Intelligenzniveau angehoben sowie die Kreativität gesteigert und neue, eher ungewöhnliche Einsichten gefördert werden. Den Hathoren zufolge geht mit der durch den Einsatz dieser Geometrien hervorgerufenen verbesserten Gehirnfunktion auch ein zunehmendes emotionales Wohlbefinden einher.

Die erste Geometrie, die sie mir anvertrauten, war sehr einfach, und zu meinem Erstaunen hatte ich damit bereits ein wenig Erfahrung.

Das Pferd und die Acht

Viele Jahre vor meiner ersten Begegnung mit den Hathoren bat mich eine Klientin beim Abschluss unserer mehrere Monate währenden Arbeit aus heiterem Himmel, ob ich mir vorstellen könnte, mit ihrem Pferd therapeutisch zu arbeiten.

Ich stammelte etwas in dem Sinne, ich sei kein Pferdetherapeut, woraufhin sie ihr Anliegen näher erläuterte. Wie ich wusste, war sie eine erfolgreiche Geschäftsfrau; dass sie auch eine hervorragende Reiterin war, die schon auf mehreren Springturnieren Pokale gewonnen hatte, war mir dagegen nicht bekannt.

Ungefähr ein Jahr zuvor hatte sie einen Vollbluthengst gekauft, weil er sehr gut sprang. Sie hatten gemeinsam mehrere Turniere gewonnen, doch dann verlor er aus irgendeinem Grund die Nerven. Wenn sie an einen Sprung heranritt, verweigerte er, und laut Aussagen der Pferdepfleger war er die meiste Zeit unruhig und zitterig.

Mir schien das ein Fall von Pferdeneurose zu sein, und ich sagte meiner Klientin erneut, dass ich keinerlei therapeutischen Hintergrund für die Arbeit mit Pferden hätte.

Sie meinte, sie wisse das, habe aber das deutliche Gefühl, dass ich ihrem Pferd irgendwie helfen könne.

Ich versprach ihr aus reiner Neugierde, vorbeizukommen. Die Situation stellte für mich nicht nur beruflich eine Herausforderung dar, sondern auch persönlich. Pferde machten mich nervös. Der Grund dafür lag in einem Ereignis, das ich im Alter von dreizehn Jahren erlebt hatte.

Ich befand mich gerade mitten in der Pubertät, als mich meine reiterfahrene Cousine Linda auf meinen ersten Ritt mitnahm. Sie zeigte mir, wie man die Zügel hält und das Pferd durch verschiedene Bewegungen der Zügel steuert. Als unsere beiden Pferde anfingen, über die Wiese zu traben, war mir etwas mulmig zumute, denn der Abstand zum Boden war doch beachtlich.

Plötzlich regte sich mein Pferd auf, wohl weil es von einer Pferdebremse gestochen worden war. Es galoppierte los, worauf ich erschrocken die Zügel losließ, mich am Sattelhorn des Westernsattels festklammerte und um mein Leben fürchtete.

Zu meinem Entsetzen rannte das Pferd direkt auf eine tiefe Schlucht zu. Der Gaul würde, so war mir klar, an der Kante scharf abbremsen und ich würde vornüber auf den Boden oder vielleicht sogar in die Schlucht sausen.

Da sah ich, wie sich meine sonst eher zurückhaltende Cousine in Annie Oakley, eine Heldin, Scharfschützin und Reitkünstlerin des Wilden Westens verwandelte. Auf mich zurasend, peitschte sie ihr Pferd mit den losen Zügelenden und feuerte es mit lauten »Heya-heya«-Rufen an.

Die Szene hätte direkt aus einem mittelmäßigen Western stammen können, nur dass hier nicht der Kerl das Mädchen rettete, sondern das Mädchen den Kerl. Es war demütigend und furchtbar, und ich weiß wirklich nicht mehr, ob ich mehr unter der physischen Gefahr oder unter der Demütigung litt.

Sie holte mich ein, überholte mich und ergriff dabei die Zügel meines Pferdes. Sie riss sie herum und schrie dabei: »Whoa ..., whoa!« Mein Pferd lief noch ein Stückchen weiter, aber meine Cousine behielt die Zügel fest in der Hand und brachte es endlich – nach meinem Empfinden nur wenige Zentimeter vor dem Abgrund – zum Stehen.

Wir führten unsere Pferde zurück zu den Ställen. Wie ich mich erinnere, bemühte ich mich, einen Cowboy-Gang nachzuahmen, um meiner schwer beschädigten knospenden Männlichkeit zumindest ein bisschen Würde zu verleihen, das heißt, ich lief so, wie meiner Vorstellung nach ein Cowboy gehen musste und wie ich es mir aus vielen John-Wayne-Filmen abgeschaut hatte.

An einem sonnigen Herbstnachmittag fuhr ich also zu dem Stall, wo mich meine Klientin bereits erwartete. Während ich mein Auto neben der Scheune parkte, staunte ich noch über die Kraft psychologischer Eindrücke. Jenes eine Ereignis im Alter von dreizehn Jahren beeinflusste heute, fünfundzwanzig Jahre später, immer noch meine Beziehung zu Pferden.

Meine Klientin kam mir mit einem Gruß entgegen und erzählte, ihr Pferd sei noch im Stall, werde aber gleich herausgebracht. Sie deutete auf einen großen, eingezäunten Bereich und bat mich, dort zu warten. Ich stellte mich an den leeren Korral und wartete.

Wenige Minuten später kamen meine Klientin, ihr Pferd und ein Pferdepfleger heraus und führten das Pferd in den Korral. Der Hengst war riesig – allein bei seinem Anblick wurde mir etwas ängstlich zumute.

Meine Klientin kam mit dem Pferd zu mir an den Zaun, und es streckte mir seinen riesigen weißen Kopf entgegen. Dieser Kopf schien mein gesamtes Gesichtsfeld auszufüllen. Das Pferd sah mich an und schüttelte dann den Kopf.

»Was machen wir jetzt?«, fragte meine Klientin.

»Drehen Sie ein paar Runden mit ihm«, erwiderte ich.

Ich spielte auf Zeit. Ich hatte keine Ahnung, was zu tun war, aber ich hatte schon gelernt, mich auf meine Intuition zu verlassen. Ich brauchte nur etwas Zeit, damit etwas in meinem Bewusstsein hochkommen konnte.

Während ich beobachtete, wie das Pferd scheinbar problemlos umherwanderte, erinnerte ich mich an die Figur der Zahl Acht, die in manchen kinästhetischen Lerntechniken verwendet wird.

Wenn dieses geometrische Muster durch Bewegung nachvollzogen wird, entfaltet es eine erstaunliche Wirkung. Theoretisch wird eine neurologische Reaktion erzeugt, die sogenannte »Überquerung der Mittellinie«. Das bedeutet, das Corpus Callosum wird stimuliert, ein dickes Band von Nervenfasern, welches die linke und die rechte Gehirnhälfte verbindet.

Aber das galt für Menschen, nicht für Pferde. Wie sollte man ein Pferd dazu bekommen, sich so zu bewegen, dass es die Mittellinie überkreuzt?

Ich bat meine Klientin, ihr Pferd langsam und behutsam in einer Achterlinie zu führen, in der Annahme, daraus würde sich etwas ergeben.

Der Hengst lief prima die Linie entlang, bis er zu einem bestimmten Punkt gelangte. Wann immer er an diese Stelle kam, fing er an zu zittern, nach unten zu schauen und am Zügel zu ziehen, um die Spur zu verlassen.

Meine Klientin rief aufgeregt: »Genauso verhält er sich, wenn er vor einem Sprung steht!«

Verblüfft bat ich sie, ihr Pferd mehrfach diese Achterlinie entlangzuführen. Ausnahmslos begann es an demselben Punkt zu zittern, nach unten zu schauen und seitwärts am Zügel zu ziehen.

Nun schlug ich meiner Klientin vor, den Hengst jedes Mal, kurz bevor er an diesen Punkt kam und während er darüberging, zu streicheln und mit sanfter Stimme beruhigend auf ihn einzureden.

Nachdem sie ihn so ein paar Runden lang über den schwierigen Punkt hinweggetröstet und beruhigt hatte, ließ das Zittern nach.

Nach ein paar weiteren Runden schaute das Pferd nicht mehr nach unten. Und so unglaublich es klingen mag: Nach nur wenigen weiteren Runden konnte er die ganze Acht problemlos und ohne irgendwelche Anzeichen von Unbehagen entlanggehen.

Ich bat sie, mit ihm einen Sprung zu probieren, um zu sehen, ob sich das Problem gelöst hatte, und tatsächlich schien er das Hindernis mit Leichtigkeit zu nehmen.

Meine Klientin war begeistert, und ich war fasziniert davon, wie eine einfache Geometrie das Verhalten eines Pferdes beeinflussen kann.

Meine Klientin bedankte sich und begann zusammen mit dem Pferdepfleger, den Hengst in den Stall zurückzubringen. Und dann geschah etwas höchst Seltsames: Das Pferd bäumte sich auf und riss sich los. Es trabte zurück zum Korral, an dem ich immer noch stand, sprang über den Zaun in den Korral hinein und trabte weiter bis unmittelbar vor meine Nase. Es streckte seinen riesigen Kopf über den Zaun und sah mir direkt in die Augen.

Ich hatte das äußerst merkwürdige Gefühl, dieses Pferd wolle mit mir kommunizieren. Ich schüttelte diesen Eindruck zunächst ab. Welch eine verrückte Idee – Menschen und Pferde reden doch nicht miteinander! Doch der Eindruck hielt sich. Mir schien, das Pferd wollte mir danken. Es war wirklich eine der merkwürdigsten Erfahrungen meines Lebens. Ich nahm keine Worte wahr, nur Gefühle. Und die Gefühle schienen von dem Pferd zu kommen.

Ich versuchte, die Situation mental in den Griff zu bekommen, als mich das Pferd mit der Nase anstupste. Ich sah ihm in die Augen, und es stupste mich wieder an.

»Was willst du?«, fragte ich laut.

Der Hengst stupste mich erneut. Und dann kapierte ich es. Er wollte, dass ich wiederkomme.

»Unglaublich«, sagte ich. »Okay …, okay. Ich komme zurück und besuche dich.«

Daraufhin stupste mich das Pferd noch einmal im Bereich des Herzchakras mitten auf die Brust und trabte zurück zu dem verblüfften Pfleger und meiner Klientin.

Etwa eine Woche später fuhr ich nochmals zu dem Stall. Ich fragte mich, was das Pferd wohl diesmal tun würde. Meine Klientin und der Hengst kamen aus dem Stall. Sie brauchte dafür jetzt keinen Pfleger mehr, weil das Pferd nicht mehr neurotisch war. Es war zu seinem alten, Pokale gewinnenden Selbst zurückgekehrt.

Das Pferd kam direkt auf mich zu und sah mir in die Augen. Das merkwürdige Gefühl stieg wieder auf.

»Danke, dass du gekommen bist!«, sagte es.

Das Mädchen, das nicht aufwachen konnte

Meine zweite Erfahrung mit dem Einfluss der Geometrie auf das Verhalten ereignete sich während eines der bizarrsten Vorkommnisse meiner beruflichen Laufbahn.

Eine Therapeuten-Kollegin hatte eine verzweifelte Mutter an mich weiterempfohlen. Sie rief mich voller Panik an und erklärte mir, ihre vierzehnjährige Tochter sei am Abend scheinbar wohlbehalten schlafen gegangen, sei aber am nächsten Morgen nicht wieder ganz aufgewacht.

Ich fragte, ob ihre Tochter hören und antworten könne. Sie meinte: Ja, allerdings seien ihre Reaktionen sehr verlangsamt und sie sei unfähig zu sprechen.

Ich bot ihr an, während meiner Mittagspause bei mir vorbeizukommen, und fragte mich, was mich wohl erwarten würde.

Als sie meine Praxis betraten, bemerkte ich, dass die Tochter in einer Art Halb-Koma zu sein schien. Ihre Augen waren kaum geöffnet, und sie lief stark vornübergebeugt. Sie sagte nichts und schien das helle Licht zu scheuen. Ich schloss die Jalousien, um die helle Mittagssonne abzumildern. Das war für sie anscheinend angenehm.

Sie setzte sich auf einen Stuhl neben ihre Mutter. Ich stellte der Mutter verschiedene Fragen über die Lebenssituation ihrer Tochter, wie es zu Hause und in der Schule so sei. Aber meine Aufmerksamkeit galt auch der Tochter. Ich wollte sehen, ob sie auf die Worte ihrer Mutter irgendwie reagierte.

Meine Fragen brachten jedoch weder informative Hinweise noch eine Reaktion der Tochter hervor, also bat ich das Mädchen, in meiner Praxis herumzugehen.

Sie nickte zustimmend und erhob sich langsam. Ich ging neben ihr her und passte mich ihrer Körperhaltung und ihrem Rhythmus an. Diese Anpassungstechnik wird im Zusammenhang mit der Arbeit von Milton Erickson verwendet, der durch seine Anpassung an die Wirklichkeit der Klienten Wunder bewirkt hat.

Ich bat sie, Laute von sich zu geben, die zu dem passten, wie sie sich fühlte, während sie weiter in meiner Praxis umherwanderte. Ich machte auch diese Laute nach, während ich weiter in ihrer

Haltung und ihrem Tempo neben ihr her ging. Meine Strategie bestand darin, andere Hirnregionen – genauer gesagt: die akustischen und motorischen Bereiche – anzusprechen und sie so aus ihrem veränderten Bewusstseinszustand herauszubringen.

Ich hatte keine Ahnung, was sie in diesen veränderten Zustand versetzt hatte, aber wenn ich sie herausbrächte, könnte ich mit ihr reden und ihr vielleicht helfen, die Probleme zu lösen, die ihr bizarres Verhalten ausgelöst hatten. Wenn das nicht funktionieren würde, müsste sie wohl in eine Klinik eingewiesen werden.

Ich fuhr fort, ihre Laute und Bewegungen zu spiegeln, und überlegte dabei, an welche psychiatrische Einrichtung ich sie überweisen könnte.

Plötzlich hatte ich die Idee, sie in der Achterschleife gehen zu lassen. Ich führte sie ganz ähnlich durch diese Geometrie, wie ich meine Klientin mit dem Pferd geführt hatte.

Sie zeigte keinerlei Anzeichen von Problemen mit der Figur, sondern begann auf wundersame Weise, aufrechter zu gehen und die Augen mehr zu öffnen. Nach ein paar Minuten fragte ich sie, wie es sich anfühle, diese Achterfigur zu gehen. Ich rechnete mit irgendeiner nonverbalen Äußerung, aber sie sagte einfach: »Gut.«

Mit diesem Wort begann sie, sich deutlich aus ihrem veränderten Bewusstseinszustand zu lösen. Ich führte sie zurück zu ihrem Stuhl und stellte ihr viele Fragen, um sie zum Nachdenken über ihre Erfahrung zu bringen und mich über diesen verbalen Austausch zu vergewissern, ob sie wieder vollständig bei normalem Bewusstsein war, bevor ich die Sitzung abschloss.

Eine Woche später kamen Mutter und Tochter nochmals zu mir. Das merkwürdige Verhalten war nicht wieder aufgetreten. Das vierzehnjährige Mädchen, das da in meiner Praxis saß, schien ein ganz normaler Teenager zu sein.

Aus dem nachfolgenden Gespräch wurde deutlich, dass sie durch einen Schulwechsel unter starkem Stress gestanden hatte, der möglicherweise zu ihrem halbkomatösen Zustand beigetragen hatte. In der Nacht vor jenem Morgen hatte sie einen ungewöhnlich eindrucksvollen luziden Traum gehabt: Darin sah sie eine milchweiße Treppe, die nach oben in die Wolken führte. Sie stieg die Treppe in den Himmel empor und begegnete dort einer Frau mit langem goldenem Haar, die sie daheim willkommen hieß.

Das Mädchen setzte sich dann auf eine Wolke und schaute hinab auf ihr Haus und die Erde, die tief da unten lagen. Um sie herum war der Himmel voller Sterne, und sie war sehr glücklich und zufrieden damit, jenseits aller Sorgen da oben auf ihrer Wolke zu sitzen.

An einem gewissen Punkt ihres Traums spürte sie den Beginn der Morgendämmerung. Sie schaute hinab und sah ihren Körper schlafend im Bett liegen. Sie konnte deutlich sehen, wie das erste Morgenlicht durch die Vorhänge in ihrem Schlafzimmer leuchtete. Sie war sich bewusst, dass sie schlafend in ihrem Bett lag und in einem Traum war. Direkt bevor sie zu ihrem halbkomatösen Zustand erwachte, war ihr letzter Gedanke, dass sie nicht die Treppe hinabsteigen wollte.

Als Therapeut fand ich verschiedene Aspekte ihres Traums sehr interessant, weil sie klassischen Traumbildern entsprachen. Aber am verblüffendsten war für mich die Wirkung der Achterschleife. Wie konnte diese einfache Geometrie so eine starke Wirkung haben?

2.2

Das Interdimensionale Bewusstseinstraining

Jetzt kommen wir zu der Zeit zehn Jahre später, als die Hathoren mir die Geometrie des Bewusstseins sowohl als theoretisches System als auch als praktische Methode zur Verbesserung der Hirnfunktionen und Erweiterung des Bewusstseins beizubringen begannen. Ich werde später noch auf die theoretischen Aspekte eingehen, denn ich bin sicher, Sie werden es genauso faszinierend finden wie ich. Im Augenblick möchte ich mich erst einmal auf den praktischen Teil der Informationen konzentrieren.

Um diese beiden Teile deutlich zu kennzeichnen, werde ich den theoretischen Teil »Die Geometrie des Bewusstseins« und die daraus entstandene praktische Methode als »Interdimensionales Bewusstseinstraining« (»Interdimensional Consciousness Training©«) bezeichnen.

Die Hathoren gaben mir drei grundlegende geometrische Muster für meine Arbeit an die Hand sowie detaillierte Anleitungen, wie ich den größten Nutzen daraus ziehen könnte. Nachdem ich etwa einen Monat lang höchst intensiv mit diesen drei Geometrien gearbeitet hatte, musste ich zugeben, dass da etwas dran war.

Wenn ich mit den Geometrien gearbeitet hatte, fühlte sich mein Gehirn hinterher oft lebendiger an, als sei es auf eine nicht in Worte zu fassende Art neu angeschaltet worden. Jede weitere Übung erzeugte größere Wirkungen, bis sich mein Gehirn am Ende wie elektrifiziert anfühlte. Darüber hinaus hatte ich den deutlichen und zunehmenden Eindruck, meine Fähigkeit, multiple Perspektiven und Wirklichkeiten wahrzunehmen, würde zunehmen.

Jede dieser Geometrien hatte einen Namen:

Die erste und einfachste nannten sie »Unendlichkeit«, weil sie aus einer liegenden Acht bestand.

Wenn ich diese Figur in der Mitte meines Gehirns mit meiner Vorstellungskraft nachvollzog, schien das mein Corpus Callosum zu stimulieren, was ein Gefühl zunehmender neurologischer Kommunikation zwischen den beiden Hemisphären meines Gehirns hervorrief. Ich verwende absichtlich das Wort »schien«, denn der Eindruck, mein Corpus Callosum würde stimuliert, war natürlich höchst subjektiv und damals nicht beweisbar. Doch meine Arbeit mit diesen Geometrien stärkte auf jeden Fall meine Fähigkeit, Probleme gleichzeitig auf logische wie auch auf intuitive Weise anzugehen.

Die zweite Geometrie hieß »Das Atom«, weil ihr Muster dem Weg der Elektronen um einen Zellkern ähnelte. In diesem Fall war der Nukleus jedoch mein Gehirn, und die Elektronen waren imaginäre Lichtpunkte. Ließ ich diese Lichtpunkte in bestimmten Mustern um mein Gehirn kreisen, fühlte es sich an, als ob mein Gehirn mit Energie aufgeladen würde.

Die dritte und letzte Geometrie, die sie mir übermittelten, war das sogenannte »Goldene Oktaeder«. Dieses Muster war das Arbeitspferd, das meine Fähigkeit, multidimensionale Wirklichkeiten zu erfahren, enorm beschleunigte.

Ich werde Sie gleich durch diese drei grundlegenden Geometrien führen, damit Sie sie selbst erfahren können. Doch zuerst halte ich es für sinnvoll, davon zu erzählen, was andere Menschen mit diesen Mustern erlebt haben.

Diese Geometrien hatten auf mich und meine Gehirnfunktionen unleugbar eine starke Wirkung, und so wollte ich herausfinden, ob sie auch auf andere einen so starken Einfluss hatten.

Als ewiger Forscher und Skeptiker beschloss ich, in drei verschiedenen Städten Testgruppen laufen zu lassen. Ich bot jeweils einen kostenlosen Kurs an, an dem jeder teilnehmen konnte, der die Wirkung dieser Geometrien am eigenen Leib erfahren wollte.

Die Teilnehmer dieser Kurse deckten ein breites Spektrum ab, von sehr erfahrenen Profis bis hin zu vollkommenen Laien und Studenten. Die Ergebnisse waren höchst erstaunlich.

Damit es kurz und knapp bleibt, will ich nur drei Personen und ihre bemerkenswerten Erfahrungen mit diesem Wissen vorstellen. Aber praktisch jeder Kursteilnehmer erlebte irgendeine Art von verbesserter Gehirnfunktion, einen Kreativitätsschub, Intelligenzzuwachs oder gesteigertes Wohlbefinden.

Alle Teilnehmer hatten sich einverstanden erklärt, vier Wochen lang einmal die Woche für zwei Stunden zusammenzukommen. Außerdem war vereinbart worden, dass jeder zwischen den Kursterminen mit den Geometrien arbeitete; nicht ein einziger Tag sollte vergehen, ohne wenigstens einmal die Übungen durchzugehen.

Ich stellte jede Woche ein neues geometrisches Muster vor, mit dem die Teilnehmer täglich arbeiten sollten, bis ich in der nächsten Woche ein neues Muster hinzufügte. Nach dem dritten Termin hatten sie dann alle drei Geometrien kennengelernt und arbeiteten mit ihnen bis zum vierten, abschließenden Treffen.

Manche der Teilnehmer spürten schon nach dem ersten Termin mit der ersten Figur eine Veränderung. Andere brauchten länger, bevor sie etwas bemerkten. Aber im Laufe der dritten Woche zeigten sich bei allen Verbesserungen.

Wie ich beobachten konnte, wirkten diese geometrischen Muster auf individuelle Weise, und auch das Tempo der Entwicklung war unterschiedlich. Auch wenn sie bei manchen Menschen ziemlich schnell Veränderungen bewirken, ist für die meisten Menschen eine gewisse Regelmäßigkeit und Ausdauer beim Üben nötig, um die volle Wirkungskraft zu erfahren. Sie müssen die Übungen eine Zeit lang regelmäßig wiederholen, damit das Gehirn/der Geist begreift, was da vor sich geht.

Drei der Teilnehmer jener Testgruppen erlebten durch die Arbeit mit den Geometrien tiefgreifende, lebenswichtige Veränderungen ihrer Hirnfunktionen. Ich möchte ihre Geschichten im Folgenden gerne vorstellen. Die Namen sind geändert, um die Privatsphäre zu schützen.

Der Künstler

Ron war Künstler und Professor für Kunst an einem der örtlichen Colleges. Genauer gesagt war er der Leiter der Kunsthochschule, was seine Situation noch schwieriger machte.

Vor einigen Jahren verlor Ron die Lust an seiner Arbeit sowohl als Künstler als auch als Kunstprofessor. Aufgrund seiner Position bemerkte das niemand außer ihm selbst. Seine Verwaltungsaufgaben ermöglichten es ihm, seinen emotionalen Zustand zu verdrängen, indem er das kreative Loch mit seinen organisatorischen Aktivitäten überspielte.

Als die jährliche Kunstausstellung anstand und ihn seine Kollegen aufforderten, doch auch einen Beitrag einzureichen, kam es zur Krise. Es war undenkbar, diese Einladung abzulehnen, doch gleichzeitig war es ihm unmöglich, irgendeine kreative Idee zu entwickeln. Er ging fast jeden Abend in die Werkstätten der Hochschule und versuchte, etwas Originelles anzufangen. Aber es gelang ihm nicht einmal die einfachste Skizze. Ron durchlebte eine kreative Blockade. Was er auch probierte, seine Musen ließen sich nicht blicken. Er steckte in einer persönlichen, künstlerischen und beruflichen Krise, deren Druck jeden Abend zunahm.

Als Ron in meinem Kurs erschien, hatte ich keine Ahnung, was in ihm vorging. Erst später im Training, als andere erzählten, was sich bei ihnen bewegte, offenbarte auch er, womit er sich herumschlug.

Rons erster Durchbruch ereignete sich, nachdem er zum ersten Mal mit der zweiten Geometrie gearbeitet hatte, dem Atom. Direkt nach dem Kurs ging er noch einmal in die Werkstatt, wie er es seit zwei Wochen jeden Abend tat. Dieses Mal, so berichtete er eine Woche später, fühlte sich sein Gehirn jedoch energetisiert an. Er betrat den Werkraum, schaute sich um und hatte plötzlich einen künstlerischen Impuls. Diesem folgend, erschuf Ron im Laufe mehrerer Nächte eine Skulptur.

Jedes Mal, wenn er das Atom-Muster übte, fühlte sich Rons Gehirn auf dieselbe Weise energetisiert an. Technische Probleme, die sich bei der Arbeit an der Skulptur ergaben, löste er mit einer Leichtigkeit, die ihn faszinierte. Er fühlte sich inspiriert wie seit Jahren nicht mehr.

Die Frau, die Feuer fing

Evelyn war eine Frau Ende fünfzig, die an meiner zweiten Testgruppe teilnahm. Sie hatte einen großen Teil ihres Lebens als Bibliothekarin gearbeitet und wollte demnächst in Rente gehen.

Ihr Durchbruch ereignete sich während des zweiten Termins, als ich das Atom-Muster vorstellte. Weder sie noch irgendjemand anderes im Kurs rechnete mit dem, was dann geschah.

Ich war gerade damit fertig, die Gruppe durch diese relativ komplexe Geometrie zu leiten, und bat alle, darauf zu achten, wo sie in ihrem Körper die stärksten Empfindungen wahrnahmen. Bei den meisten war dies im Kopf, was nicht überraschte, da wir uns bei der Arbeit mit den Geometrien auf den Kopf konzentriert hatten. Evelyn jedoch spürte am meisten in ihrem Rücken. Sie sprang aufgeregt auf und sagte: »Mein Rücken brennt …, mein Rücken brennt!« Ihr Gesicht wurde puterrot und sie wedelte mit den Händen hinter ihrem Rücken herum.

Nach wenigen Sekunden wich ihr besorgter Ausdruck der Begeisterung. »Oh, mein Gott«, rief sie, »ich kann meinen Rücken spüren!« Mit einem Ausdruck höchster Verblüffung lief sie im Raum umher und bat alle, ihren Rücken zu berühren. Und jedes Mal schrie sie aufgeregt: »Ich kann fühlen, wie Sie meinen Rücken berühren! Oh, mein Gott, das ist unglaublich!«

Nachdem sie ein paar Minuten lang so herumgewandert war und jeden gebeten hatte, ihren Rücken zu berühren, ließ sie sich wieder auf ihren Stuhl fallen. »Tut mir leid«, sagte sie, »ich wollte mich hier nicht so in den Mittelpunkt stellen. Aber es ist unglaublich …, einfach unglaublich!«

»Was ist unglaublich?«, fragte ich sie.

Evelyn erzählte, sie habe seit einiger Zeit unter einem merkwürdigen Zustand gelitten und niemand habe ihr helfen können. Sie hatte die Empfindungsfähigkeit im Rücken verloren. Ihr Arzt machte sich inzwischen Sorgen und hatte sie schon zu neurologischen Tests angemeldet.

Als sie mit der geometrischen Figur gearbeitet hatte, war zunächst nichts Besonderes geschehen. Aber etwa in der Mitte der Übung fühlte sie plötzlich eine Wärme in ihrem Rücken, die zu einer Hitze wurde. Nachdem die Übung abgeschlossen war, brannte ihr Rücken. Es sei so ein lebhafter Eindruck gewesen, erzählte sie, als stünde ihr Rücken wirklich in Flammen.

Diese intensive Erfahrung dauerte nur ein paar Sekunden. Die Hitze wich einer Empfindungsfähigkeit. Evelyn meinte, sie könne es noch gar nicht fassen, und griff nach hinten, um ihren Rücken erneut zu berühren. »Es ist ein Wunder«, sagte sie, »ich kann alles spüren.«

Sie verließ den Kurs begeistert, auch wenn sie keine Erklärung dafür hatte, wie eine mentale Übung solche Wirkung haben konnte.

Als wir uns in der folgenden Woche wieder trafen, erzählte Evelyn, die Empfindungsfähigkeit in ihrem Rücken halte an, und es habe sich noch etwas anderes Interessantes ereignet: Sie konnte sich an vergangene Ereignisse in ihrem Leben erinnern – was ihr eine Zeit lang nicht möglich gewesen war –, und zwar äußerst detailliert.

Eines dieser Ereignisse sei besonders traumatisch gewesen, sagte sie. Sie fragte sich, ob diese blockierte Erfahrung etwas mit ihrer Taubheit im Rücken zu tun haben könnte. Sie fragte mich ganz direkt, ob ich das für möglich hielte.

Ich meinte, ich sei mir nicht sicher, und fragte sie, ob sie bereit wäre, eine kleine Gedächtnisübung zu machen, um herauszufinden, wo sie in ihrem Energiefeld ihre Erinnerungen aufbewahrte.

Sie war einverstanden.

Ich bat sie, an etwas zu denken, was sie in naher Zukunft vorhabe.

Sie nickte und sagte: »Ich hab's.«

»Dann achten Sie darauf, wo dieser Eindruck sitzt«, forderte ich sie auf.

»Vor mir ..., direkt vor mir«, sagte sie.

»Und jetzt erinnern Sie sich an etwas Angenehmes aus Ihrer Vergangenheit.«

»Ja.«

»Wo sitzt diese Erinnerung?«, fragte ich wieder.

»Rechts von mir.«

»Gut. Jetzt erinnern Sie sich an etwas, das unangenehm oder schwierig war.«

»Okay«, sagte Evelyn mit deutlich veränderter Stimme.

»Wo spüren Sie diese Erinnerung?«

»Hinter mir«, antwortete sie.

»Gut«, erwiderte ich. »Öffnen Sie die Augen, wann immer Sie so weit sind.«

Evelyn öffnete die Augen und sah mich fragend an.

Ich erklärte, dass die meisten Menschen Eindrücke und Erinnerungen an Orten speichern, die scheinbar außerhalb ihres Körpers liegen – zum Beispiel vor sich, links oder rechts oder hinter sich. Manche speichern Eindrücke auch woanders ab, aber diese vier Orte sind am üblichsten.

Da Evelyn mich bezüglich ihrer intensiven Erfahrung mit dem Atom-Muster um meine Meinung gebeten hatte, erklärte ich, dass diese Geometrie möglicherweise feinstoffliche Energielinien aktiviert hatte, in denen schwierige Erinnerungen festgehalten waren.

Ihr erster Eindruck, ihr Rücken brenne, könne daher rühren, dass ihre Nervenbahnen wieder aktiviert wurden. Wenn Nerven heilen, entsteht oft ein Empfinden von Hitze oder Schmerz. Aufgrund meiner Beobachtungen hielt ich es für möglich, dass es zwischen den unterdrückten Erinnerungen und ihrer Taubheit im Rücken einen Zusammenhang gab, wenn ich auch nicht sagen konnte, welcher Art.

Auf jeden Fall schien das Atom-Muster eine heilende Reaktion in ihr ausgelöst zu haben, die ihr half, ihre Vergangenheit anzunehmen.

Beim vierten und letzten Termin des Kurses berichtete Evelyn, dass sie immer noch ihren Rücken spüre und sich weiterhin detailliert an Ereignisse aus ihrer Vergangenheit erinnere.

Nicht mehr depressiv

Gwen war im zweiten Jahr auf dem College und kam zu meiner dritten Testgruppe. Sie war Anfang zwanzig und hockte in sich zusammengesunken auf ihrem Stuhl. Wenn sie etwas sagte, sprach sie leise und mit monotoner Stimme.

Nachdem sie mit dem ersten geometrischen Muster eine Woche gearbeitet hatte, berichtete Gwen, sie könne ihre Hausarbeiten mit etwas weniger Stress machen, aber das war alles, was sie bemerkte.

Nach dem zweiten Termin arbeitete Gwen wie alle anderen mit dem Atom.

Als ich beim dritten Termin fragte, wie es allen mit dem Atom-Muster ergangen war, berichtete Gwen, sie habe im Gegensatz zu vielen anderen keinen Energieschub gespürt. Aber dann gestand sie, dass sie zu schlapp gewesen sei und die Übung nur ein paarmal gemacht habe.

Ich riet ihr, möglichst unabhängig von ihrer Stimmung dranzubleiben, denn ich hatte sowohl bei mir als auch bei anderen bemerkt, dass die Wirkung der Geometrien stark mit der regelmäßigen Wiederholung zusammenhing. Sie meinte, sie wolle es versuchen.

Nachdem alle erzählt hatten, wie es ihnen mit der zweiten Geometrie ergangen war, arbeiteten wir mit der letzten, dem Goldenen Oktaeder. Dieses Muster hat drei Phasen: In der ersten wird das Muster auf bestimmte Weise gedreht, in der zweiten wird das Muster aus ungewöhnlichen Perspektiven betrachtet, und in der dritten kreist das goldene Licht durch das Gehirn.

Gwen äußerte, dass sie das Gefühl des goldenen Lichts sehr mochte.

Bei unserem vierten und letzten Treffen bemerkte ich, dass sich bei Gwen etwas verändert hatte. Sie unterhielt sich vor dem

Kurs mit anderen Teilnehmern. Und als sie sich setzte, hing sie nicht mehr so auf ihrem Stuhl. Als Gwen an der Reihe war, von ihren Erfahrungen zu berichten, war sie gesprächiger als sonst. Sie erklärte, sie habe die vergangene Woche regelmäßig mit allen Geometrien gearbeitet, doch das Goldene Oktaeder gefalle ihr am besten. Vor allem möge sie es, das goldene Licht durch ihr Gehirn kreisen zu lassen, denn das beruhige sie.

Wie Gwen bei diesem letzten Termin gestand, war sie seit einigen Monaten depressiv gewesen, fühlte sich jedoch jetzt deutlich besser.

Sowohl Gwens Reaktion als auch die Verbesserungen, von denen die zwei anderen Teilnehmer berichteten, lassen sich möglicherweise über eine Theorie der Gehirnfunktionen namens »Dimensionalität« erklären. Diese Theorie geht davon aus, dass das Gehirn sowohl seine Funktion als auch seine Leistung verbessert, wenn es lernt, komplexe und multiple Aufgaben zu koordinieren.

Aus dieser theoretischen Perspektive wäre es durchaus möglich, dass die Kombination dieser drei Geometrien die Gehirne der Teilnehmer so stimulierte, dass sie ihre Dimensionalität steigerten. Doch was auch immer die Ursache gewesen sein mag – alle drei Individuen erfuhren eine deutliche Verbesserung sowohl ihrer Gehirnfunktionen als auch ihres Wohlbefindens.

Das Interdimensionale Bewusstseinstraining ist ein von mir auf der Grundlage der Geometrien des Bewusstseins entwickeltes System zur Schulung des Gehirns/Geistes. Es dient einzig dazu, die räumlichen und außergewöhnlichen Fähigkeiten des Gehirns/Geistes zu fördern. Es dient nicht der medizinischen oder psychotherapeutischen Behandlung. Das Training ist nur zur Selbsterforschung, Selbsterfahrung und persönlichen Weiterentwicklung gedacht. Falls Sie ein medizinisches oder psychologisches Problem haben, sollten Sie sich professionelle Hilfe suchen.

2.3

Die Geometrien

Schauen wir uns die drei geometrischen Muster des Interdimensionalen Bewusstseinstrainings genauer an. Wie bereits erwähnt, heißen sie:

1. Unendlichkeit
2. Das Atom
3. Das Goldene Oktaeder

Aus der Sicht der Gehirnschulung sind diese drei Geometrien psychoneurologische Aufgaben. Damit meine ich, dass die Arbeit mit diesen Geometrien sowohl eine neurologische als auch eine mentale Aufgabe darstellt, die das Gehirn/den Geist auf besondere Weise fordert.

Wie wir aus der Forschung wissen, ist jedes Gehirn höchst individuell und einzigartig. Keine zwei Gehirne sind gleich. Die fundamentalen Strukturen sind meistens ähnlich, aber die neuronalen Netzwerke sind es nicht. Sie sind davon geprägt – und werden weiterhin davon geprägt –, wie sich jeder von uns im Mutterleib und während der Kindheit entwickelt hat und wie wir auf unsere Umgebung reagieren.

Wegen dieser Einzigartigkeit wird jeder Mensch auf die Geometrien dieses Trainings in ganz individueller Weise reagieren.

Manche Menschen werden schon nach dem Üben mit der ersten Geometrie, der Unendlichkeit, sofort Verbesserungen bemerken. Für andere wird sich das erst nach dem Üben mit der zweiten Geometrie, dem Atom, einstellen. Und wieder anderen wird die Veränderung in der Funktion und Leistung ihres Gehirns erst nach dem Üben mit der dritten Geometrie, dem Goldenen Oktaeder, auffallen. Der Punkt ist: Niemand kann vorhersehen, welche Wirkung die Geometrien bei jemandem haben. Sie müssen es einfach ausprobieren und dranbleiben, egal ob Sie eine Verbesserung der Gehirnfunktionen bemerken oder nicht.

Manchen Menschen fällt es leichter, das Programm durchzuziehen, als anderen. Wir leben in einer Instant-Kultur und erwarten sofortige Wirkungen. Doch bei den meisten Menschen erfordert es Wiederholungen, bis sich neue neurologische Netzwerke bilden. Sie müssen die Übungen also über eine gewisse Zeit hinweg regelmäßig machen, damit sie sich in Ihrem Gehirn auswirken können.

Auch wenn die Geometrien sofort im Gehirn/Geist wirken, kann es doch eine Weile dauern, bis Sie es bemerken. Manche von uns sind empfindsamer als andere, und manche von uns bemerken mehr als andere.

Meiner Erfahrung nach spüren die meisten Menschen etwa nach einer Woche Training mit allen drei Geometrien, dass etwas Bedeutendes vor sich geht.

Wenn wir zu den Übungen selbst kommen, werde ich noch detaillierter darauf eingehen, wann Ergebnisse zu erwarten sind. Für den Augenblick möchte ich Ihre Aufmerksamkeit jedoch darauf lenken, was die Hathoren zu den Geometrien des Bewusstseins zu sagen haben.

2.4

Geometrie und Bewusstsein aus der Sicht der Hathoren

Bevor wir in dieses Thema einsteigen, schlage ich vor, Sie stellen sich vor, Sie haben eine Kiste neben sich. Ich habe diese Methode des mentalen Filterns schon am Anfang des Buches erwähnt.

Wenn etwas, was ich sage oder weitergebe, Ihnen sinnlos oder zu weit hergeholt erscheint, werfen Sie es einfach in die Kiste. Denken Sie nicht weiter darüber nach. Vielleicht zeigt sich der Sinn darin später. Vielleicht auch nie. Wie bereits gesagt, ist es für uns alle sehr wichtig, jede Aussage eines anderen mit unserem eigenen logischen Empfinden, unseren eigenen Erfahrungen und Werten abzugleichen. Schlucken Sie nichts, was ein anderer sagt, ohne es innerlich zu prüfen.

Nehmen wir also an, Sie haben Ihre Kiste neben sich und wir können uns dem zuwenden, was mir die Hathoren über die Wirkungen der Geometrie des Bewusstseins im Allgemeinen und die Effekte des Interdimensionalen Bewusstseinstrainings im Besonderen gezeigt haben.

Laut Aussage der Hathoren lassen die Geometrien die Energie in bestimmten Mustern fließen und bestimmte geometrische Muster können daher vielfältige Wirkungen erzielen.

Wie die Hathoren schon früh in unseren Gesprächen mitteilten, beeinflussen die drei Geometrien, die das Interdimensionale Bewusstseinstrainings-Programm ausmachen, die neurologischen Netzwerke im Gehirn. Die Vorstellung detaillierter geometrischer Muster bewirkt, dass das Gehirn auf die räumlichen Anforderungen dieser Muster mit neuen neurologischen Netzwerken reagiert.

Anders ausgedrückt: Wenn ich einen imaginären Lichtpunkt durch eines der Muster wandern lasse, fordert die Komplexität der Aufgabe das räumliche Vorstellungsvermögen des Gehirns heraus, und mein Gehirn entwickelt neue neurologische Netzwerke, die es mir im Laufe der Zeit ermöglichen, diese Geometrien immer perfekter wahrzunehmen. Diese neuen neurologischen Netzwerke leiten dann eine Art Domino-Effekt im Gehirn ein, sodass sich seine allgemeine Leistungsfähigkeit, die Intelligenz und die Kreativität verbessern.

Aber die Hathoren ließen auch keinen Zweifel daran, dass sich nicht alle der Phänomene, die ich erlebte, gehirnphysiologisch erklären ließen.

Ihrer Aussage zufolge können die drei grundlegenden Geometrien im menschlichen Bewusstsein Quanteneffekte erzeugen. Allein der Akt, einen imaginären Lichtpunkt um seinen Kopf herum zu bewegen, wie bei dem Atom-Muster, setzt komplexe energetische Prozesse in Gang, die sowohl den Raum um den Kopf als auch die räumliche Wahrnehmung im Kopf beeinflussen.

Die Hathoren vergleichen einige dieser energetischen Prozesse mit den Phänomenen in einem Teilchenbeschleuniger. Ein imaginärer Lichtpunkt hat natürlich keine Masse, aber den Hathoren zufolge kann er trotzdem Quanteneffekte bewirken. Welchen Umfang diese Effekte haben, hängt von der Intensität und Genauigkeit des imaginären Punkts ab. Die Kraft Ihres Bewusstseins bestimmt also, wie stark oder schwach die Quanteneffekte sein werden.

Den Hathoren zufolge stärkt die Arbeit mit diesen drei Geometrien nicht nur die neurologischen Netzwerke im Gehirn, sie steigert auch die Kraft oder Reichweite unseres Bewusstseins, was wiederum zu stärkeren Quanteneffekten führt.

Sie behaupten weiterhin, dass wir andere Dimensionen und Wirklichkeiten direkt durch unsere verschiedenen feinstofflichen Energiefelder wahrnehmen, vor allem jene Dimensionen und Realitäten, die sich unseren physischen Sinneswahrnehmungen entziehen. Jede Übung mit den drei Geometrien wirkt sich auf unsere Energiefelder aus, vor allem auf jene um das Gehirn, da die Geometrien auf diesen Bereich fokussiert sind.

Die Hathoren behaupten zudem, dass die Bewegungen dieser grundlegenden Geometrien Mikro-Wurmlöcher erzeugen können und dass diese winzigen Wirbeltrichter komplexe Energien aus anderen nonlokalen Dimensionen des Bewusstseins in unser Energiefeld und von dort in unser Gehirn und Nervensystem einfließen lassen.

Ich habe an mir selbst beobachtet, dass die Übertragung »scheinbar« nonlokaler Energien manchmal zu erstaunlichen Veränderungen meiner Wahrnehmungs- und Verarbeitungskapazitäten führt.

2.5

Das Interdimensionale Bewusstseinstraining – ein Überblick

Wahrnehmungs-Modalitäten

Alle drei geometrischen Muster werden mit Hilfe der Vorstellungskraft erzeugt. Dabei werden Sie diese imaginären Geometrien so wahrnehmen, wie es Ihrem Gehirn/Geist natürlicherweise entspricht.

Wenn Sie dazu neigen, Dinge zu visualisieren, werden Sie diese Geometrien innerlich sehen. Aber wenn Sie nicht zum Visualisieren tendieren, werden Sie sie anders wahrnehmen.

Die meisten Menschen erfahren imaginierte oder erinnerte Informationen über ihre primären sinnlichen Modalitäten; sie sehen, hören oder fühlen also diese Informationen. Bei manchen stellt sich auch eine Kombination dieser Wahrnehmungsmodalitäten ein.

Nehmen Sie Informationen vorwiegend auditiv wahr, hören Sie vielleicht innerlich eine Stimme, die Ihnen die Geometrie beschreibt, mit der Sie gerade arbeiten. Sind Sie medial offen, können Sie vielleicht sogar die Klangfarbe der jeweiligen Geometrie wahrnehmen.

Menschen, die Informationen primär über den kinästhetischen Modus verarbeiten, spüren die Geometrie vielleicht als körperliche Empfindung.

Unser neurologisches Potenzial erlaubt uns, alle fünf sensorischen Modalitäten (Sehen, Hören, Spüren, Riechen, Schmecken) in ihrer ganzen Komplexität und Reichhaltigkeit zu erfahren. Aber die meisten Menschen erleben zu einem bestimmten Zeitpunkt nur jeweils eine oder ein paar davon.

Ich behandele diesen Punkt so ausführlich, weil ich ganz deutlich machen möchte, dass es sich hier nicht um Visualisierungsübungen handelt. Sie werden die Geometrien so erleben, wie es für Sie am natürlichsten ist. Und damit sollten Sie auch arbeiten.

Seien Sie jedoch nicht überrascht, wenn Sie die Geometrien auch mit anderen Sinnen erfahren, nachdem Sie eine Weile mit ihnen gearbeitet haben. Vielleicht werden Sie auch sonst Informationen mit mehr Modalitäten wahrnehmen als bisher. Das ist eine positive Entwicklung. Es bedeutet, dass Ihr Gehirn/Geist seine neuronalen Netzwerke ausbaut und Ihre Verarbeitungskapazität für sinnliche Wahrnehmungen sich erweitert.

Tempo und Genauigkeit

Das Tempo, in dem sie mit den Geometrien arbeiten, ist für viele Menschen der schwierigste Aspekt an der Sache. Im Allgemeinen gehen die meisten zu schnell durch die Muster, und das kann ein echtes Hindernis darstellen.

Je langsamer Sie durch eine Geometrie gehen, desto zuverlässiger wird sie zu positiven Veränderungen führen. Immerhin möchten Sie ja das Entstehen neuer neurologischer Netzwerke anregen, und das gelingt, wenn Sie die Geometrien mit großer Genauigkeit nachvollziehen. Schnelles Durchhuschen genügt dafür nicht.

Sich langsam und mit Genauigkeit durch die geometrischen Muster zu bewegen, stellt für die Gehirne der meisten Menschen eine Herausforderung dar. Für mich war es jedenfalls eine Herausforderung. Und wenn wir vor einer mentalen Herausforderung stehen, die unsere gegenwärtigen Kapazitäten übersteigt, reagieren viele von uns mit Ausweichen und Vermeidung.

Dies kann sich in Form einer plötzlichen Konzentrationsschwäche, Müdigkeit, Ruhelosigkeit oder Langeweile zeigen oder auch in merkwürdigen Phänomenen im Zusammenhang mit den Geometrien.

Wie gesagt, Sie erzeugen das geometrische Muster durch Ihre Imagination. Allein die Vorstellung dieser Geometrien ist daher schon eine neuropsychologische Leistung.

Es kann passieren, dass Sie durch ein geometrisches Muster gehen und dieses sich plötzlich verbiegt oder seine Form verändert. Vielleicht arbeiten Sie gerade mit dem Unendlichkeits-Muster, und die linke Seite der Acht bricht zusammen, sodass es Ihnen unmöglich wird, die Figur mit dem imaginären Lichtpunkt nachzuvollziehen.

Sollte dies bei irgendeiner der Geometrien passieren, atmen Sie einfach ein paarmal tief durch, entspannen Sie jeweils beim Ausatmen und fangen Sie neu an. Machen Sie sich keine Sorgen, sondern fahren Sie einfach fort. Irgendwann wird Ihr Gehirn fähig sein, die Geometrie so aufrechtzuerhalten, dass Sie damit arbeiten können.

Schweifen Ihre Gedanken ab – und das werden sie –, holen Sie sie einfach wieder dorthin, wo Sie in der Geometrie waren.

Üben Sie beharrlich, dann wird Ihr Gehirn/Geist allmählich immer besser fokussieren können und die Arbeit mit den Geometrien wird Ihnen immer leichter fallen. Und höchstwahrscheinlich wird sich auch im übrigen Leben Ihre Konzentrationsfähigkeit steigern.

Sekundäre Geometrien

Dieses ungewöhnliche Phänomen taucht nur hin und wieder auf. Falls es Ihnen widerfährt, ist es wichtig, sich auf die primäre Geometrie zu konzentrieren, mit der Sie arbeiten, ohne die sekundären Geometrien weiter zu beachten.

Sekundäre Geometrien können bei jeder der drei Geometrien auftauchen.

Angenommen, Sie arbeiten mit dem Unendlichkeits-Muster. Bei dieser Geometrie stellen Sie sich eine seitlich gekippte Acht vor, die Sie mit einem imaginären weißen Lichtpunkt nachvollziehen. Dann kann es passieren, dass Sie neben der Figur, mit der Sie arbeiten, eine oder mehrere andere Achten wahrnehmen. Letztere können sich sogar bewegen oder drehen.

Lassen Sie diese sekundären Geometrien einfach machen, was sie wollen, und richten Sie Ihre Aufmerksamkeit weiterhin auf die primäre Geometrie, mit der Sie arbeiten. Lassen Sie sich nicht von sekundären Geometrien ablenken.

Falls Sie die primäre Geometrie aus dem Fokus verlieren, bauen Sie keine neurologischen Netzwerke zum Fokushalten auf und trainieren auch nicht die räumlichen Kapazitäten Ihres Gehirns/ Geistes.

Mentale/emotionale und/oder körperliche Entgiftung

Bei manchen Menschen führt die Arbeit mit den Geometrien auch zu mentalen, emotionalen oder körperlichen Entgiftungsprozessen.

Den Hathoren zufolge entsteht diese Entgiftung vor allem durch die feinen energetischen Wirkungen der Geometrien. Wie sie sagen, kann die Bewegung eines Lichtpunktes oder die Rotation einer Geometrie feinstoffliche Kraftlinien erzeugen, die mit den energetischen Mustern des Energiekörpers eines Menschen in Wechselwirkung treten.

Manchen Menschen mag diese Erklärung etwas zu schwammig sein, vor allem jenen, die mit den seltsamen, im Zusammenhang mit feinstofflichen Energien auftretenden Phänomenen keine Erfahrung haben.

Wem diese Erklärung zu esoterisch ist, der kann vielleicht mit dem Folgenden mehr anfangen. Wenn wir mit einer komplexen Geometrie arbeiten, wird das räumliche Vorstellungsvermögen des Gehirns gefordert. In manchen Fällen stimuliert das an anderer Stelle im Gehirn eine Reaktion, wodurch zuvor unbewusste Gedanken und Emotionen ins Bewusstsein geholt werden.

Was auch immer die Gründe für das plötzliche Auftreten von Gedanken und Emotionen sein mögen – die Strategie ist dieselbe: Lassen Sie die Gedanken und Emotionen einfach da sein. Beachten Sie sie nicht zu sehr. Richten Sie Ihre Aufmerksamkeit primär auf die Geometrie, mit der Sie arbeiten. Lassen Sie die mentalen und emotionalen Reaktionen in den Hintergrund Ihres Gewahrseins treten, während Sie sich im Vordergrund der Aufgabe widmen, mit der Geometrie zu üben.

In seltenen Fällen kann es zu körperlichen Reaktionen wie Übelkeit oder Schwindel kommen. Dann sollten Sie die Geschwindigkeit drosseln, mit der Sie den Lichtpunkt bewegen oder die Geometrie rotieren lassen. Das reicht in der Regel. Sollte die Übelkeit oder der Schwindel anhalten, hören Sie für heute auf, mit dem geometrischen Muster zu arbeiten, und konzentrieren Sie sich auf Ihren Atem.

Atmen Sie weich ein und entspannen Sie mit dem Ausatmen. Stellen Sie sich vor, wie das Gefühl der Übelkeit mit jedem Ausatmen fortschwebt. Atmen Sie auf diese entspannte Weise so lange, bis die Übelkeit verflogen ist.

Üben Sie erst am nächsten Tag weiter.

Wenn Ihnen übel war und/oder Sie einen bitteren oder metallischen Geschmack im Mund spüren, trinken Sie etwas Wasser. Wasser unterstützt die reinigende Wirkung dieser Übungen.

Wenn Sie während der Übungen bei sich viele Entgiftungsphänomene beobachten, könnte ein Artikel von mir über psychospirituelle Entgiftung für Sie interessant sein. Sie finden ihn kostenlos unter dem Titel »Psycho-spiritual Detoxification« unter den Artikeln auf meiner Website www.tomkenyon.com.

Kopfschmerzen

Die Arbeit mit den Geometrien sollte entspannend sein und nicht anstrengend. Nichtsdestotrotz bekommen manche Leute Kopfschmerzen, wenn sie mit einer besonders schwierigen Geometrie arbeiten.

Hier sind ein paar Strategien, wie Sie diese unangenehme Reaktion vermeiden können:

Widmen Sie sich den Geometrien immer mit entspannter Aufmerksamkeit, nicht mit angespannter Konzentration. Konzentration ist so, als würde man mit fester Hand eine Feder fassen, während die entspannte, fokussierte Aufmerksamkeit eher der Feder auf der offenen Handfläche entspricht. Wenn Sie sich während einer Übung zu lange konzentrieren, führt die mentale Anstrengung leicht zu Muskelverspannungen, was Kopfschmerzen erzeugen kann.

Wenn Sie während einer Übung mit einem geometrischen Muster Kopfschmerzen bekommen, empfehle ich Ihnen, eine Pause einzulegen und das Bild der Geometrie loszulassen. Richten Sie Ihre Aufmerksamkeit auf den Atem und atmen Sie sanft ein. Atmen Sie dann sehr, sehr entspannt aus und stellen Sie sich vor, wie mit dem Ausatmen auch Ihre Kopfschmerzen davonschweben. Wenn Ihre Kopfschmerzen nach ein bis zwei Minuten verschwunden sind, können Sie wieder zu der Übung mit der Geometrie zurückkehren. Achten Sie dabei darauf, sich nicht zu konzentrieren, sondern die Figur mit entspannter Aufmerksamkeit nachzuvollziehen.

Falls die Kopfschmerzen durch das sanfte Atmen nicht abnehmen, setzen Sie die Übung erst am nächsten Tag fort. Achten Sie auch dann darauf, sich nicht zu sehr auf das Muster zu konzentrieren.

Timing

Im Allgemeinen ist es am besten, diese Übungen nicht mit vollem Magen zu machen. Um die Geometrien richtig nachzuvollziehen, bedarf es einer gewissen Geisteskraft. Wenn wir unsere Aufmerksamkeit kurz nach einer Mahlzeit nach innen wenden, setzt oft Müdigkeit ein.

Wenn Sie die Übungen kurz vor dem Einschlafen machen, könnte es jedoch passieren, dass Sie danach zu angeregt sind, um zur Ruhe zu finden. Es ist also auch nicht empfehlenswert, sie kurz vor dem Schlafengehen durchzuführen.

Augen- und Kopfbewegungen

Während der Arbeit mit dem Unendlichkeits-Muster bewegen sich, wie Sie bemerken werden, Ihre Augen manchmal mit, wenn Sie dem Lichtpunkt folgen. Das ist ein gutes Zeichen. Es bedeutet, dass Ihr Gehirn/Geist die physischen Bewegungen der Augen mit den räumlichen Bewegungen Ihrer Imagination koordiniert.

Sie können diese Koordination zwischen Gehirn/Geist und Augen noch fördern, indem Sie die Bewegungen der Augen präzisieren. Folgen Sie der Bewegung des Lichtpunkts also bewusst mit den Augen, wenn Sie sie innerlich nachvollziehen.

Vielleicht stellen Sie dabei fest, dass Ihre Augen in manchen Bereichen schwächer sind, dass Sie also in manchen Bereichen des Musters weniger Kontrolle über Ihre Augenmuskeln haben. Bleiben Sie dran und versuchen Sie, die Bewegung so genau wie möglich mit den Augen nachzuvollziehen. Es ist die Mühe wert.

Bei manchen Menschen bewegt sich der Kopf mit, wenn sie beim Atom-Muster dem imaginären Lichtpunkt folgen. Das ist ebenfalls ein gutes Zeichen, denn es bedeutet, dass die motorischen Bereiche des Gehirns mit der mentalen Vorstellung zusammenarbeiten.

Und schließlich berichten manche Menschen auch bei bestimmten Phasen der Übung mit dem Goldenen Oktaeder von

Bewegungen. Auch das ist ein positives Zeichen der Koordination zwischen den motorischen Bereichen des Gehirns und den inneren Vorstellungen.

Nachglühen

Der Zeitraum unmittelbar nach der Übung ist von besonderer Wichtigkeit. In dieser Zeit lassen Sie die fokussierte Aufmerksamkeit wieder los und entspannen sich einfach. Diese Entspannungszeit ist wichtig, damit Ihr Gehirn die Erfahrung integrieren kann.

Bei den meisten Menschen verläuft diese Phase unbewusst, das heißt, sie bemerken nicht, was geschieht. Aber wenn Sie sensitiv Energien wahrnehmen, spüren Sie vielleicht die subtilen Veränderungen in Ihrem Gehirn und in Ihrem Denken, Fühlen und Gewahrsein. Letztlich spielt es jedoch keine Rolle, ob Sie sich dessen bewusst sind oder nicht. Wichtig ist, dass Sie ein paar Minuten lang nichts tun, bevor Sie sich anderen Aktivitäten zuwenden.

Die Italiener haben einen wundervollen Begriff, der die Essenz dieser Phase nach der Arbeit mit einem geometrischen Muster erfasst. Sie sprechen vom »Dolce far niente«, dem süßen Nichtstun. Genießen Sie es eine Weile, nichts tun zu müssen.

Hat sich Ihr Gehirn dann immer mehr an die Bewegungen gewöhnt und nimmt sein räumliches Vorstellungsvermögen zu, werden Sie sich während der Übungen wahrscheinlich immer wohler fühlen. Ich nenne dieses spontan während oder direkt nach einer Übung auftretende Wohlgefühl »Nachglühen«. Wie mir aufgefallen ist, tritt es während der Übung besonders dann auf, wenn ich genau auf die Details der Geometrie achte, wenn ich mir also sehr bewusst bin, wo ich mich mit meinem Lichtpunkt gerade befinde oder wie ich die Geometrie rotieren lasse. Das stärkste Nachglühen erlebe ich, wenn ich alle drei Geometrien nacheinander durchgespielt habe.

Es ist vor allem wichtig, das Nachglühen zu genießen und sich damit zu entspannen. Richten Sie Ihre Aufmerksamkeit nicht gleich auf die nächste Aktivität, sondern bleiben Sie so lange wie möglich in diesem Zustand. Diese angenehmen Empfindungen von Körper und Geist sind ein Zeichen hoher Kohärenz und einer exquisiten Synchronizität von Gehirn/Geist und Geometrie. Und das, meine lieben Leser, ist eine sehr, sehr gute Sache.

Erdung

Es passiert zwar nur selten, aber manche Menschen fühlen sich nach der Arbeit mit einem oder mehreren Geometrien gelegentlich etwas abgehoben, oder es fühlt sich an, als sei zu viel Energie im Kopf.

Sollten Sie nach der Arbeit mit einem Muster derartige Empfindungen haben, kann Ihnen eine einfache Erdungs-Übung enorm helfen. Legen Sie dafür einfach die Zunge an den Gaumen und richten Sie dann Ihre Aufmerksamkeit auf den Bereich, den die Taoisten »Unteres Dan Tien« nennen. In den Kampfkünsten heißt dieser etwa zwei Fingerbreit hinter und unterhalb des Nabels liegende Punkt »Hara«.

Mit der Zunge am Gaumen und der Aufmerksamkeit auf dem Dan Tien atmen Sie sanft ein und entspannt aus. Beim Einatmen stellen Sie sich vor, Sie ziehen alle überschüssige Energie aus Ihrem Kopf durch Ihre Zunge entlang der Vorderseite Ihres Körpers hinab in Ihr Unteres Dan Tien. Achten Sie darauf, Ihre Aufmerksamkeit auf Ihrem Unteren Dan Tien zu halten; das unterstützt die Erdung sehr. Beim Ausatmen lassen Sie die Energien, die Sie von Ihrem Kopf nach unten gezogen haben, durch Ihr Unteres Dan Tien kreisen.

Atmen Sie auf diese entspannte Weise mit dem Fokus auf dem Dan Tien, bis Sie sich besser geerdet fühlen.

Die im Unteren Dan Tien gesammelten Energien stärken zudem die Vitalität der Eingeweide – ein positiver Nebeneffekt.

2.6

Zur Herangehensweise

Unstrukturiertes Lernen

Manche Menschen nähern sich neuen Informationen lieber auf unstrukturierte Weise. Sie fühlen sich eingeengt, wenn sie sich an eine zu stark vorbestimmte Struktur halten sollen. Sind auch Sie eine solche Person? Dann schlage ich vor, einfach nach Belieben zwischen den Geometrien hin- und herzuspringen.

Es wäre jedoch klug, mit der einfachsten Geometrie anzufangen, die auch die Grundlage für die anderen beiden Muster bildet.

Sie sollten das Unendlichkeits-Muster ganz verstanden haben und einige Minuten lang aufrechterhalten können, den Lichtpunkt also perfekt die Acht entlangbewegen können, ohne dass die Geometrie ins Wanken gerät oder Ihr Fokus abwandert.

Sobald Sie die Fähigkeiten entwickelt haben, die Sie für diese zweidimensionale Geometrie brauchen, können Sie mit den anderen Mustern weitermachen. Das zweite und auch das dritte Muster sind dreidimensionale Geometrien. Sie sind komplexer und erfordern mehr räumliche Koordination als die erste Figur, das Unendlichkeits-Muster.

Sofern Sie möchten, können Sie auch kreativ werden und Teile einer geometrischen Sequenz einzeln üben, bevor Sie in das ganze Muster einsteigen. Sie können sich zum Beispiel entscheiden, zuerst mit der letzten Phase des Goldenen Oktaeders zu arbeiten, in der nonlokale, transformierende und heilende Energien in Ihr Nervensystem einströmen. Von dort können Sie zur ersten Phase springen. Wie auch immer Sie diese Geometrien erkunden möchten: Um Verwirrung zu vermeiden, sollten Sie alle Phasen eines geometrischen Musters durchlaufen haben, bevor Sie zum nächsten überwechseln.

Wenn Sie alle Geometrien erforscht haben und sich sicher in ihnen fühlen, empfehle ich, damit zu experimentieren, sie alle unmittelbar nacheinander zu durchlaufen. Das kann sehr intensiv sein, aber wenn Sie die Intensität aushalten, kann es hervorragende Resultate bewirken. Ist Ihnen diese Art zu intensiv, springen Sie einfach drei bis vier Wochen lang zwischen den drei Mustern hin und her.

Eine Woche lang mindestens einmal am Tag alle drei Geometrien unmittelbar nacheinander zu praktizieren, wäre ideal. Diese intensive Übungssequenz bildet den Abschluss des Trainings.

Es wäre sehr gut, auf dieselbe intensive Weise mit allen drei Mustern drei bis vier Wochen lang jeden Tag einmal zu arbeiten, falls Sie Ihre geistigen Fähigkeiten noch steigern möchten und Sie zu so viel fokussierter Aufmerksamkeit fähig sind.

Es ist auch ratsam, die Arbeit mit den Geometrien alle paar Monate zu wiederholen, denn neurologische Netzwerke lösen sich leider wieder auf, wenn sie nicht hin und wieder genutzt werden.

Das Wichtigste, was bei alldem jedoch nicht vergessen werden darf: Haben Sie Spaß dabei!

Strukturiertes Lernen

Als die Hathoren mir diese Geometrien zeigten, trugen sie mir auf, mit der ersten Geometrie (»Unendlichkeit«) eine Woche lang mindestens einmal pro Tag zu üben.

Dann fügten sie die zweite Geometrie (»Das Atom«) hinzu und ich sollte die zweite Woche lang mindestens einmal pro Tag die Unendlichkeitsschleife und das Atom-Muster hintereinander machen.

Zu guter Letzt übermittelten sie mir in der dritten Woche die dritte Geometrie (»Das Goldene Oktaeder«). In dieser Phase drängten sie darauf, dass ich die ganze Woche lang mindestens einmal am Tag alle drei Muster hintereinander praktizierte.

Wie Sie vielleicht bemerkt haben, war das dasselbe Muster, das ich dann auch in den drei Test-Workshops anwandte. Nach meiner eigenen Erfahrung scheint mir das für die meisten Menschen der schnellste Weg zu sein, sich mit den Strukturen vertraut zu machen und die Wirkung des Trainings zu erfahren. Es ist freilich ein ziemlich anspruchsvoller Weg.

Für manche Menschen mag diese intensive Art von Training zu anstrengend sein. Wenn die zweite Geometrie (»Das Atom«) direkt auf die erste (»Unendlichkeit«) folgt, entsteht ein sehr viel stärkerer Effekt, als wenn man jede Figur einzeln übt. Fügt man dann noch die dritte Geometrie (»Das Goldene Oktaeder«) hinzu, intensiviert sich die Erfahrung enorm, und das Gehirn wird weit über die Wirkung jeder einzelnen Geometrie hinaus gefordert.

Wie genau das Gehirn auf die mehrfachen Geometrien reagiert, kann von Person zu Person unterschiedlich sein. Auf manche Menschen wirkt es sehr anregend, andere fühlen sich eventuell etwas desorientiert. Wieder anderen ist die Intensität der Eindrücke vielleicht unangenehm.

Ihre Art, auf die mehrfachen, hintereinander geübten Geometrien zu reagieren, hängt davon ab, inwiefern derart umfangreiche räumliche Übungen auf Ihr Gehirn eher stresserzeugend oder eher energetisierend wirken.

Um auf diese verschiedenen Befindlichkeiten Rücksicht zu nehmen, schlage ich zwei verschiedene Trainingsprogramme vor. Beide arbeiten auf die gleiche Weise mit den drei Geometrien. Der einzige Unterschied ist die Sequenz der Geometrien während des Trainings.

Die einfache Herangehensweise

Nach diesem Ansatz arbeiten Sie mit der ersten Geometrie (»Unendlichkeit«) eine Woche lang mindestens einmal pro Tag. Sie können natürlich auch mehr als einmal pro Tag üben. Manche Menschen (allerdings nicht alle) erfahren diese Geometrie wegen ihrer ausgleichenden Wirkung als besonders angenehm.

Während der zweiten Woche wenden Sie sich der zweiten Geometrie (»Das Atom«) zu. Genau wie während der ersten Woche arbeiten Sie jeden Tag mindestens einmal mit dieser Figur.

Falls Sie mehr als einmal täglich üben möchten, können Sie das tun. Während dieser zweiten Woche arbeiten Sie nicht mit der ersten Geometrie, sondern konzentrieren sich ganz auf das Atom.

Während der dritten Woche arbeiten Sie nur mit der dritten Geometrie (»Das Goldene Oktaeder«), auch wieder sieben Tage lang mindestens einmal pro Tag.

Am Ende der dritten Woche haben Sie dann alle Geometrien sieben Tage lang geübt.

In der vierten Woche können Sie alle drei Geometrien zu einer einzigen, das Gehirn herausfordernden Übung verknüpfen. Das gemeinsame Üben aller drei Geometrien beschleunigt die Bildung von neuronalen Netzwerken für räumliche Wahrnehmung.

In der vierten Woche üben Sie also jeden Tag alle drei Geometrien in einem Zug. Während dieser täglichen Übung durchlaufen Sie zuerst die erste Geometrie (»Unendlichkeit«), dann die zweite Geometrie (»Das Atom«) und enden mit der dritten Geometrie (»Das Goldene Oktaeder«).

Sobald Sie die letzte Geometrie durchlaufen haben, empfehle ich Ihnen, sich hinzulegen und auszuruhen oder zumindest einige Minuten lang die Augen zu schließen, um den körperlichen Empfindungen nachzuspüren, vor allem im Bereich des Kopfes und im Raum um den Kopf herum. Achten Sie auch auf mentale und emotionale Erfahrungen und auf die Qualität Ihrer Bewusstheit.

Mit dem siebentägigen Üben aller drei Geometrien hintereinander ist das Trainingsprogramm abgeschlossen.

Falls Sie das räumliche Vorstellungsvermögen Ihres Gehirns und Ihre nicht alltäglichen Wahrnehmungsfähigkeiten weiter fördern möchten, können Sie danach drei bis vier Wochen lang einmal täglich alle drei Geometrien durchlaufen.

Manche Menschen arbeiten nach dem Abschluss des Trainingsprogramms auch einfach mit einer der Geometrien weiter, die sie besonders anspricht. Andere pausieren eine Woche oder länger, bevor sie weiterüben. Und wieder andere haben für sich den Eindruck, nach dem einmaligen Trainingsprogramm fertig zu sein.

Ich empfehle, das Trainingsprogramm alle paar Monate zu wiederholen, damit Ihnen die Wirkung erhalten bleibt. Wie bereits gesagt, neigen neuronale Vernetzungen leider dazu, sich bei mangelndem Gebrauch wieder aufzulösen.

Die fortgeschrittene Herangehensweise

Bei diesem Ansatz arbeiten Sie genau wie bei der einfachen Herangehensweise mit allen drei Geometrien, diese werden aber schneller zu einer Übung zusammengefasst.

In der ersten Woche arbeiten Sie mindestens einmal täglich sieben Tage lang mit der ersten Geometrie (»Unendlichkeit«). Sie können damit natürlich auch mehrmals täglich arbeiten.

Während der zweiten Woche arbeiten Sie sieben Tage lang mindestens einmal täglich weiter mit der ersten Geometrie (»Unendlichkeit«) und schließen das Üben der zweiten Geometrie (»Das Atom«) unmittelbar daran an. Sie können das auch mehrmals täglich tun.

In der dritten Woche fahren Sie damit fort, mit der ersten Geometrie (»Unendlichkeit«) und unmittelbar danach mit der zweiten

Geometrie (»Das Atom«) zu üben, und schließen daran die Übung der dritten Geometrie (»Das Goldene Oktaeder«) an. So durchlaufen Sie alle drei Geometrien mindestens einmal täglich sieben Tage lang. Auch wenn Sie mehrmals täglich mit den Geometrien arbeiten möchten, üben Sie immer alle drei hintereinander.

In der vierten und letzten Woche fahren Sie damit fort, genau wie in der dritten Woche alle drei Geometrien unmittelbar nacheinander zu üben. Diese zweite Sieben-Tage-Periode wird Ihr Gehirn anregen, sein räumliches Vorstellungsvermögen und die nicht alltäglichen Wahrnehmungen noch mehr zu stärken.

Möchten Sie die Fähigkeiten Ihres Gehirns darüber hinaus fördern, können Sie weitere drei bis vier Wochen lang alle drei Geometrien nacheinander üben.

Um die antrainierten Fähigkeiten nicht wieder zu verlieren, ist es sinnvoll, das Trainingsprogramm alle paar Monate zu wiederholen. Um es nochmals zu betonen: Neuronale Vernetzungen neigen leider dazu, sich bei mangelndem Gebrauch wieder aufzulösen.

Nun wollen wir die drei Geometrien im Einzelnen betrachten.

2.7

Unendlichkeit

Das Muster der Unendlichkeit entspricht einer auf der Seite liegenden Acht, ähnlich einer Brille mit runden Gläsern.

Diagramm 1

1. Stellen Sie sich in der Mitte Ihres Kopfes eine liegende Achterschleife vor, die aus zwei vollkommenen Kreisen besteht. Der Punkt, wo sich die beiden Kreise berühren, liegt direkt hinter Ihrer Nasenwurzel (siehe Diagramm 1).

2. Stellen Sie sich am Mittelpunkt zwischen den beiden Kreisen einen winzigen weißen Lichtpunkt vor.

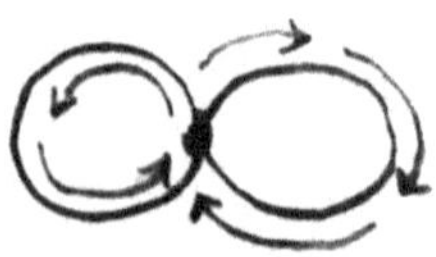

Diagramm 1a

3. Bewegen Sie diesen Lichtpunkt langsam entlang der Kreislinie nach rechts oben. Folgen Sie der rechten Kreislinie, bis Sie wieder zurück am Mittelpunkt sind; bewegen Sie den Lichtpunkt dann nach links oben und folgen Sie der Kreislinie des linken Kreises, bis Sie erneut am Mittelpunkt angelangt sind. Bewegen Sie den Lichtpunkt auf diese Weise kontinuierlich etwa 30 Sekunden bis eine Minute lang in diese Richtung weiter (siehe Diagramm 1a).

Dann folgt die umgekehrte Richtung.

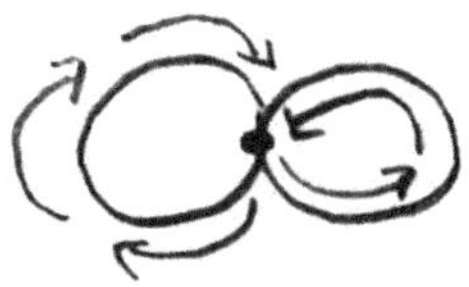

Diagramm 1b

4. Bewegen Sie den Lichtpunkt langsam vom Mittelpunkt aus in die entgegengesetzte Richtung, also zuerst nach links unten, ganz um den linken Kreis herum und dann um den rechten Kreis herum, bis Sie wieder in der Mitte am Ausgangspunkt sind (siehe Diagramm 1b).

5. Bewegen Sie den Lichtpunkt ungefähr 30 Sekunden bis eine Minute lang in diese Richtung.

6. Bringen Sie den Lichtpunkt dann in die Mitte und halten Sie einen Moment lang inne. Lassen Sie Ihren Fokus ein Weilchen auf dem Lichtpunkt ruhen.

7. Sie haben jetzt einen Zyklus des Musters vollendet.

8. Ruhen Sie sich ein paar Minuten lang mit geschlossenen Augen aus. Wenn Sie mögen, können Sie sich auch hinlegen.

Achten Sie auf die körperlichen Empfindungen im Bereich des Kopfes – sowohl im Kopf als auch um ihn herum. Achten Sie auf Ihre mentalen und emotionalen Erfahrungen sowie Ihre Gedanken und Gefühle. Und achten Sie zu guter Letzt auch auf die Qualität Ihrer Bewusstheit.

Damit ist die Sequenz des Unendlichkeits-Musters abgeschlossen.

2.8

Das Atom

Das Atom-Muster ist komplexer als das Unendlichkeits-Muster, wodurch es das räumliche Vorstellungsvermögen Ihres Gehirns auch mehr fordert. Die Arbeit mit diesem Muster besteht aus neun Phasen, in denen es jeweils darum geht, einen imaginativen Punkt weißen Lichts auf einer Kreisbahn um den Kopf wandern zu lassen.

Auf den ersten Blick mag die Übung auf manche etwas überwältigend wirken, aber wenn Sie ein paarmal damit gearbeitet haben, werden Sie intuitiv spüren, wie es richtig ist, und es wird Ihnen immer leichter fallen.

Erste Phase

Stellen Sie sich einen perfekten Kreis um Ihren Kopf vor, dessen Kreisebene parallel zum Boden verläuft. Sie können diesen Kreis so klein oder groß machen, wie Sie mögen, solange er Ihren ganzen Kopf einschließt. Der Mittelpunkt des Kreises ist identisch mit dem Mittelpunkt Ihres Kopfes.

Ich persönlich ziehe einen Kreis mit etwa 40 bis 50 Zentimetern Durchmesser. Aber ich kenne Leute, die mit einem Kreis von nur 30 Zentimetern gearbeitet haben, und andere ziehen ihren Kreis über einen Meter weit. In einem Fall hat jemand seinen Kreis so groß gemacht, dass er die gesamte Galaxie umspannte. Das war allerdings eine eher kreative und ungewöhnliche Auslegung der Anweisung.

Wie klein oder groß Ihr Kreis auch sein mag – der Mittelpunkt des Kreises sollte der Mitte Ihres Kopfes entsprechen.

Setzen Sie nun ganz rechts einen imaginativen Punkt weißen Lichts auf die Kreislinie (also auf Ihre rechte Seite) und beginnen Sie, diesen Punkt langsam parallel zum Boden und im Uhrzeigersinn um Ihren Kopf zu bewegen. Zur Orientierung: 12 Uhr wäre direkt vor Ihnen. Da der Lichtpunkt zu Ihrer Rechten sitzt, befindet er sich also zunächst auf 3 Uhr. Sie bewegen den Punkt auf der Kreisbahn zuerst nach hinten, dann zu Ihrer linken Seite und um die linke Hälfte des Kreises herum nach vorne und nach rechts, bis der Punkt wieder auf seiner Ausgangsposition landet (siehe Diagramm 2).

Diagramm 2
Vom Hinterkopf aus gesehen

Wichtig ist, den Lichtpunkt langsam und immer in genau derselben Entfernung von der Mitte des Kopfes kreisen zu lassen. Ziehen Sie auf diese Weise etwa 30 Sekunden lang den Kreis um Ihren Kopf in dieser Richtung nach.

Das war die erste Phase.

Zweite Phase

Diagramm 2a
Vom Hinterkopf aus gesehen

Jetzt kippen Sie den rechten Rand der Kreisbahn um 45 Grad nach oben auf eine gedachte senkrechte Achse zu, die mitten durch Ihren Körper verläuft (siehe Diagramm 2a).

Der imaginative weiße Lichtpunkt sitzt nun rechts oben auf der Kreislinie. Bewegen Sie ihn langsam im Uhrzeigersinn, also um Ihren Hinterkopf herum nach links, dann vor Ihrem Gesicht wieder in seine Ausgangsposition zu Ihrer Rechten.

Wichtig ist, den Lichtpunkt langsam und immer in genau derselben Entfernung von der Mitte des Kopfes kreisen zu lassen.

Ziehen Sie auf diese Weise und in dieser Richtung ungefähr 30 Sekunden lang die Kreislinie um Ihren Kopf nach.

Das war die zweite Phase.

Dritte Phase

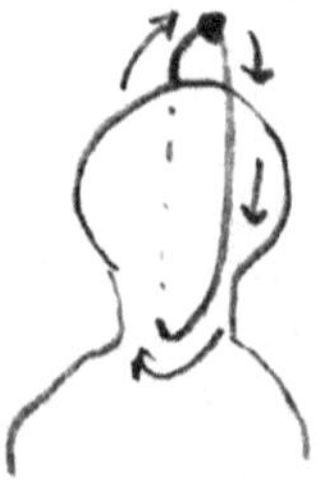

Diagramm 2b
Vom Hinterkopf aus gesehen

In dieser Phase kippen Sie den rechten Rand der Kreisbahn um weitere 45 Grad, sodass sie jetzt senkrecht zum Boden verläuft (siehe Diagramm 2b).

Der imaginative Lichtpunkt sitzt nun direkt über Ihrem Kopf. Bewegen Sie ihn um Ihren Hinterkopf herum nach unten und dann an der Vorderseite Ihres Kopfes entlang wieder zu seinem Startpunkt über Ihrem Kopf.

Wichtig ist, den Lichtpunkt langsam und immer in genau derselben Entfernung von der Mitte des Kopfes kreisen zu lassen.

Ziehen Sie auf diese Weise und in dieser Richtung ungefähr 30 Sekunden lang die Kreislinie um Ihren Kopf nach.

Das war die dritte Phase.

Vierte Phase

In dieser Phase kippen Sie die imaginative Kreisbahn um weitere 45 Grad nach links (siehe Diagramm 2c).

Der Lichtpunkt startet jetzt links oben auf der Kreisbahn. Bewegen Sie den Punkt die Kreisbahn entlang um Ihren Hinterkopf herum nach rechts unten und dann vor Ihrem Kopf entlang wieder zurück nach links oben.

Diagramm 2c
Vom Hinterkopf aus gesehen

Vielleicht haben Sie bemerkt, dass Sie den Lichtpunkt jetzt entgegen dem Uhrzeigersinn bewegen. Da der Lichtpunkt nun zu Ihrer Linken startet und Sie ihn zunächst hinter sich nach rechts unten bewegen, zieht er die Kreislinie entgegen dem Uhrzeigersinn nach.

Wie bereits in den vorherigen Phasen achten Sie bitte darauf, den Lichtpunkt sehr langsam und immer im selben Abstand von der Mitte des Kopfes zu bewegen.

Ziehen Sie auf diese Weise und in dieser Richtung etwa 30 Sekunden lang die Kreislinie um Ihren Kopf nach.

Das war die vierte Phase.

Fünfte Phase

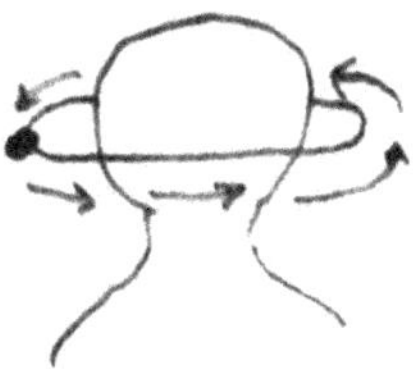

Diagramm 2d
Vom Hinterkopf aus gesehen

In dieser Phase kippen Sie die imaginative Kreisbahn um weitere 45 Grad nach links. Sie verläuft wieder parallel zum Boden (siehe Diagramm 2d).

Der Lichtpunkt beginnt seine Bahn also links von Ihnen. Bewegen Sie ihn entlang der Kreislinie um Ihren Hinterkopf herum nach rechts und dann vor Ihrem Kopf wieder zurück zu seinem Ausgangspunkt.

Wie bereits in den vorherigen Phasen achten Sie bitte auch hier darauf, den Lichtpunkt sehr langsam und immer im selben Abstand von der Mitte des Kopfes zu bewegen.

Ziehen Sie auf diese Weise und in dieser Richtung etwa 30 Sekunden lang die Kreislinie um Ihren Kopf nach.

Das war die fünfte Phase.

Sechste Phase

Diagramm 2e
Vom Hinterkopf aus gesehen

In dieser Phase kippen Sie den linken Rand der imaginativen Kreislinie um weitere 45 Grad in Richtung Boden (siehe Diagramm 2e).
Der Lichtpunkt beginnt jetzt links unten. Bewegen Sie ihn auf der Kreislinie hinter Ihrem Kopf nach rechts oben und dann vor Ihrem Kopf wieder nach links unten. Wie bereits in den vorherigen Phasen achten Sie bitte darauf, den Lichtpunkt sehr langsam und immer im selben Abstand von der Mitte des Kopfes zu bewegen.

Ziehen Sie auf diese Weise und in dieser Richtung etwa 30 Sekunden lang die Kreislinie um Ihren Kopf nach.

Das war die sechste Phase.

Siebte Phase

Jetzt kippen Sie die linke Seite des Kreises weiter in Richtung Boden, sodass die Kreisbahn senkrecht zum Boden verläuft.

Beginnen Sie mit dem imaginativen Lichtpunkt auf dem untersten Punkt der Kreisbahn und bewegen Sie ihn die Kreislinie entlang hinter Ihrem Kopf nach oben, dann über Ihren Kopf und vor Ihrem Kopf wieder nach unten (siehe Diagramm 2f).

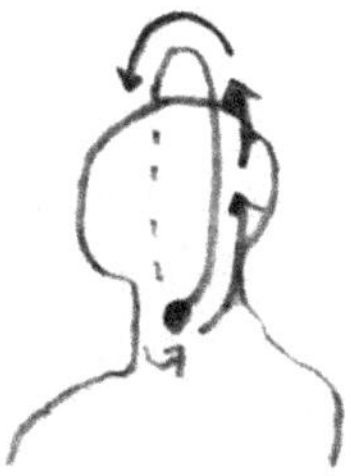

Diagramm 2f
Vom Hinterkopf aus gesehen

Wichtig ist, den Lichtpunkt wirklich langsam und immer in genau derselben Entfernung von der Mitte des Kopfes kreisen zu lassen.
Ziehen Sie auf diese Weise und in dieser Richtung etwa 30 Sekunden lang die Kreislinie um Ihren Kopf nach.

Das war die siebte Phase.

Achte Phase

Diagramm 2g
Vom Hinterkopf aus gesehen

Kippen Sie den unteren Rand des Kreises um weitere 45 Grad nach rechts (siehe Diagramm 2g).
Lassen Sie den Lichtpunkt jetzt von seiner Ausgangsposition rechts unten hinter Ihrem Kopf nach links oben wandern und dann vor Ihrem Kopf wieder nach rechts unten.
Genau, jetzt ziehen Sie den Kreis wieder so, wie Sie angefangen haben, im Uhrzeigersinn nach.

Wichtig ist, den Lichtpunkt wirklich langsam und immer in genau derselben Entfernung von der Mitte des Kopfes kreisen zu lassen.

Ziehen Sie auf diese Weise und in dieser Richtung ungefähr 30 Sekunden lang die Kreislinie um Ihren Kopf nach.

Das war die achte Phase.

Neunte Phase

Diagramm 2h

Vom Hinterkopf aus gesehen

Dies ist der letzte Schritt des Atom-Musters. Kippen Sie den imaginativen Kreis um weitere 45 Grad, sodass er wieder parallel zum Boden verläuft.

Beginnen Sie mit dem Lichtpunkt am rechten Rand der Kreisbahn (also auf Ihrer rechten Seite) und lassen Sie ihn langsam im Uhrzeigersinn um Ihren Kopf wandern. Der Punkt bewegt sich zunächst hinter Ihnen die Kreislinie entlang zu Ihrer linken Seite und wandert dann vor Ihnen wieder nach rechts (siehe Diagramm 2h).

Wichtig ist, den Lichtpunkt sehr langsam und immer in genau derselben Entfernung von der Mitte des Kopfes kreisen zu lassen.

Ziehen Sie auf diese Weise und in dieser Richtung ungefähr 30 Sekunden lang die Kreislinie um Ihren Kopf nach.

Das war die neunte Phase, und damit endet ein kompletter Zyklus des Atom-Musters.

Sind Sie mit der Arbeit an dieser Geometrie fertig, sollten Sie sich ein wenig ausruhen. Legen Sie sich hin, wenn Sie können, oder schließen Sie zumindest die Augen und spüren Sie, was in Ihnen vor sich geht. Achten Sie auf die körperlichen Empfindungen im Bereich Ihres Kopfes, sowohl im Kopf als auch um den Kopf herum. Achten Sie auf Ihre mentalen und emotionalen Erfahrungen; seien Sie aufmerksam dafür, was Sie denken und fühlen. Und achten Sie auch auf die Qualität Ihrer Bewusstheit.

2.9

Das Goldene Oktaeder

Dieses Muster beruht auf dem Oktaeder, einem achtseitigen Polyeder. Jede der acht Seiten besteht aus einem gleichseitigen Dreieck. Man kann ein Oktaeder auch als zwei an der Grundfläche verbundene, auf einem Quadrat aufbauende Pyramiden beschreiben (siehe Diagramm 3).

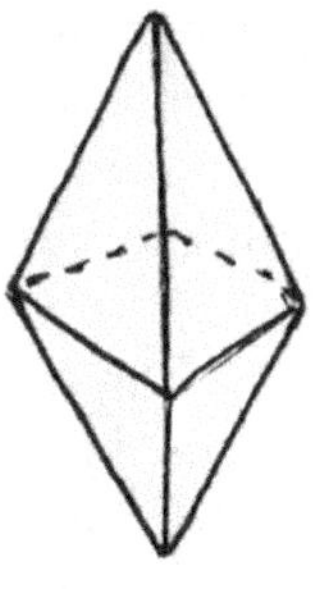

Diagramm 3

In dieser geometrischen Sequenz gibt es drei deutliche Phasen. Auf den ersten Blick scheint die Übung weniger komplex zu sein als das Atom-Muster. Durch die radikalen Verschiebungen der Perspektive ist sie jedoch durchaus anspruchsvoll.

In der ersten Phase wird im Kopf ein imaginiertes Oktaeder gedreht. Es gibt in dieser Phase verschiedene Richtungswechsel, die das Gehirn/den Geist fordern, sich eine in verschiedene Richtungen drehende Geometrie vorzustellen.

In der zweiten Phase gibt es einige radikale Verschiebungen der räumlichen Wahrnehmung. Es geht darum, das Oktaeder in der Mitte des eigenen Kopfes aus verschiedenen Blickwinkeln zu betrachten, darunter von vier Standorten außerhalb des eigenen physischen Körpers.

Diese Phase bildet die Grundlage für die multidimensionale Wahrnehmung, mit der Sie verschiedene Perspektiven (auch nichtphysikalischer Wirklichkeiten) gleichzeitig sehen und erfahren können. Den Hathoren zufolge wird diese multidimensionale Fähigkeit für unseren Übergang in eine komplexere globale und galaktische Wirklichkeit von essenzieller Bedeutung sein.

Laut den Hathoren versorgt die dritte und letzte Phase der Übung das Gehirn/den Geist über ein Chakra (oder Energietor) oberhalb des Kopfes mit »heilender« und »transformierender« Energie.

Die esoterische Qualität des Oktaeders

Das Oktaeder ist einer der fünf platonischen Körper, denen der altgriechische Philosoph Platon höchste Bedeutung beimaß, weshalb sie auch nach ihm benannt wurden.

Die geometrischen Grundformen waren allerdings schon lange vor Platon bekannt. Manche Forscher meinen, schon im späten Neolithikum, also mindestens tausend Jahre vor Platon, hätten die schottischen Ureinwohner ornamentale Darstellungen aller fünf Festkörper in den Felsen geritzt.

In seinem Werk »Timaios« schrieb Platon um 360 v. Chr. ausführlich über die fünf Körper und assoziierte jedes der vier klassischen Elemente (Erde, Luft, Feuer, Wasser) mit einer der Formen. Er ordnete die Erde dem Würfel zu und die Luft dem Oktaeder. Für das Wasser stand das Ikosaeder und für das Feuer das Tetraeder. Diese Zuordnungen beruhten auf zutiefst intuitiven Begründungen, die in Platons Philosophie eine zentrale Rolle spielten.

Den Hathoren geht es vor allem um die energetischen Eigenschaften des Oktaeders. Wie bereits erwähnt, bewirken alle Geometrien einen spezifischen Energiefluss. Weil ein Oktaeder aus zwei auf Quadraten beruhenden Pyramiden besteht, deren Seiten alle von gleichseitigen Dreiecken gebildet werden, vermittelt das Oktaeder den Hathoren zufolge ein energetisches Gefühl der Balance.

Ich persönlich betrachte diese dritte Geometrie des Trainings einzig in Bezug auf ihre neurologische Wirkung auf die räumliche

Wahrnehmungsfähigkeit des Gehirns, doch die Hathoren gehen weiter. Sie meinen, die Arbeit mit dem Oktaeder stärke nicht nur die räumliche Wahrnehmungsfähigkeit des Gehirns/Geistes, sondern vermittle auch ausgleichende energetische Qualitäten.

Außerdem werden ihren Aussagen zufolge während der dritten, abschließenden Phase der Arbeit mit diesem Muster dem Nervensystem nonlokale transformierende und heilende Energien zugeführt.

Die Sequenz des Goldenen Oktaeders

Erste Phase

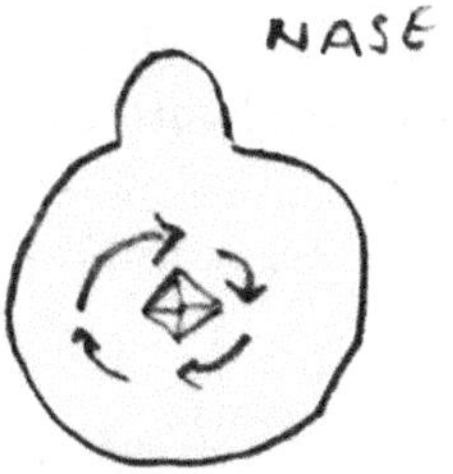

Diagramm 3a
Von oben auf den Kopf gesehen

1. Stellen Sie sich zunächst in der Mitte Ihres Kopfes ein kleines vertikales Goldenes Oktaeder vor, dessen eine Kante auf Ihre Nasenwurzel hin ausgerichtet ist (siehe Diagramm 3a).

2. Beginnen Sie nun, das Oktaeder im Uhrzeigersinn zu drehen, das heißt, die Kante, die auf Ihre Nasenwurzel ausgerichtet ist, dreht sich von der Mitte zu Ihrer rechten Seite und dreht sich immer weiter, bis sie wieder in ihrer Ausgangsposition ist. Drehen Sie das Oktaeder 30 bis 60 Sekunden lang auf diese Weise sehr langsam und folgen Sie der Bewegung mit Ihrer ganzen Aufmerksamkeit. Wenn Ihr Geist abwandert, holen Sie ihn zu dem sich drehenden Oktaeder zurück.

3. Halten Sie das Oktaeder an und kehren Sie die Drehrichtung um. Die auf Ihre Nasenwurzel ausgerichtete Kante dreht

Diagramm 3b
Von oben auf den Kopf gesehen

Diagramm 3c
Von der Seite betrachtet

Diagramm 3d
Von der Seite betrachtet

sich nun zu Ihrer linken Seite hin und dann weiter herum, bis sie erneut in ihrer Ausgangsposition ankommt. Drehen Sie das Oktaeder etwa 30 bis 60 Sekunden lang in diese Richtung (siehe Diagramm 3b).

4. Halten Sie das Oktaeder wieder an und kippen Sie es auf die Seite (siehe Diagramm 3c). Drehen Sie das Oktaeder jetzt so, dass es an Ort und Stelle über seine Seite in Richtung Ihrer Nasenwurzel rollt. Drehen Sie das Oktaeder etwa 30 bis 60 Sekunden lang in diese Richtung.

5. Halten Sie das Oktaeder jetzt an und kehren Sie die Drehrichtung um, sodass es sich von Ihrer Nasenwurzel wegdreht. Drehen Sie das Oktaeder etwa 30 bis 60 Sekunden lang in diese Richtung (siehe Diagramm 3d).

6. Nun kippen Sie das Oktaeder wieder in seine vertikale Ausgangsposition (wie in Schritt 1).

Das war die erste Phase.

Zweite Phase

In dieser Phase geht es darum, das Oktaeder aus verschiedenen Blickwinkeln zu sehen.

Diese Veränderungen der Perspektive können zunächst schwierig sein, aber sobald Sie sich mit den inneren Bewegungen vertraut gemacht haben, werden sie Ihnen ganz natürlich vorkommen. Das Wichtige ist, in einer entspannten Geisteshaltung zu bleiben. Hier geht es nicht um Konzentration, sondern um eine entspannte, fokussierte Aufmerksamkeit.

Sie durchlaufen in dieser Übung fünf verschiedene Perspektiven, die Ihr räumliches Vorstellungsvermögen Schritt für Schritt mehr herausfordern.

Räumliche Sequenz

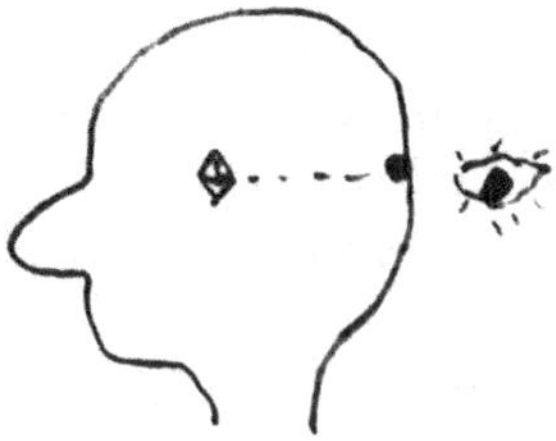

Diagramm 3e
Von der Seite betrachtet

1. Stellen Sie sich das Goldene Oktaeder in der Mitte Ihres Kopfes vor. Nun stellen Sie sich vor, dass Sie dieses Oktaeder von einem Punkt an Ihrem Hinterkopf aus sehen (siehe Diagramm 3e). Es kann hilfreich sein, sich vorzustellen, als winzige Gestalt am Hinterkopf zu stehen und das Oktaeder aus dieser Sicht zu sehen. Betrachten Sie das Oktaeder etwa 30 Sekunden lang aus dieser Perspektive. Schweift Ihre Perspektive ab, bringen Sie Ihre Aufmerksamkeit zurück an diesen Punkt.

Diagramm 3f
Von der Seite betrachtet

2. Verschieben Sie Ihren Blickwinkel als Nächstes von Ihrem Hinterkopf aus (wo Sie beim ersten Schritt waren) etwa 30 Zentimeter über Ihren Hinterkopf nach oben (siehe Diagramm 3f), um das Oktaeder aus einem anderen Winkel zu sehen. Es kann hilfreich sein, sich vorzustellen, als winzige Gestalt etwa 30 Zentimeter über Ihrem Hinterkopf zu schweben und das Oktaeder von dort aus zu sehen.

3. Betrachten Sie nun das Oktaeder etwa 30 Sekunden lang aus dieser Perspektive. Wenn Ihre Gedanken abschweifen, holen Sie sie zurück. Schweift Ihre Perspektive ab, bringen Sie Ihre Aufmerksamkeit wieder zurück an diesen Punkt.

Diagramm 3g
Von der Seite betrachtet

4. Verschieben Sie Ihren Blickwinkel nun nochmals etwa 30 Zentimeter nach oben (siehe Diagramm 3g). Das heißt, Sie sehen das Oktaeder jetzt von einem Punkt 60 Zentimeter über Ihrem Hinterkopf aus. Es kann hilfreich sein, sich vorzustellen, als winzige Gestalt etwa 60 Zentimeter über Ihrem Hinterkopf zu schweben und das Oktaeder von dort aus zu sehen.
Betrachten Sie das Oktaeder etwa 30 Sekunden lang aus dieser Perspektive. Schweifen Ihre Gedanken ab, holen Sie sie zurück. Schweift Ihre Perspektive ab, bringen Sie Ihre Aufmerksamkeit wieder zurück an diesen Punkt.

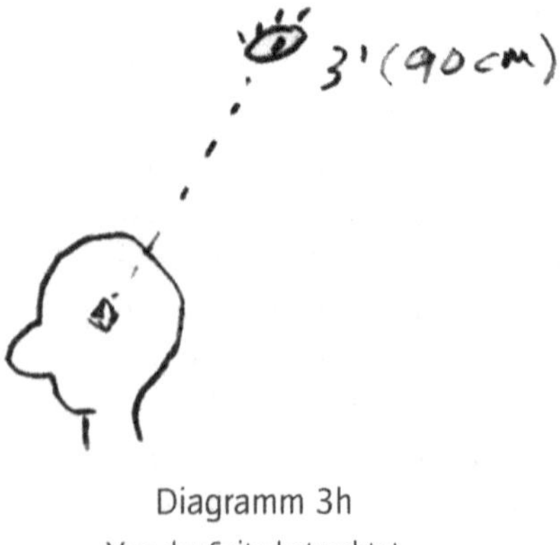

Diagramm 3h
Von der Seite betrachtet

5. Als Nächstes verschieben Sie Ihren Blickwinkel um weitere 30 Zentimeter nach oben über Ihren Hinterkopf (siehe Diagramm 3h). Sie betrachten das Oktaeder nun also von einem Punkt 90 Zentimeter über Ihrem Hinterkopf aus.
Es kann hilfreich sein, sich vorzustellen, als winzige Gestalt ungefähr 90 Zentimeter über Ihrem Hinter-

kopf zu schweben und das Oktaeder von dort aus zu sehen.
Betrachten Sie das Oktaeder ungefähr 30 Sekunden lang aus dieser extremen Perspektive. Sollten Ihre Gedanken abschweifen, holen Sie sie zurück. Schweift Ihre Perspektive ab, bringen Sie Ihre Aufmerksamkeit wieder zurück an diesen Punkt.

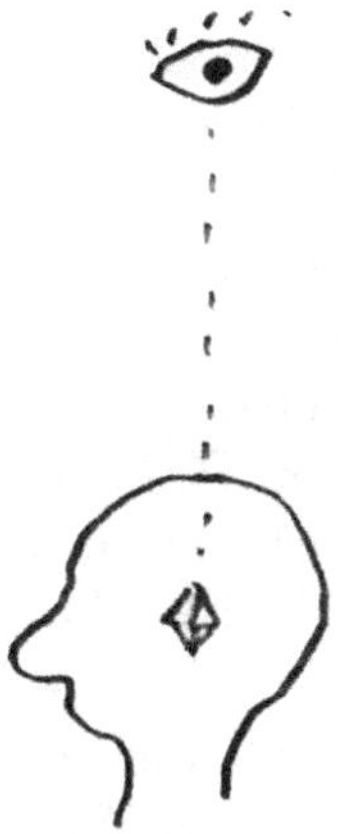

Diagramm 3i
Von der Seite betrachtet

6. Nun verschieben Sie Ihren Blickwinkel von jenem Punkt 90 Zentimeter über Ihrem Hinterkopf nach vorne zu einer Position direkt über der Mitte Ihres Kopfes (siehe Diagramm 3i). Sie betrachten das Oktaeder jetzt also von einem Punkt direkt über Ihrem Kopf (und/oder nehmen es auf eine andere Weise wahr), indem Sie senkrecht nach unten schauen.
Betrachten Sie das Oktaeder etwa 30 Sekunden lang aus dieser Perspektive. Schweifen Ihre Gedanken ab, holen Sie sie zurück. Schweift Ihre Perspektive ab, bringen Sie Ihre Aufmerksamkeit wieder zurück an diesen Punkt.

7. In einem letzten Perspektivwechsel lassen Sie den Fokus Ihrer Aufmerksamkeit langsam von jenem Punkt 90 Zentimeter über Ihrem Kopf nach unten direkt ins Oktaeder in der Mitte Ihres Kopfes sinken.

Das war die zweite Phase.

Dritte Phase

Diagramm 3j

Von der Seite betrachtet

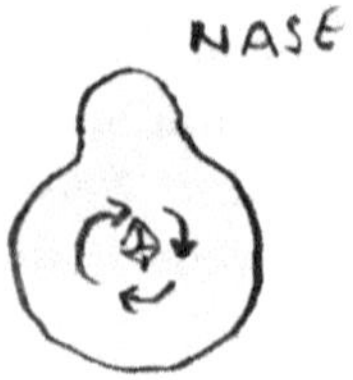

Diagramm 3k

Von oben auf den Kopf gesehen

In dieser letzten Phase der Übung mit dieser Geometrie imaginieren Sie das Goldene Oktaeder in der Mitte Ihres Kopfes und stellen sich zwischen jenem Punkt 90 Zentimeter über Ihrem Kopf und der oberen Spitze des Oktaeders in Ihrem Kopf eine Verbindungslinie oder einen Kanal vor (siehe Diagramm 3j).

Drehen Sie das Oktaeder im Uhrzeigersinn um diesen Kanal. Das heißt, das Oktaeder dreht sich auf Ihre rechte Seite zu. Stellen Sie sich vor, wie goldenes Licht von dem Punkt 90 Zentimeter über Ihrem Kopf in das sich drehende Oktaeder fließt. Dieses goldene Licht verbleibt vielleicht im Oktaeder oder strömt von dort aus in Ihr Gehirn (siehe Diagramm 3k).
Lassen Sie dieses heilende und transformierende Licht sich seiner eigenen Weisheit gemäß verströmen. Fahren Sie damit etwa 30 Sekunden oder länger fort, wenn Sie möchten.

Halten Sie das Oktaeder dann an und drehen Sie es entgegen dem Uhrzeigersinn um jenen senkrecht verlaufenden Kanal. Das heißt, das Oktaeder dreht sich nun auf Ihre linke Seite zu. Dabei imaginieren und spüren Sie, wie von jenem Punkt 90 Zentimeter über Ihrem Kopf goldenes Licht in das Goldene Oktaeder fließt. Wie beim vorigen Schritt kann das goldene Licht im Oktaeder bleiben oder aus dem Oktaeder in Ihren Kopf strömen. Lassen Sie dieses

Diagramm 31
Von oben auf den Kopf gesehen

heilende und transformierende Licht sich seiner eigenen Weisheit gemäß verströmen. Fahren Sie damit etwa 30 Sekunden oder länger fort, wenn Sie möchten (siehe Diagramm 31).

Halten Sie das Oktaeder dann wieder an. Richten Sie Ihre Aufmerksamkeit nun vom Oktaeder auf Ihren Atem, auf die Qualität Ihrer Gedanken und Gefühle, Ihrer körperlichen Empfindungen und auf die Qualität Ihrer Bewusstheit.

Wenn Sie das Goldene Oktaeder auf diese Weise wahrgenommen haben, sollten Sie sich ein Weilchen ausruhen. Empfehlenswert wäre es, sich hinzulegen und vollständig zu entspannen. Vielleicht schlafen Sie sogar ein. Dieses Ausruhen dient der Integration und hat eine andere Qualität als Ihr normaler Schlafzustand.

Damit ist die Übung mit dem Goldenen Oktaeder abgeschlossen.

Weitergehende Übungen

Die meisten Menschen werden die zweite Phase herausfordernd genug finden. Doch wenn Sie diese Arbeit noch einen Schritt weiter führen wollen, können Sie die Wirkungen der zweiten Phase verstärken, indem Sie das Oktaeder genauso wie in der ersten Phase drehen.

Das heißt, Sie gehen durch die erste Phase und drehen das Oktaeder in alle vier Richtungen, dabei »sehen« Sie es jedoch jeweils aus den fünf verschiedenen Perspektiven, die in der zweiten Phase beschrieben werden.

Das Oktaeder zu drehen und es dabei aus verschiedenen Perspektiven zu »sehen«, ist eine anspruchsvolle psychoneurologische Aufgabe. Falls Sie das angehen wollen, sollten Sie sich darüber im Klaren sein, dass diese sehr fortgeschrittene und schwierige Sequenz hohe Anforderungen an das räumliche Vorstellungsvermögen stellt. Mit anderen Worten: Haben Sie Geduld mit sich.

Ich empfehle Ihnen auch, sich an diese Aufgabe erst heranzuwagen, wenn Sie die grundlegenden Übungen mit dem Muster des Goldenen Oktaeders wirklich gemeistert haben.

3. Teil

Ergänzende Informationen

Über das Channeln ...

Informationen von einem nicht inkarnierten Wesen müssen nicht unbedingt weiser oder wertvoller sein als die Aussagen eines anderen Menschen. Nur weil jemand keinen Körper hat, ist er nicht automatisch weise.

Es gibt eine Menge unbewusster Wesen ohne Körper, und wir sind vielen davon begegnet. Wir möchten euch ermutigen, die beiden fundamentalen Kräfte einzusetzen, die euch Menschen gegeben sind. Es sind dies die Kraft des Herzens und die Kraft des Geistes – oder das, was ihr »Unterscheidungsvermögen« nennt.

Nehmt nichts, was von irgendeinem Wesen – durch welchen Kanal auch immer – gesagt wird, unhinterfragt als Wahrheit an.

Filtert es durch euer Herz und spürt, wie es sich für euch anfühlt. Spürt, ob es für euch wahr klingt. Und wenn ihr es durch euer Herz gefiltert habt, setzt eure Logik und eure Vernunft ein, um es zu prüfen.

Nehmt nichts nur passiv auf, indem ihr es als wahr hinnehmt. Prüft die Informationen mit Besonnenheit. Prüft, ob sie Feuer haben. Prüft sie in eurem Leben, ob sie standhalten. Verfahrt auf diese Weise auch mit all dem, was wir sagen.

Der Ratskreis ...

Wir sind zehn Individuen* einer Zivilisation, die mehrere Millionen umfasst. Was unseren Hintergrund betrifft, gibt es unter uns nach eurem Verständnis einen Physiker, einen Wissenschaftler sowie einige Lehrer und Historiker. Einer von uns ist in eurem Sinne ein Mystiker oder Philosoph, obwohl wir alle von unserem Wesen her mystisch und philosophisch veranlagt sind. Es gibt in unserer Gruppe also sehr unterschiedliche Sichtweisen.

[Anmerkung von Tom: Die ursprünglichen Hathor-Materialien wurden von einer Zehnergruppe übermittelt, zu der drei »Beobachter und Zuhörer« gehörten, die nur still anwesend waren. Diese drei*

sind die Ältesten des Ratskreises. Sie kommunizierten zunächst nicht direkt mit mir. Der höchste Lehrmeister ist ein Wesen namens Enom, und es war Enom, der das ursprüngliche Material Zeile für Zeile mit mir durchging, um sicherzustellen, dass alles klar und deutlich ist. Enom richtete sein Schwert der Klarheit und höchsten Absicht auf den Text und ließ nur gelten, was wirklich relevant war und dem klarsten Licht standhielt. Der Älteste Enom hat also sozusagen dieses Buch mit redigiert.]

Wir lieben und schätzen unsere menschlichen Brüder und Schwestern. Wir spüren und sehen, dass auf diesem Planeten eine enorme Veränderung stattfindet. Ihr seid mitten in einem Geburtsprozess in eine neue Dimension des Bewusstseins. Unsere Zivilisation hat das auch schon durchgemacht. Wir sind mit den Geburtsschmerzen vertraut, die damit verbunden sind, durch das Tor von Zeit und Raum in eine höhere Wirklichkeit zu gehen. Aus Liebe und Mitgefühl und aus Freude am Zusammensein mit Menschen haben wir uns daher entschieden, euch dieses Material zu übermitteln, denn wir hoffen, dass es euch helfen wird.

Wir übermitteln euch praktische Werkzeuge und ein Verständnis, das euch als Zugang zu Erinnerungen dienen kann. Unsere Worte tragen auch energetische Signaturen in sich, die viele aktivieren werden, die diese Worte lesen.

Physische Merkmale ...

Wir sind sehr schöne, auffällige Wesen, aber wir haben individuelle Merkmale. Wir sind in der Regel drei bis viereinhalb Meter groß, manche größer und andere kleiner, und haben alle ziemlich große Köpfe. Wir haben große Ohren und tragen unser Haar zurückgekämmt, wie ihr anhand der Skulptur auf dem Einband dieses Buches sehen könnt. Wir haben lange Hände und lange Glieder, weil wir nach irdischen Maßstäben recht groß sind. Wie bereits erwähnt, ist unsere wahre Gestalt reines Licht (genauso wie eure), aber wenn wir unser Bewusstsein auf eine niedrigere

Schwingungsstufe richten, nimmt unser Lichtkörper die Erscheinung eines physischen Körpers an.

Die Künstler des alten Ägyptens verstanden unsere Erscheinung auf verschiedenen Ebenen, je nachdem ob sie direkt mit uns kommunizierten und uns hellsichtig wahrnehmen konnten oder nicht. Während der frühen Phase der ägyptischen Kultur (besonders vor den Pharaonen) hielten wir uns auf der Erde auf, und jene, die mit Hathor-Energie arbeiteten, konnten uns sehen. Wir waren hellsichtig wahrnehmbar, das heißt, wir bewegten uns auf der Erde umher und standen mit anderen in Kontakt, aber nur hellsichtige Menschen konnten uns sehen. Wir hatten (und haben) keine Körper aus Fleisch und Blut wir ihr.

Manche Künstler, die uns wahrnahmen, fertigten Skulpturen von uns an, und manche dieser recht zutreffenden Abbildungen wurden Teil von Tempelwänden und Säulen, insbesondere der oberen Enden der Säulen. Je mehr die Dichte auf diesem Planeten zunahm, desto weniger waren die Menschen fähig, uns hellsichtig wahrzunehmen, also mussten sie sich an den Bildern orientieren, die aus früheren Zeiten übermittelt worden waren. Spätere Künstler, die nicht in direkter Kommunikation mit uns waren, erschufen dann auch ihre eigenen Interpretationen.

[Anmerkung von Tom: Das Bild auf dem Bucheinband stammt aus dem äußeren Hof des Hator-Tempels von Dendara in Ägypten und gilt unter modernen Ägyptologen als eine Darstellung der Göttin Hator. Die Hathoren sagen, sie sähen diesen Hator-Darstellungen sehr ähnlich, wenn sie sich in ihrer anthropomorphen bzw. niedrig schwingenden Form befänden.]

Die Realitäten der Hathor-Kultur ...

Wir existieren in einem gewissen »Frequenzbereich« – wie ihr es wohl nennen würdet. Um in diesem Frequenzbereich zu bleiben, leben wir in bestimmten inneren Haltungen und einer gewissen Kohärenz unserer emotionalen Muster, denn ohne diese Kohärenz würden wir aus diesem Schwingungsfeld herausfallen. Unsere Kultur lebt also im Bereich dieser Kohärenz.

Doch es gibt Unterschiede zwischen uns. Wir haben unterschiedliche Meinungen, unterschiedliche Herangehensweisen und unterschiedliche Methoden. Und ganz bestimmt haben wir unterschiedliche Persönlichkeiten.

Es amüsiert uns, dass so viele von euch meinen, auf den höheren Bewusstseinsebenen sei alles gleich. So ist es nicht.

Wir leben in der Schwingung von Liebe und Freude. Wir haben die Schwingung erreicht, indem wir unsere eigenen Energiesysteme verstanden und mit ihnen unter anderem auf jene Weise arbeiteten, wie wir es euch in diesem Buch erzählen.

Wir haben diesen Frequenzbereich erreicht, lange bevor die Menschen in physischer Form auf der Erde erschienen; von daher können wir als Kultur, als »Gruppenbewusstsein«, auf eine lange Geschichte des Erreichens und Aufrechterhaltens dieser Frequenz zurückschauen. Wir sind voller Verständnis für die Schwierigkeiten, die dieser Weg mit sich bringt. Deshalb bieten wir euch zu dieser Zeit unseren Rat an.

Es gibt in unserer Zivilisation mehrere Millionen Wesen, mehrere Millionen einzelner Individuen.

Genau wie ihr haben wir viele einander durchdringende Felder. Wenn wir unsere Aufmerksamkeit auf ein bestimmtes Feld oder eine Schwingung richten, identifizieren wir uns damit und verbinden uns mit dieser Schwingung. Wenn wir unsere Aufmerksamkeit also auf unser anthropomorphes Energiefeld richten, nehmen wir eine körperartige Erscheinung an, die den Hator-Darstellungen des alten Ägyptens gleicht. Doch wir halten uns die meiste Zeit in Bereichen höherer Frequenzen auf, in denen wir als leuchtende Lichtkörper erscheinen.

[Anmerkung von Tom: In den höheren Dimensionen, vor allem in der 9. bis 12. Dimension, erscheinen die Körper der Hathoren zunehmend als komplexe, leuchtende Lichtgeometrien.]

Form und Schwingung ...

In unserer Wahrnehmung unserer selbst haben wir Formen. Wir können einander berühren, so wie es Menschen auch tun, vor allem wenn wir uns in unserer anthropomorphen Gestalt befinden. Für euch sind wir jedoch nur sichtbar, wenn ihr hellsichtig seid.

Unser höherdimensionaler Körper schwingt im Verhältnis zu eurem dreidimensionalen Körper so schnell, dass er für euch unsichtbar ist. Das ist ein ähnliches visuelles Phänomen wie beim Propeller eines Flugzeugs: Steht der Propeller still, könnt ihr die einzelnen Flügelblätter sehen; dreht er sich dagegen schnell genug, seht ihr sie nicht mehr. Sie werden zu einem verschwommenen Schatten einer sich drehenden Scheibe. Die einzelnen Flügelblätter sind nicht verschwunden, ihr könnt sie nur nicht sehen, weil sie sich so schnell drehen.

Mysterienschulen ...

Wir arbeiten mit den Menschen hauptsächlich durch ihr Fühlen, durch das, was ihr den »Emotionalkörper« nennt. Als Meister des interdimensionalen Raums können wir recht leicht mit Menschen Kontakt aufnehmen. Meistens werden wir als eine Stimme erfahren, die hellhörig wahrgenommen wird, oder durch Hellsehen, Intuition oder Erscheinungen in Träumen.

Im frühen Ägypten haben wir den Kontakt über die Göttin Hator hergestellt, die den Menschen in mystischen Visionen erschien. Durch den Kult der Göttin konnten wir die Ägypter darin unterstützen, ein spirituelles Goldenes Zeitalter zu erschaffen, das in der Gründung der Mysterienschulen gipfelte. Durch diese spirituellen Zentren konnten wir über die Ausbildung der Eingeweihten einen positiven Einfluss nehmen, der sich in der ganzen Welt verbreitete.*

[Anmerkung von Tom: Die Hathoren sagen nicht, sie seien der Ursprung aller Mysterienschulen, behaupten jedoch, sie hätten mit*

den Mysterienschulen zu tun gehabt, die mit dem Kult der Göttin Hator verbunden waren. Ihren Aussagen zufolge vermittelten diese Mysterienschulen den Eingeweihten die inneren Techniken zum Aufbau des KA-Körpers und Lehren über den Aufstieg und das Erlangen des Sahu (unsterblicher Lichtkörper).]

Wir arbeiten mit den Menschen auf unterschiedliche Weise, aber meistens nimmt einer bzw. nehmen mehrere von uns mit einem Individuum medial Kontakt auf und fangen an, ihn seinem Verständnis gemäß zu unterweisen. Wir drängen uns nie auf. Werden wir darum gebeten, dann helfen wir, aber nur im Rahmen gewisser Richtlinien, die dafür sorgen, dass wir uns nicht in das Schicksal oder die Entscheidungsfreiheit der Menschen einmischen.

Wir kennen die Plejadier, die Sirianer, die Wesen von Orion und die Arkturier. Wir kennen auch andere, für die ihr bislang keine Namen habt, und wir sagen »bislang«, weil sich das ändern wird, denn ihr werdet zu einer galaktischen und intergalaktischen Menschheit.

Jede intergalaktische Kulturgruppe hat ihre eigene, ganz persönliche Art, das Große Mysterium zu sehen und durch es zu wirken. Wir genießen diese Verschiedenheiten. Sie faszinieren uns, genauso wie all die Ebenen des großen Universums. Das ist einer der Gründe, weshalb wir von den Menschen so fasziniert sind und sie so lieben: wegen eurer extremen Vielfalt, euren Unterschiedlichkeiten und wegen der Art, wie ihr durch eure Herzen tief mit den Wurzeln des großen Universums verbunden seid.

Doch als Inkarnierte befindet ihr euch in einer paradoxen Situation. In vieler Hinsicht ist eure Lage viel schwieriger als die von uns, die wir uns auf einer aufgestiegenen Bewusstseinsebene befinden. Warum? Weil ihr in einer dreidimensionalen Realität lebt und eure Sinne euch sagen, dass die Dinge begrenzt, endlich und beschränkt seien. Eure Sinne können euch nicht die Wahrheit des großen Universums zeigen, wie wir sie wahrnehmen, weil sie in diese dreidimensionale Wirklichkeit eingeschlossen sind. Doch euer Geist weiß um seine Verbundenheit mit einer umfassenderen Wirklichkeit, mit dem großen Mysterium. Für uns – und auch für viele andere Wesen aus anderen Bereichen – ist das höchst faszinierend.

Der Fall von Atlantis und Lemurien …

Wir haben in Atlantis und Lemurien mit einigen hoch entwickelten Individuen (Sehern) gearbeitet. Als deutlich wurde, dass Atlantis und Lemurien fallen würden, leiteten wir einige dieser Individuen nach Ägypten. Das geschah, um »das große Werk« der Alchemie zu schützen und das Wissen sowie die Tradition der Eingeweihten vor der Zerstörung zu bewahren. Wir waren übrigens nicht die einzige intergalaktische Kultur, die im alten Ägypten ihre Samen säte. Die Arkturier und die Plejadier führten zu jener Zeit auch einige ihrer Eingeweihten ins nördliche Afrika.

Einflüsse der Hathoren …

Unserer Meinung nach besteht unser größter Einfluss in unserem Bemühen, für die Menschheit die Harmonie göttlicher Liebe und bedingungsloser Akzeptanz aufrechtzuerhalten. Außerdem hat unser einzigartiges Verständnis des Bewusstseins sich für die Menschheit als sehr positiv erwiesen. Die esoterischen Lehren, die wir in die ägyptische Alchemie einfließen ließen, haben sich in der ganzen Welt verbreitet und sind auch in andere Kulturen eingeflossen, zum Beispiel in Indien, China und Tibet. Die Essenz unserer Lehren und der Lehren anderer intergalaktischer und interdimensionaler Zivilisationen wurde von diesen Kulturen zusammen mit den geheimen ägyptischen Lehren aufgenommen.

Daher seht ihr zwischen verschiedenen alchemistischen Systemen dieser Kulturen viele Parallelen. In ihrer Sprache und ihren Metaphern mögen sie sich unterscheiden, doch es gibt erstaunliche Ähnlichkeiten.

Die vielleicht wirkungsvollste unserer Lehren, die in diesen Traditionen weitergegeben wurde, betrifft die Lebenskraft und wie ihr sie stärken und anheben könnt. Das und unser Aufrechterhalten der Harmonie der Liebe sind wohl unsere zwei größten Beiträge zur Entwicklung der Menschheit.

Multiple Universen und energetische Portale …

Euer dreidimensionales Universum ist nur eines von vielen Universen. Unsere Ursprünge könnte man »nichtphysisch« nennen, weil unser Universum primär aus Energie, Licht und Klang besteht. In unserem ursprünglichen Universum gab es keine Materie in dem Sinne, wie ihr sie hier in der dreidimensionalen Welt erfahrt. Die »Teilchen«, aus denen unsere Welt besteht, sind nach euren Maßstäben extrem flüchtiger Natur. In unserem Universum gibt es noch weniger Festigkeit als in eurem, und schon eure Welt besteht zu neunundneunzig Prozent aus leerem Raum!

Die folgende Aussage mag manchen merkwürdig erscheinen, doch Universen beruhen auf geometrischen Konfigurationen. Aus der Perspektive des Hyperraums scheint jedes Universum eine kugel- oder donutförmige Gestalt zu haben. Diese Universen sind in Reihen oder Spiralen angeordnet, sodass es möglich ist, in diese verschiedenen Universen hinein- und herauszuspringen, wenn man weiß wie.

Euer Körper lässt sich im dreidimensionalen Raum verorten, indem man die Koordinaten erfasst, die ihr auf der Erdoberfläche angeordnet habt (Längen- und Breitengrade). Die Erde wiederum lässt sich im dreidimensionalen Raum im Verhältnis zur Sonne und zu anderen Planeten verorten. Sie befindet sich auch in einem bestimmten Bereich eines der spiralförmigen Arme eurer Milchstraßen-Galaxie. Diese ist nur eine Galaxie unter Tausenden, die es in eurem Universum gibt, und jede Galaxie steht in dreidimensionaler räumlicher Beziehung zu den anderen. In eurem dreidimensionalen Universum ist die räumliche Verortung von entscheidender Bedeutung, um zu wissen, wo sich etwas befindet.

Im nichtphysikalischen Hyperraum ist das anders. Die Verortung erfolgt hier nicht über den Raum, sondern durch Attribute des Bewusstseins, die sich aus einer Kombination von Gedanken und Gefühlen ergeben. Mit anderen Worten: Wenn wir mit jemandem Kontakt aufnehmen wollen, brauchen wir keine räumlichen Koordinaten. Wir vergegenwärtigen uns diese Person »in Gedanken« und spüren oder fühlen uns in ihrer Gegenwart. Durch die Gesetze der harmonischen Resonanz »findet« sie dann ein Aspekt unseres Bewusstseins. Ihr könnt das auch. Ihr braucht diese Fähigkeit nur zu entwickeln.

Was die Schnittstelle zwischen unserem Universum und eurem betrifft, kennen wir nur zwei Möglichkeiten. Man kann vom Hyperraum aus durch »Portale« wie Sirius in euer dreidimensionales Universum eintreten oder durch das Substrat der Materie selbst.

Wenn ihr in das Substrat von Zeit, Raum und Materie eintretet, kommt ihr mit einem Aspekt des Bewusstseins in Kontakt, der sowohl allgegenwärtig als auch multidimensional, das heißt alle Dimensionen durchdringend ist.

Dieser Prozess der Kontaktaufnahme mit dem Substrat eures Universums, das eure Physiker auch »Quantenfeld« nennen, erfolgt durch das Bewusstsein selbst. Wenn ihr wisst wie, könnt ihr durch die »Mikro-Portale«, die die subatomaren Teilchen umschweben, in dieser Welt aus und ein gehen.

Wir haben diesen Weg jedoch nicht gewählt. Abgesehen von wenigen Ausnahmen sind wir durch das galaktische Portal von Sirius in euer physisches Universum gekommen.

Das holografische Universum ...

Aus unserer Sicht ist euer Universum holografisch. Eure Wissenschaft der Holografie steckt noch in den Kinderschuhen und hat, wie man so sagt, erst an der Oberfläche gekratzt.

Aus unserer Sicht sind Materie und Energie austauschbar, wie eure Wissenschaft bestätigt hat. Alle Materie, auch eure Körper, sind letztlich eingefangenes Licht (Licht in einer niedrigeren Schwingung).

Wie die Holografie gezeigt hat, könnt ihr ein dreidimensionales Bild erzeugen, indem ihr ein Bild auf eine bestimmte Art mit einem hochkohärenten Laserstrahl fotografiert. Wird das entwickelte Bild aus demselben Winkel betrachtet, wie es fotografiert wurde, erhält man den Eindruck von Dreidimensionalität.

Genau das passiert in jedem Moment eures Lebens. Die physische Welt, die ihr als so substanziell und materiell erfahrt, ist letztlich ein durch die holografische Natur der Materie hervorgerufenes Trugbild.

Euer Bewusstsein ist wie ein Laserstrahl kohärenten Lichts. Als Menschen habt ihr euch einverstanden erklärt, eine bestimmte Linse eures Bewusstseins aufzusetzen, damit ihr alle das gleiche Bild »seht«. Doch ihr seid an diese Art der Erscheinung der Dinge nicht neurologisch gebunden.

Indem ihr die Art verändert, wie ihr den Fokus eures Bewusstseins ausrichtet, könnt ihr eure Wahrnehmung der Welt verändern. Das erfolgt nicht durch Gedanken, wie ihr gewöhnlich meint. Es erfolgt vielmehr durch eine kraftvolle Ausrichtung der Aufmerksamkeit und der Absicht. Zusammen können diese beiden das Raum-Zeit-Gefüge buchstäblich verbiegen und euch die Wahrnehmung einer ganz anderen Welt bescheren.

Auf der tiefsten Ebene des Bewusstseins erzeugt ihr sowohl eure Erfahrung eurer selbst als auch die Erfahrung dessen, was euch als äußere Welt erscheint.

Auf dieser tiefen Ebene, wo sich Geist und Materie begegnen, kommt das holografische Wesen der Materie durch euer Gehirn und euer Nervensystem zum Ausdruck. Deshalb erfahrt ihr diese Welt als eine objektive, äußere und materielle, dreidimensionale Wirklichkeit. Tatsächlich ist eure Wirklichkeit jedoch alles andere als objektiv, äußerlich, materiell und dreidimensional. Diese Illusionen entstehen durch die Ausrichtung und den Fokus eurer Bewusstheit. Das ist ein erlernter Prozess, der euch (meistens unbewusst) von euren Eltern, Lehrern und Freunden beigebracht wurde.

Da es eine erlernte Wahrnehmungsgewohnheit ist, lässt sie sich auch ändern. Diese Änderung der Wahrnehmung ist von entscheidender Bedeutung, um direkt erfahren zu können, wovon wir reden. Die Übungen, die wir euch gegeben haben, sind dafür äußerst hilfreich, denn sie trainieren euer Nervensystem sanft darin, diese verborgene Wirklichkeit wahrzunehmen.

Wie eure Wissenschaftler bestätigt haben, haben Hologramme eine besondere Art, Informationen in sich zu tragen. Schneidet man ein Hologramm in Stücke, enthält jedes dieser Stücke das gesamte Bild, egal wie klein die Stücke sein mögen. In einem Hologramm enthält jedes Teil das Ganze.

Da das ganze Universum holografischer Natur ist und ihr Teil davon seid, tragt ihr die gesamte holografische Realität des Universums in euren Körpern. Diesem holografischen Prinzip gemäß habt ihr auch Zugang zu den nichtphysikalischen Dimensionen.

Wie Beobachter die Erde besuchen ...

Das ist ein interessantes Phänomen. Manche Wesen verschieben ihre Bewusstheit und können Zeit und Raum so biegen, dass sie einen Teil ihrer Bewusstheit hierher senden können, ohne physisch hier zu sein.

Andere Kulturen und Zivilisationen haben Wege gefunden, sich auf eine Weise fortzubewegen, die ihr wohl »Astralreisen« nennen würdet. Sie sind auf den feinstofflicheren Ebenen hier.

Natürlich gibt es auch Zivilisationen, die in der Lage sind, sich physisch hierher zu bringen, mit Geräten, die ihr als »Raumschiffe« bezeichnen würdet, auch wenn dieser Begriff nicht im üblichen Sinne zutrifft. Sie bedienen sich jedoch physischer Instrumente. Es gibt noch andere, esoterischere Wege. Man kann also auf vielfältige Weise in diesen Quadranten des Universums gelangen. Da sich die Nachricht verbreitet hat, dass hier in diesem Arm der Milchstraße etwas Wichtiges vor sich geht, gibt es hier eine Menge Betrieb.

Sanat Kumara ...

Es war Sanat Kumara, der uns gebeten hat, in dieses Universum einzutreten. Sanat Kumara ist eine alte Seele; sie gehört zu einem intergalaktischen Rat, der als »Weiße Bruderschaft« bekannt ist. »Weiß« bezieht sich hier nicht auf die Hautfarbe, sondern auf einen Zustand der Reinheit.

Als aufgestiegener Meister hat Sanat Kumara verschiedene Verantwortungsbereiche für den Aufstieg der Erde und dieses Sonnensystem übernommen. Er befasst sich mit dieser Aufgabe schon seit Jahrtausenden. Seine Hingabe an diesen Bereich ist unermüdlich, und er ist im ganzen Universum für seine machtvolle energetische Präsenz bekannt. Wir mögen ihn sehr, vor allem weil er so einen herrlichen Sinn für Humor hat. Er wirkt genau wie wir auf den Aufstieg und die Evolution eures Sonnensystems hin.

Als seine physische Heimat könnte man die Venus bezeichnen. Aber seine Präsenz erstreckt sich durch viele Dimensionen. Seine Methoden sind im Einklang mit allem, was wir hier übermitteln.

Planetarische Außenposten ...

Das Geschichtsbild, das euch von euren Wissenschaftlern vermittelt wird, ist äußerst engstirnig und enthält nicht alle Teile des Puzzles, denn es gab schon vor der Frühzeit der Menschheit hoch entwickelte Kulturen auf diesem Planeten. Als der Mensch noch recht primitiv war, gab es hoch entwickelte intergalaktische, durch Raum und Zeit reisende Zivilisationen, die regelmäßig in dieses Sonnensystem kamen, um das Phänomen des sich auf der Erde entwickelnden Lebens zu beobachten. Sie errichteten Außenposten an verschiedenen Punkten, in erster Linie auf dem Mars und auf der Venus. Es gab auch energetische Außenposten. Das ist eine ganz andere Art, die Dinge zu betrachten.

Es gibt Wesen, die aus derart feiner, reiner Energie bestehen, dass ihr ihren Zustand »flüchtig« nennen würdet, denn sie haben keine Form, keine Masse. Auch die Schwerkraftfelder sehr großer Körper wie Jupiter können ihnen nichts anhaben. Diese Wesen hatten Außenposten auf dem Jupiter und dem Saturn, aber das waren rein energetische Wesen und nicht physische Wesen wie die, die auf den Mars und die Venus kamen.

Auf dem Merkur lebte eine energetische Kultur. Diese Wesen waren fähig, von stellarem Gas und Sternenlicht zu leben. Sie fühlten sich sehr von Sternen angezogen, die gerade geboren wurden, weil sie sich daran labten – um einen menschlichen Ausdruck zu verwenden. Wie alle Wesen ernährten sie sich von Licht und Energie, aber die Geburt eines neuen Sterns zog sie an, wie das Licht

Nachtfalter anzieht. Sie lebten also dort als ephemere, also flüchtige, energetische Zivilisation.

[Anmerkung von Tom: Laut den Hathoren gab es einst sowohl auf dem Mars als auch auf der Venus physische Wesen. Auf Nachfrage erklärten sie, eine frühe intergalaktische Zivilisation habe Expeditionen zur Erde, zum Mars und zur Venus geschickt, um dort bestimmte Stoffe abzubauen, aber die Expedition zur Venus sei nur von kurzer Dauer gewesen. Diese intergalaktische Zivilisation wird »Anunnaki« genannt.]

Venus …

Die Venus ist sozusagen die ältere Schwester der Erde. In der Zeit vor der Ausformung der Planeten gab es bereits die Samen oder die feinstofflichen Schwingungen dieser Planeten, und es gab Gedankenformen und Wesen, die sich durch diese Räume im All hindurchbewegten. Zu jener Zeit waren die Erde und die Venus innig miteinander verbunden. Sie bildeten eine pulsierende Energiebewegung, die eurem Unendlichkeitszeichen, also der liegenden Acht, ähnelt. Venus und Erde waren also seit ihrer Empfängnis miteinander verbunden.

Jene von uns, die in anderen Dimensionen auf der Venus leben, sind tief mit der Erde verbunden. Deshalb macht es uns Freude, jenen von euch, die sich entschieden haben, auf dieser wundervollen Erde zu inkarnieren, zu helfen und auch die Erde selbst bei ihrem Aufstiegsprozess zu unterstützen.

Sirius …

In eurer Geschichte gibt es eine interessante Merkwürdigkeit, die sich auf die Sirianer zurückverfolgen lässt. Im heutigen Afrika gibt es den Stamm der Dogon. Dieser Stamm weiß von Sirius und seiner kleineren Schwester. Die moderne Astronomie hat dieses binäre System erst in den Sechzigerjahren entdeckt, doch die Dogon wissen seit Jahrtausenden davon. Dieses Wissen stammt aus ihrem Kontakt mit den Sirianern, die vor Jahrtausenden im Rahmen ihrer Erkundung dieses Planeten auch nach Afrika kamen. Zu jener Zeit waren die Sirianer eine hoch entwickelte intergalaktische Zivilisation.*

[Anmerkung von Tom: Anthropologen haben zwar bestätigt, dass die modernen Dogon etwas über die binäre Natur von Sirius und seiner für das bloße Auge unsichtbaren Schwester wissen, doch die Dogon sind sich über etliche Details dieses binären Systems uneinig.]*

Sirius ist auch ein Portal zu anderen Dimensionen des Universums und zu anderen Universen außerhalb des unsrigen. In den Kategorien des dreidimensionalen Raums mag das schwer zu verstehen sein, weil dieses Portal in den nichtphysischen Raum führt.

Nichtphysische Raumdimensionen sind für Wesen, die in der Dreidimensionalität leben, schwer zu verstehen. Das ist, als würde der Punkt am Ende dieses Satzes (eines zweidimensionalen Raums) versuchen, das Papier zu erkennen, auf dem er steht, und den Raum um das Wesen, das ihn betrachtet. Er hat einfach in seinem eigenen Erfahrungsraum keinen Bezugspunkt, um etwas Höheres oder Komplexeres als zwei Dimensionen zu begreifen. Nichtsdestotrotz sind wir durch Sirius in diese dreidimensionale Wirklichkeit eingetreten.

Sirius ist eine Art Verknüpfungspunkt für euer Universum, an dem sich die »Stränge« eures Raum-Zeit-Kontinuums begegnen und mit dem nichtphysischen Hyperraum überschneiden. Das ist in der Tat ein merkwürdiges Konzept, und wir könnten viel Zeit damit verbringen, es zu erläutern. Da das jedoch nicht das Ziel dieses Buches ist, wollen wir einfach sagen, dass der nichtphysikalische Hyperraum eine Art Matrix des universellen Bewusstseins ist.

Wenn das Bewusstsein ein Universum erschafft, geschieht dies, indem es sich in einem Verknüpfungspunkt polarisiert, der zu einem physischen Ort im Raum wird, was wiederum den Prozess in Gang setzt, den ihr »Zeit« nennt. Unsere eigentliche Heimat ist der nichtphysikalische Hyperraum. Doch als wir in dieses dreidimensionale Universum eingetreten sind, lag unser erstes physisches Zuhause im System von Sirius. Von dort reisten wir zur Venus, um der Erde näher zu sein.

Maldek ...

In der frühen Geschichte eures Sonnensystems gab es einen Planeten zwischen Jupiter und Mars. Manche von uns lebten in quasiphysischen Körpern auf diesem Planeten, und als er explodierte, kamen jene von uns, die dort waren, ums Leben, das heißt, unsere physischen Körper hörten auf zu existieren und wir mussten uns in unsere feinstofflichen Körper, unsere KA, zurückziehen.*

[Anmerkung von Tom: Der Begriff »quasiphysischer Körper« bezieht sich auf eine dichtere Ausdrucksform des KA-Körpers. Den Hathoren zufolge war das Leben auf Maldek für sie ein frühes Experiment darin, sich in die niedrigeren Schwingungen der Materie zu begeben und dabei ihre Verbindung zu den höheren Gefilden es Lichts und zu ihrem eigenen höheren Wesen aufrechtzuerhalten. Die Körper, die sie auf Maldek entwickelten, waren dichter als ihre KA-Körper, aber nicht so dicht wie unsere derzeitigen Körper. Als ein Asteroid Maldek zerstörte, brachen die Hathoren dieses Experiment ab.]*

Als Maldek zerstört wurde, war unser Verständnis über die Natur der feinstofflichen Bereiche dieses physischen Universums noch nicht so klar wie heute, und wir empfanden großen Kummer und Verlust. Wir trauerten sehr um unsere verlorenen Familien und Freunde. Diese Trauer war sozusagen der »Kontrapunkt« zu jener Kohärenz der Liebe, in der wir als Zivilisation seit Jahrtausenden lebten. Das führte zu emotionalen Wellenbewegungen und wir brauchten nach irdischen Maßstäben mehrere Jahrhunderte, um unser Gleichgewicht wiederzugewinnen und unsere Erfahrungen zu verarbeiten.

Durch diesen Kummer und diese Tragödie lernten wir jedoch etwas über die feinstofflichen Bereiche und über die Kontinuität des Bewusstseins, was wir bis dahin noch nicht gewusst hatten.

Die erste Entdeckung galt der Kontinuität des Bewusstseins. Wir wussten, dass wir feinstoffliche Körper hatten. Wie wir beobachtet hatten, bleibt auf einer subtilen Ebene etwas erhalten, wenn jemand gestorben zu sein scheint und der Körper sich in seine Bestandteile zersetzt, aber wir konnten nicht ganz in die Ebene vordringen, wo diese Wesen weiterlebten.

Wir konnten keine Brücke von unserer Realität zu jener feinstofflichen Wirklichkeit schlagen, wo diese Wesen, die von uns gegangen waren, weiterhin lebendig waren. Die Tragödie von Maldeks Zerstörung ließ uns diese Kontinuität erkennen.

Als Maldek explodierte, erzeugte das einen derartigen emotionalen Aufruhr, dass diejenigen hoch entwickelten Wesen unserer Kultur, die großen Empathen und Medien, die ihr vielleicht »Priesterinnen und Priester« nennen würdet, nicht umhinkamen, in die Tiefen zu tauchen und ihren Lieben nachzuspüren.

Diese tiefste Herzensverzweiflung trieb sie dazu, über die Grenzen hinauszugehen, die normalerweise die verschiedenen Ebenen der Schöpfung voneinander trennen. Sie spürten ihren Lieben nach, und sie fanden sie. Sie wussten nun, dass diese fröhlich am Leben waren und der Tod kein Problem darstellte, denn der Körper hat für die Kontinuität des Bewusstseins keine Bedeutung. Das war mit Sicherheit eine der großen Entdeckungen, die unserer Zivilisation einen tiefen Frieden bescherte, nachdem sie von jedem ganz verstanden wurden.

So entdeckten wir also die Kontinuität des Bewusstseins und die Verbindung der feinstofflichen Körper. Die Beziehung zwischen dem physischen Körper und dem KA wurde auf einer tiefgründigen Ebene erfasst, weil manche der Wesen, die getötet worden waren, einen so starken KA-Körper hatten, dass sie auf der Ebene der Pranakörper weiterlebten.

Diese konnten dann zu den Priestern und Priesterinnen davon sprechen, wie es ist, ganz im KA zu leben, ganz ohne eine quasiphysische Form. Als ihre KA-Körper anfingen, sich aufzulösen, konnten die Priester und Priesterinnen ihnen sogar in noch feinstofflichere Gefilde folgen.

So erkannten wir als Kultur die Kontinuität des Bewusstseins in eurem Universum. Was wie eine Tragödie gewirkt hatte, verwandelte sich für unsere Kultur in eine Quelle enormen Reichtums. Und jene Wesen, die zerstört zu sein schienen, kamen als unsere Kinder zu uns zurück.

Die Pyramiden …

Wir haben mit der Errichtung der Pyramiden nichts zu tun. Aber sie waren nicht nur Grabkammern, wie manche eurer Historiker und Archäologen meinen. Manche der Pyramiden enthielten tatsächlich Grabkammern, aber ihre Hauptfunktion lag darin, als Energieoszillatoren zu wirken. Weil die Seiten der Pyramiden aus gebranntem, oft hochpoliertem Granit bestanden, brachte die Pyramide Energie zum Schwingen. Die Eingeweihten gingen in bestimmte Bereiche der Pyramiden, die nach bestimmten mathematischen Proportionen angelegt waren. Das ermöglichte es ihnen, zu einem Verständnis des großen Universums und des großen Mysteriums zu gelangen, welches ihnen ohne eine solche Energiematrix nicht zugänglich gewesen wäre. Dies war eine Funktionsebene der Pyramiden.

Eine weitere Funktion der Pyramiden war energetischer Natur. Die Pyramiden wurden nach bestimmten mathematischen Proportionen errichtet, um ein Gitternetzwerk zu erzeugen. Dieses energetische Gitternetzwerk wurde zu dem ausdrücklichen Zweck angelegt, das nächste Gitternetz zu halten, das von manchen als »Christus-Gitternetz« bezeichnet wird. Als Christus sein Werk begann, wurde das Gitternetz von den Pyramiden erzeugt, um die neue Schwingung zu halten, und die Schwingung dieses Christus-Gitternetzes wird bis heute immer stärker. Die Pyramiden waren also Instrumente, die auf vielen Ebenen den verschiedensten Zwecken dienten.

Auch andere Pyramiden wurden auf dem Planeten errichtet, und zwar nicht nur von einer bestimmten Zivilisation. Viele verschiedene Kulturen waren daran beteiligt. Sie alle waren durch ihre Intuition und ihr Verständnis des großen Mysteriums auf einer tiefen Ebene miteinander verbunden. Sie wussten energetisch, was sie taten. Doch sie taten sich nicht unter einem Oberarchitekten zusammen und es gab auch kein Treffen der leitenden Architekten in der Zeit und im dreidimensionalen Raum. Diese alten Architekten wurden auch von außen durch intergalaktische Besucher wie die Arkturier, Andromedaner, Plejadier, Sirianer und andere unterstützt.

Die Tempel der Hator ...

Einem alten Verständnis gemäß bringt sich die Quelle, das Mysterium, durch die vier Elemente zum Ausdruck, von denen das Element Luft am meisten mit dem Göttlichen assoziiert wird. Für die Menschen der Frühzeit in ihrer Erdgebundenheit und in ihrem Erleben der dreidimensionalen Wirklichkeit schienen die Götter von oben zu kommen – aus dem Bereich des Himmels –, also assoziierten sie das Göttliche mit dem Himmel.

In ihrer ersten Manifestation war Hator eine Himmelsgöttin. Erst später verbanden die Ägypter sie mit Fruchtbarkeit. Die erste Göttin des ägyptischen Pantheons (vor der Zeit der Pharaonen) durchlief im Verständnis der Menschen verschiedene Verwandlungen. Zuerst brachte man sie mit dem Element Luft (Himmel) in Verbindung. In dieser Zeit wurde sie als Manifestation der göttlichen Liebe und Ekstase betrachtet.

Dann wurde sie mit Fruchtbarkeit und der Erde in Zusammenhang gebracht. In dieser späteren Manifestation stand sie auch für Sexualität und Freude, wobei ihr auch weiterhin Liebe und Ekstase zugeschrieben wurden.

Die Arbeit der Priester und Priesterinnen der Hator hatte zwei Aspekte. Sie wurden häufig gebeten, die Fruchtbarkeit zu beeinflussen und für eine gute Geburt zu sorgen. Das war die äußere Arbeit des Tempels. Die esoterische, verborgene Arbeit bestand im Umgang mit Alchemie. Dazu gehörte, die sexuelle Energie der Eingeweihten in die höheren Energiezentren des Körpers zu leiten. Die Priesterinnen und Priester waren in dieser esoterischen Wissenschaft sehr bewandert. Vieles von dem, was ihr »Tantra« nennt, leitet sich von diesen Wurzeln her.

Das ägyptische Pantheon ...

Ägyptische Gottheiten wie Isis und Osiris lassen sich in eurer Sprache am besten als Kraftfelder beschreiben, als Energiemuster, die über enorm viel Bewusstsein verfügen. Die Menschen der ägyptischen Periode haben diese Energien vermenschlicht. Das ägyptische Pantheon ist also eigentlich ein Bild der Kraftfelder, die sich durch das Universum bewegen. Wir möchten euch heute, in der modernen Zeit, anregen, das ägyptische Pantheon nicht wörtlich zu nehmen, denn dieses wörtliche Verständnis entsprach dem niedrigeren geistigen Niveau der damaligen Bevölkerung. Versteht vielmehr, dass alle Lehren mehrere Ebenen haben. Was von der allgemeinen Bevölkerung jener Zeit wortwörtlich genommen wurde, erkannten die Hohenpriesterinnen und Hohenpriester als Symbole energetischer Kraftfelder.

Am besten ist es, die Gottheiten dieses Pantheons als wohlwollende Kräfte zu verstehen, mit denen man sich in Einklang bringen kann, die jedoch nicht die letztendliche Quelle jenseits der Dualität oder Polarität sind.

Im Rahmen der ägyptischen Geschichte begann unser Einfluss vor der Zeit der Pharaonen, zu der Zeit, als Hator als Himmelsgöttin und Horus als Himmelsgott verehrt wurden. Unser frühester Einfluss begann um 10.000 v. Chr.

Wir haben jedoch auch schon vor der ägyptischen Zeit mit diesem Planeten gearbeitet. Die ägyptische Periode ist nur ein kultureller Ausdruck des Mysteriums. Das Mysterium selbst ist transkulturell und übersteigt alle Zeiten und alle Orte. Wir wirken durch die Kulturen und durch die Glaubenssysteme, die wir jeweils antreffen.

Als aufgestiegene Wesen sind wir fähig, große Gebiete zu durchqueren und mit verschiedenen Zivilisationen zu interagieren. Manchmal treten wir nur mit wenigen Individuen in Kontakt. Zu anderen Zeiten, wie im alten Ägypten, arbeiten wir mit Tausenden. Und obwohl sich einiges von den Informationen, die wir übermitteln, im ägyptischen Geheimwissen erhalten hat, ist der größte Teil unseres Wissens der Menschheit noch nicht mitgeteilt worden.

Ein alchemistischer Schlüssel zu den Mythen von Osiris ...

Der Auferstehungsmythos von Osiris ist sehr lang und komplex. Er ist eigentlich ein alchemistischer Schlüssel, in dem es um die Auferstehung des Bewusstseins geht. Er ist eine Art Anweisung, aber in symbolischer Codierung. Wir möchten einen kleinen Aspekt dieses komplexen Mythos herausgreifen, um eine psychische Spannung anzusprechen, die alle Menschen betrifft, deren Bewusstsein sich anhebt.

In der Geschichte hat Osiris einen Bruder namens Seth. Das ist der Code für die Schlange Apophis, die Schlange der Dualität. Seth unterliegt den Illusionen der Welt und will sich an seinem Bruder Osiris rächen. Das geschieht, weil Seth von äußeren Ereignissen getäuscht ist. In diesem Fall besteht das äußere Ereignis darin, dass sein Bruder mit seiner Frau (Nephtys) geschlafen hat.

Seth weigert sich, seinem Bruder zu vergeben, und plant seinen Mord. So wird er zum Bösewicht der Geschichte.

In dem Mythos gibt es einen weiteren Code: Horus, der Sohn des ermordeten Osiris. Horus ist eine symbolische Gestalt mit vielen Bedeutungen. Er ist der rechtmäßige Erbe des Throns, und er ist der Repräsentant der Göttin Maat, die für Frieden steht und die Waage hält, in der das Herz der Eingeweihten im Augenblick des Todes gewogen wird, um zu entscheiden, ob sie in die himmlischen Welten eingehen dürfen oder in die Unterwelt hinabsteigen müssen.

In dem Mythos steht Maat als Symbol für das ewig Allgegenwärtige und Friedvolle. Sie ist das Gegenteil von der Schlange Apophis (Dualität).

Der Osiris-Mythos erzählt also, wenn man so will, vom Kampf zwischen Maat und Apophis, zwischen Wahrheit und Illusion. Dieser Kampf zwischen Wahrheit und Illusion durch die Gestalten von Maat und Apophis findet unterhalb der Oberfläche statt, sozusagen hinter dem Kampf zwischen Horus und seinem Onkel Seth.

In dem Mythos schneidet Seth seinen Bruder Osiris in kleine Stücke und verstreut diese überall in der Welt. Das ist das Symbol für die Dualität, das dualistische Denken, das die Dinge zerpflückt und zerstreut, statt sie in ihrer Ganzheit zu erhalten.

In dem Mythos geht es um den Konflikt zwischen diesen beiden Aspekten. Zum Ende hin gibt es dann ein Wesen namens Seth-Horus, in dem Seth und Horus zu einem Wesen verschmelzen. Die zwei verstricken sich in einem tödlichen Kampf miteinander, und es lässt sich nicht sagen, wo Seth anfängt und Horus aufhört.

Horus wird in seiner Form als falkenköpfiger Mensch gezeigt und Seth als hundeköpfiger Mensch. Das alchemistische Verständnis dazu ist, dass sich beim Menschen Illusion und Wahrheit vermischen.

Es gibt die animalische Seite von Seth, die letztlich in seinem Unwillen zur Vergebung oder zum Verzicht auf Ärger und Eifersucht besteht. Diese Eigenschaften machen ihn zur dämonischen Gestalt dieses Mythos.

Da Horus derjenige mit der Verbindung zum Göttlichen ist, gibt es in allen Menschen Aspekte des Göttlichen und des Dämonischen. Die Alchemie besagt dasselbe wie der Mythos: Es gilt, die Wahrheit darüber anzuerkennen, wo man gerade steht. Teile eurer Psyche sind eifersüchtig, kleinkariert und voller Ärger und Unwillen zur Vergebung. Und genauso gibt es Anteile in euch, die erhaben, liebevoll und mitfühlend sind.

Die ständige Frage lautet: Woher kommt ihr? Was wollt ihr zum Ausdruck bringen: eure Seth-Natur oder eure Horus-Natur? Beide gehören zu euch, und beide stehen zu jedem Augenblick zur Verfügung, denn das Leben ist eine ständige Entscheidung darüber, welche Aspekte ihr zum Ausdruck bringen wollt.*

[Anmerkung von Tom: Diese Darstellung des Osiris-Mythos der Hathoren betrachtet nur den Kampf zwischen Seth und Horus als Aspekte des menschlichen Bewusstseins. Es lässt eine zentrale Gestalt des Mythos außer Acht: Isis und ihre unverzichtbare Rolle bei der Auferstehung des Osiris. Als ich die Hathoren danach fragte, meinten sie, sie würden nur einen Teil des Mythos herausgreifen, um den Kampf zwischen Gut und Böse, zwischen Wahrheit und Illusion zu illustrieren, dem sich alle Menschen stellen müssen.*

Darüber hinaus ist ihre Darstellung von Seth als Symbol für Apophis und Horus als Symbol für Maat höchst ungewöhnlich. Dies steht in einem starken Kontrast dazu, wie Ägyptologen diesen Mythos verstehen. Als ich die Hathoren danach fragte, antworteten sie, dass es an der Oberfläche so wirke, als fände der Kampf zwischen Seth und Horus statt. Aber auf einer tieferen Ebene gehe es hier auch um den Kampf zwischen archetypischen Kräften, eben zwischen Apophis (der Illusion der Dualität) und Maat (der Göttin der Gerechtigkeit).]

In den Mysterienschulen Ägyptens unterzogen die Priesterinnen und Priester die Anwärter und Anwärterinnen einem »Scan«, um zu sehen, wo sie moralisch standen. Wenn sie mehr zu Seth neigten als zu Horus, sich unwillig zeigten zu vergeben und an Mustern der Eifersucht und/oder des Ärgers festhielten, dann erhielten sie keinen Zugang zu den inneren Lehren und inneren Technologien, denn es wäre gefährlich, jemandem Macht zu verleihen, der sich nicht im Gleichgewicht befindet.

Die Priester und Priesterinnen wählten also die Schüler aus. Die Hüter der Mysterienschulen waren dafür verantwortlich, die moralische Qualität der Eingeweihten zu sichern. Heutzutage gibt es solch einen Prozess nicht mehr, denn heute muss jeder seine Moral selbst beurteilen.

Die Erde begibt sich jetzt in ein höheres Schwingungsfeld, und alles wird stimuliert, die Seth-Natur der einzelnen Menschen genauso wie die Horus-Natur. In vielen Menschen kommen jetzt als Reaktion auf die Schwingungserhöhung der Erde sowohl ihre schlimmsten als auch ihre besten Seiten zum Vorschein.

Eure Lebenssituationen geben euch Gelegenheit zur Entscheidung, ob ihr euch dessen bewusst seid oder nicht. Werdet ihr auf die Situationen mit eurem Seth-Aspekt reagieren, mit Ärger, Eifersucht, Engstirnigkeit oder Unwillen zur Vergebung? Oder werdet ihr euch entscheiden, von eurer Horus-Natur her zu handeln, die auf Liebe, Mitgefühl, Verständnis und Wahrheit beruht? Eure emotionalen Reaktionen erzeugen eure Zukunft, erzeugen die Muster, die sich in eurer Zukunft entfalten werden. Mit den Entscheidungen, die ihr Tag für Tag trefft, pflastert ihr euch Stein um Stein den Weg zum Himmel oder zur Hölle.

Ihr könnt euch anhand dessen, wie euer äußeres Leben funktioniert, eures spirituellen Fortschritts vergewissern. Manche Menschen meinen, wenn sie nur »das Richtige« täten, wäre ihr Leben perfekt. Sie glauben auch, Negatives entstünde, weil sie etwas falsch gemacht haben. So sehen wir das nicht.

Ihr müsst erkennen, dass die Situationen eures täglichen Lebens nur an der Oberfläche stattfinden, an der Oberfläche der Bewusstheit (oder mit anderen Worten: in der dreidimensionalen Wirklichkeit). Jenseits dieser Ereignisse wirken in der Tiefe des Bewusstseins ungeheuer große Kräfte. Dieses Bewusstsein kann sich durch euch selbst, eure Kultur, die Veränderungen auf der Erde und auch durch kosmische Kräfte unvorstellbaren Ausmaßes zum Ausdruck bringen. Nicht alle Ereignisse gehen nur auf euch persönlich zurück; eure Wahrnehmung dieser Ereignisse hingegen wird nur von euch selbst erschaffen. Verschiedene Kräfte – individuelle, kulturelle, irdische und kosmische – bewirken zusammen die oberflächlichen Ereignisse eures Schicksals.

Karma ...

Ihr könnt euer Leben ändern, indem ihr eure Gedanken- und Gefühlsmuster ändert.

Es gibt Karma, aber Karma ist einfach das Gesetz der Reaktion. Alle Aktionen haben Reaktionen oder Konsequenzen, und alles, was ihr tut, hat eine Wirkung. Karmische Wirkungen sind positiv, wenn sie die Früchte mitfühlender und liebevoller Handlungen sind.

Karma bedeutet einfach, die Auswirkungen eurer Gedanken und Handlungen zu erfahren, seien sie positiv oder negativ. Wenn ihr eine karmische Schuld in dieses Leben mitbringt, die verwandelt werden muss oder mit der ihr umgehen müsst, kann sie auf der äußeren Ebene im Sinne von Ereignissen erfahren werden, die scheinbar aus dem Nichts entstehen. Oder sie kann energetisch auf der inneren Ebene erfahren und dort verwandelt werden. Damit befassen sich die Alchemie und das Yoga.

Wir empfehlen sehr, negatives Karma energetisch zu verwandeln. Dann braucht ihr es nicht im Außen zu bearbeiten.

Niemand ist von den Wirkungen seines Tuns befreit. Alle müssen sich den Konsequenzen dessen, was sie in diesem Leben oder anderen Leben getan haben, stellen.

Doch das, was sich in eurer Zukunft entfaltet, ist das Ergebnis der Samen, die ihr in diesem Augenblick pflanzt. Ihr seid dafür verantwortlich, für welche Gedanken, Gefühle und Reaktionen auf die Ereignisse eures Lebens ihr euch entscheidet.

Was ein Mensch im Hinblick auf seine Handlungen zu tun entscheidet, ist eine Saat, die sich dem überpersönlichen Gesetz des Universums zufolge in zukünftigen karmischen Konsequenzen auswirkt. Ihr formt also genau in diesem Augenblick euer Schicksal. Es wartet nicht einfach passiv auf euch. Es wird von euch in jedem Augenblick eures Lebens und mit jeder Entscheidung, die ihr trefft, erschaffen.

Genau wie bei einem Individuum liegt auch das Schicksal der Vereinigten Staaten nicht irgendwo in der Zukunft. Es wird von seinen Bürgern durch die Entscheidungen, die sie als Kultur, als Gesellschaft treffen, ständig erschaffen und geformt. Das gilt für alle Länder dieser Erde.

Es gibt karmische Fäden, die sich durch die gegenwärtige Kultur der Vereinigten Staaten ziehen und die die Früchte früherer Handlungen dieses Landes sind. Die Vereinigten Staaten wurden zwar aus einer hochgesinnten Vision heraus und mit viel Integrität und einem Freiheitsbegriff für das Individuum gegründet, der weit in die Welt hinausstrahlte und sie auf eine höhere Ebene brachte, aber sie haben auch viele negative Situationen hervorgebracht. Es gibt die Negativitäten der Gier, der Gewalt und der Unterdrückung anderer Kulturen. Wie die Geschichte zeigt, kann eine Kultur oder Zivilisation eine solche Position nicht unendlich lange halten.

Manche der Entscheidungen und Handlungen der Vereinigten Staaten haben zu negativen Konsequenzen in der Welt geführt, die ausgeglichen werden müssen. Weil diese Negativitäten ausgeglichen und geheilt werden müssen und eine liebevollere Haltung entwickelt werden muss, kommt es zu einem komplexen Phänomen. Die Vereinigten Staaten begleichen ihre karmischen Schulden genauso wie alle anderen Gesellschaften, doch man wird noch sehen, wohin die Zukunft dieses bestimmten Landes führt, denn sie hängt von den Entscheidungen ab, die ihre Bürger Tag um Tag fällen. Ihr erschafft ein Vermächtnis für eure Kinder und Kindeskinder und alle zukünftigen Generationen, die mit den Konsequenzen eurer heutigen Entscheidungen leben müssen.

Nationen verhalten sich ähnlich wie Individuen. Sie sind territorial, besitzergreifend und auf ihre eigenen Interessen bedacht. Die Menschheit versteht noch nicht, dass ein Land für sich selbst sorgen und dabei auch die Bedürfnisse anderer Nationen berücksichtigen kann. Von daher befinden sich die Länder in unterschiedlichen evolutionären Entwicklungsstadien und es gibt keine zuverlässige, herzliche internationale Verständigung. Die Länder, die anderen in Bezug auf ihre Ressourcen wohlwollend gegenüberstehen, bringen dementsprechend ein höheres Ideal zum Ausdruck als jene Länder, die Ressourcen haben und sie nicht mit anderen teilen.

In der ehemaligen Sowjetunion ist die Lage brisant, weil dort kein Gleichgewicht errichtet wurde. Jene Aspekte des Bewusstseins, die das Individuum befreien und mehr persönlichen Ausdruck erlauben wollen, ringen mit den Kräften, die den Einzelnen unterdrücken und die Gesellschaft wieder unter eine stärkere Kontrolle bringen wollen. Etwas Ähnliches könnte sich in China entwickeln.

Weil es im Bewusstsein vieler Nationen der Welt einander bekriegende Elemente gibt, die nicht verfeinert oder geläutert wurden, könnte man sagen, dass die Kriege nicht in absehbarer Zukunft enden werden.

Aus unserer Sicht wachen aber die Individuen überall auf dem Planeten auf, in jeder Gesellschaft und auf allen Ebenen dieser Gesellschaften. Je mehr Einzelne erwachen und erkennen, dass bestimmte Dinge nicht mehr hinnehmbar sind und sie einfach nicht so weitermachen können wie bisher, und je mehr zu diesen Erwachenden auch Menschen mit Macht und Einfluss gehören, desto mehr werden sich auch die Gesellschaften wandeln.

Es fängt an, aber im Moment findet noch ein Tauziehen zwischen den verschiedenen Kräften und Fraktionen auf allen Ebenen der Gesellschaften in aller Welt statt.

Gesellschaften sind ein ungewöhnliches Konstrukt. Wenn ein Mensch in der Gesellschaft Einfluss nehmen möchte, dann ist es fast ein Gesetz, dass die gesellschaftliche Ebene, auf der er operiert, darüber entscheidet, welche Wirkung er hat. Jene, die über Einfluss, Macht und Entscheidungsbefugnis verfügen, haben einen größeren Einfluss auf die Maschinerie der Gesellschaft und der Institutionen.

Trotzdem können Einzelne mit ihren Visionen und ihrer persönlichen Kraft große Wirkung haben, auch wenn sie nicht zur Struktur bzw. zum Mechanismus der Institutionen gehören.

Wenn ihr eine Schwingung oder ein Bewusstsein aufrechterhaltet, beispielsweise eine emotionale Stimmung des Friedens und der Liebe, erzeugt dies ein Schwingungsfeld, das ansteckend wirkt. Dann erwachen andere und fangen an, dasselbe zu tun. Und wenn genug Einzelne eine Schwingung halten, sei sie nun Angst oder sei sie Liebe, dann hat das eine starke Wirkung auf die Gesellschaft.

Intergalaktisches Karma ...

Das ist ein vielschichtiges Thema, weil es auf eurer Erde so viele intergalaktische Strömungen bzw. genetische Linien gibt. Und nicht alle, die hier körperlich auf eurem Planeten anwesend sind, sind Menschen, auch wenn sie so aussehen mögen.

Das ist eine weitere merkwürdige Sache. Den karmischen Gesetzen des Universums zufolge müssen alle Zivilisationen, seien sie galaktisch oder terrestrisch, ihr Karma abarbeiten. In diesem Sonnensystem, in dieser Galaxie und in diesem Universum werden also vielfältige Ebenen von Karma abgearbeitet. Das Ganze ist so komplex, dass wir nichts weiter darüber sagen möchten, weil es zu viel Zeit kosten würde und dem Einzelnen nicht nützlich wäre.

Nur so viel: Was auf diesem Planeten zu dieser Zeit geschieht, ist in der intergalaktischen Geschichte absolut einzigartig. Es hat noch nie auf die Weise stattgefunden, wie es hier und jetzt passiert. Da dieser Planet seine Schwingung erhöht und auch alle Wesen mit ihm durch dieses höhere Portal gehen, werden auch karmische Schulden gerade mit rasantem Tempo abbezahlt.

Beobachter aus anderen Dimensionen sehen sich diese Situation mit großem Interesse an, um zu erfahren, wie schnell Karma ausgeglichen werden kann und wie sanft oder gewaltsam dieser Ausgleich vor sich geht. Das ist für diese Beobachter höchst interessant, denn sie erkennen, dass das Gesetz des Karmas zu den überpersönlichen Gesetzen des Universums gehört. Und wo kann man dieses Muster besser lernen als hier auf der Erde, wo auf vielen Ebenen das Abbezahlen von Karma auf Hochtouren läuft? Ist das Karma aufgelöst, kann sich das Schicksal ändern.

In dieser Hinsicht ist die Erde zurzeit ein Punkt höchster karmischer Aktivität.

Zum Wesen der vier Elemente ...

Die Menschheit ist von ihren eigenen biologischen Wurzeln so abgeschnitten, dass sie leicht den Planeten verwüsten könnte. Als Gegengewicht zu dieser Getrenntheit empfehlen wir euch, euch eurer biologischen Wurzeln und eurer Verbindung zu anderen Lebensformen auf diesem Planeten bewusster zu werden.

Viele primitive, indigene Kulturen gehen davon aus, dass die Natur »lebt«, das heißt bewusst ist. Für manche von euch mag es ein hilfreiches Konzept sein, diese Lebendigkeit als eine tiefere, archetypische Ebene der vier Elemente Erde, Feuer, Wasser und Luft/Raum zu betrachten.

Die Natur besteht aus vielen miteinander verwobenen Energiefeldern. Diese Felder sind bewusst, das heißt, sie reagieren auf Änderungen in sich selbst und in ihrem Umfeld mit Intelligenz.

Nebel beispielsweise kann auf der chemischen Ebene einfach als Wasserdampf betrachtet werden, aber das ist nur ein Aspekt seiner Wirklichkeit. Manche Arten von Nebel oder Dunst sind eigentlich bewusste, gasförmige Wesen, und wenn ihr wisst wie, könnt ihr mit ihnen kommunizieren. Diese Kommunikation geschieht übrigens durch euer Fühlen und nicht durch die Sprache.

Wenn ihr zu jenen Leuten gehört, die sich an dem Wort »primitiv« sehr stören und lieber ein moderneres Wort wie »grundlegend« verwenden, dann legt ihr vielleicht zu viel Wert auf abstrakte Feinheiten und habt euch zu weit in den Bereich des Mentalen verirrt, als dass ihr noch mit der biologischen Wirklichkeit eurer Existenz verbunden sein könntet. Doch die zentrale Wurzel eurer Existenz, aus der heraus sich das Bewusstsein in eurer Welt ausdrückt, liegt auf der biologischen Ebene und nicht auf der mentalen.

Das Feuer-Element und die Devas ...

Der Erzengel Michael steht mit dem Feuer in Verbindung, aber im Sinne eines ätherischen Feuers, das anders ist als das Element Feuer, das ihr auf dieser Erdenebene kennt.

Der Begriff »Deva« bezieht sich auf Wesen, die sich durch die Erdenebene bewegen und mit verschiedenen Aspekten wie Pflanzenwachstum zu tun haben. In der gesamten Schöpfung gibt es devische Kräfte. Es gibt viele, viele Devas. Es gibt auch ein devisches Bewusstsein, mit dem sich das Bewusstsein der vier Elemente beschreiben ließe. Ein devisches Bewusstsein ist Feuer. Ein weiteres devisches Bewusstsein ist Wasser und so weiter.

Weitere Erklärungen zu den vier heiligen Elementen ...

Ein Blick auf die menschliche Eizelle und die in ihren DNA-Codierungen enthaltenen Informationen zeigt euch, was wir mit der subtilen Ebene der Biologie bezeichnen. Dies ist eine sehr einfache, primitive Ebene, die wesentlich ist, damit sich das Bewusstsein im menschlichen Leben ausdrücken kann.

Steigt ihr noch tiefer in die atomare Matrix ein, aus der alle genetischen Informationen hervorgehen, und geht ihr noch mehr ins Kleinere und immer Kleinere, kommt ihr in einen Bereich des reinen Bewusstseins, denn Bewusstsein und Materie stehen in direkter Beziehung zueinander. In gewisser Hinsicht sind sie dasselbe, auch wenn sie sich in unterschiedlichen Schwingungsgeschwindigkeiten manifestieren.

Kurz bevor es zur Bildung von atomaren Strukturen kommt, gibt es im Bewusstsein eine Art Blaupause für die Genetik und für das Potenzial des zukünftigen Menschen. Das ist der archetypische Bereich, den wir bereits erwähnten. Hier gibt es mächtige Energien, die zu den euren Physikern bekannten Atomkräften werden.

Die vier heiligen Elemente sind archetypische dimensionale Blaupausen für die Entfaltung des Bewusstseins in die Materie der Elemente.

Weitere Gedanken zu den vier Elementen ...

Euer Körper ist ein heiliger Tempel, in dem sich durch das Aufeinandertreffen himmlischer und irdischer Kräfte Himmel und Erde vereinigen.

Euer Leben ist ein Geschenk der vier Elemente. Ohne sie würde es das Universum nicht geben. Sie reagieren auf eure Liebe. Dankt ihnen und empfangt ihre Botschaft. Die Schöpfung spricht durch sie zu euch in jedem Atemzug, den ihr nehmt, und mit jedem Schlag eures Herzens.

Seid still und lauscht.

Die Rückkehr des Gleichgewichts ...

Alles im Universum ist zyklischer und dualistischer Natur, bis ihr zu der fundamentalen Oktave kommt, die jegliche Dualität in der Einheit integriert. Aber alle Dinge im Universum – im physischen Universum und in all den anderen feinstofflichen Universen – haben Polaritäten. In menschlichen Metaphern gesprochen, werden diese Pole vom Männlichen und Weiblichen bzw. von positiven und negativen elektrischen Ladungen gebildet.

Als wir seinerzeit hierherkamen, in der frühen Bewusstseinsentwicklung der Menschheit, noch vor der Zeit des alten Ägyptens, stand euer Bewusstsein in Kontakt mit der großen Erde, die ihr auch »die große Mutter« nennen könnt; die großen Religionen der Vergangenheit nannten die Erde »die große Mutter«. Die Menschen der Frühzeit waren von daher tief mit dieser Matrix der Erde, mit diesem Bewusstsein der Erde als etwas Weiblichem verbunden. Die weiblichen Mysterien und das weibliche Wesen waren die Art, wie sich das Bewusstsein zu jener Zeit zeigte. Als das Weibliche dann von dem, was »das Männliche« genannt werden könnte, überwunden wurde, beobachteten wir verschiedene Dinge. Die Menschen begannen, sich von der Erde zu trennen und autonomer zu werden. Es ist zwar wichtig für die Menschheit, ihre Selbstständigkeit zu erkennen, aber die Getrenntheit von der Erde und von der wechselseitigen Verbundenheit mit allem Leben ist sehr gefährlich.

In der frühen Phase der ägyptischen Kosmologie wurde die Göttin Hator mit dem Himmel in Verbindung gebracht. Später betrachtete man sie als Fruchtbarkeitsgöttin. Es ist kein Zufall, dass ihr Name und unser Name einander so ähnlich sind. Wir haben dieses frühe Symbol der weiblichen Mysterien eingepflanzt und unterstützt. Die Göttin Hator hat durchaus eine von uns unabhängige Existenz. Ihr könnt sie als ein »archetypisches Muster« ansehen. Sie ist eine kosmische Kraft, die vermenschlicht wurde. Wir finden uns in ihren Eigenschaften der Liebe, der Ekstase und der Seligkeit wieder.

Zurzeit hat das menschliche Bewusstsein zwei Polaritäten durchlaufen: die Erde als ein Bewusstsein, das »die große Mutter« genannt wird, sowie die Autonomie bzw. das maskuline Bewusstsein des Vaters. Aber die Polaritäten sind noch nicht zusammengekommen.

Damit sich das Schicksal der Menschheit zu seinen höheren Stufen aufschwingen kann, müssen diese beiden Polaritäten in einem Gleichgewicht zusammenfinden.

Die Wachen und Bewussten unter euch spüren die Notwendigkeit, die männlichen und die weiblichen Elemente des menschlichen Bewusstseins ins Gleichgewicht zu bringen. Sie erkennen, dass der Krieg zwischen der männlichen und der weiblichen

Polarität enden muss, damit die Autonomie des männlichen Prinzips und die Empfänglichkeit des weiblichen Prinzips wieder in Balance kommen können.*

[Anmerkung von Tom: Die Hathoren sprechen hier von einer archetypischen Dualität, die metaphorisch als das »Prinzip von Männlich und Weiblich« bezeichnet wird. Ihre Kommentare beziehen sich nicht auf die Unterschiede zwischen den Geschlechtern. Vielmehr sind sie überzeugt, dass sowohl Männer als auch Frauen fähig sind, autonom und empfänglich zu sein, und dass diese duale Kapazität das Leben der Menschen reicher und kreativer werden lässt.]*

Und je mehr sich das Weibliche sozusagen aus seiner Asche erhebt, desto mehr kehren auch die alten Mysterien Ägyptens zurück.

Viele von euch erinnern sich an ihre Wurzeln im alten Ägypten und an diese früheren Zeiten, denn es ist Zeit, dass das Weibliche wieder erwacht. Das Weibliche sollte jedoch als ausgeglichenes Prinzip zurückkehren, also nicht wie früher, wo es das komplett Männliche und das komplett Weibliche gab, sondern als androgyne, ausgeglichene Verschmelzung von beiden.

Zeit und Zeitlosigkeit ...

Aus unserer Sicht zeigt sich das Bewusstsein in der Materie und durch die Materie, und diese Materie wird durch das Bewusstsein ins Leben gehoben. Das Leben wird immer komplexer und erhabener, bis es schließlich zu einem Bewusstsein kommt, das sich seiner selbst in Beziehung zur Natur bewusst ist.

Dann kann es ein Bewusstsein seiner Beziehung zu sich selbst entwickeln, und es kommt zur Selbsterkenntnis. Dann wird es sich der Kräfte in der Natur oder hinter der Natur bewusst, und dies nennen wir »Alles-was-ist«.

Für euch ereignet sich dieser Prozess der Entwicklung immer erhabenerer Zustände zu diesem Zeitpunkt eurer Evolution gerade durch die menschliche Form.

Wir betrachten das nicht als Fluch oder als Strafe, sondern als immense Chance zur Erweiterung eures Bewusstseins durch das Ausbalancieren der zwei Polaritäten: eures nonlokalen, zeitlosen und formlosen Bewusstseins und eures lokalisierten Bewusstseins (oder Körperbewusstseins), welches definitiv an Form und Zeit gebunden ist.

Das ist eine einzigartige Dichotomie. Der Druck zwischen diesen beiden – zwischen dem zeitlosen und dem körperlichen Teil eurer selbst – erzeugt einen alchemistischen magnetischen Strom, und aus diesem Strom heraus kann das Bewusstsein angehoben werden.

Neue Dimensionen der Wirklichkeit ...

Die neue Dimension, von der wir sprechen, ist ein neues Verständnis von Zeit und Raum. Sie bietet Individuen die Chance, aus dem dreidimensionalen in das vierdimensionale Bewusstsein und darüber hinaus zu wachsen. Dieser Übergang in eine neue Dimension erfolgt auf vielen Ebenen, deshalb wollen wir ein paar wichtige Attribute dieser neuen Dimension beschreiben.

Eines ihrer Merkmale ist die unmittelbare Manifestation. Wie ihr ja wisst, kommt ihr diesem dimensionalen Übergang in die neue Dimension näher, wenn die Ereignisse in eurem Leben sich immer mehr beschleunigen und die zeitlichen Abstände zwischen dem Moment, in dem ihr etwas sagt oder denkt, und dem Moment, wo es geschieht, immer kürzer werden. Viele erleben dies bereits.

Es wird eine neue Wertschätzung der Erde geben. Auch die Erde selbst durchläuft einen radikalen Wandel, durch den sie bewusster werden wird. Es wird mehr globale Verbundenheit aller Wesen geben. Und es wird so sein, als ob die gesamte Menschheit ein Geist und ein Bewusstsein wird.

Wir sagen »als ob«, um darauf hinzuweisen, dass wir hier eine Metapher verwenden. Es wird weiterhin individuelle Bewusstheit geben, aber das Empfinden, dass da ein Bewusstsein ist, welches in komplexer Vielfalt operiert, wird zunehmen. Es wird tatsächlich das Gefühl geben, in direkter Verbindung miteinander und mit der Erde zu stehen.

Die unmittelbare Manifestation und das globale Bewusstsein könnten als Wunder wahrgenommen werden, wenn man die darin wirkenden Prinzipien nicht versteht. Begreift ihr jedoch die energetischen Prinzipien, durch welche die Ereignisse miteinander verbunden sind, und versteht ihr erst einmal die Beschleunigung der Zeit, die mit dem Übergang in eine andere Dimension einhergeht, dann erscheint das Ganze überhaupt nicht mehr als Wunder. Es ist einfach, wie es ist.

Euer Übergang in eine höhere Dimension wird alle Aspekte eures Seins einbeziehen, die sich in der Wirklichkeit der dritten Dimension befinden.

Über den Übergang der Menschen in höhere Dimensionen ...

Lasst uns noch etwas über die menschlichen Erwartungen bezüglich des Übergangs in höhere Dimensionen sagen. Es gibt Menschen, die wirklich glauben, durch den Übergang in die vierte Dimension und darüber hinaus würden sie ihre Probleme hinter sich lassen. Sie meinen, die Dilemmata des Lebens würden irgendwie wundersam transformiert, sodass sie sich um ihre gegenwärtigen Angelegenheiten nicht mehr kümmern müssten. Diesen Leuten steht eine Überraschung bevor.

Eure Themen begleiten euch in eurem Bewusstsein, egal in welche Dimension ihr geht. Ihr bearbeitet sie dann einfach im Schwingungsfeld der entsprechenden Dimension. Deshalb raten wir euch ganz einfach: Denkt nicht darüber nach, in welche Dimension ihr kommen werdet oder wann das passieren wird, und noch nicht mal darüber, ob es tatsächlich einen Übergang in eine andere Dimension geben wird. Konzentriert euch lieber auf eure Fähigkeit, zu lieben und zu vergeben.

Macht eure Arbeit an dem Platz, wo ihr seid. Oder wie manche es gerne ausdrücken: Erblüht dort, wo ihr hingepflanzt seid.

Über die absoluten und die relativen Bereiche des Bewusstseins …

Der absolute Bereich des Bewusstseins durchdringt das Universum. Das Absolute hat keinen eigenen Ort, weil es an allen Orten gleichzeitig ist. Es ist sowohl das Quantenfeld und noch subtiler als das Quantenfeld, aus dem alle Phänomene hervorgehen.

Der relative Bereich des Bewusstseins umfasst alles, was als Phänomen existiert, auch das, was ihr durch eure Sinne erkennt, weil alles in Beziehung auf etwas anderes geschieht. Nichts ist wirklich unabhängig. Alles ist miteinander verbunden.

Wenn zum Beispiel die Bäume und Pflanzen auf diesem Planeten mit der Photosynthese aufhören und damit auch keinen Sauerstoff mehr produzieren würden, könnte die Menschheit mit all ihren Zivilisationen nicht lange überleben. Sie würde verschwinden. Das euch bekannte Leben wäre am Ende. Die Menschheit, die sich so hochmütig als Krone der Schöpfung empfindet, würde ausgemerzt, wenn die Pflanzenwelt verschwände.

Wir sind alle mit allem verbunden. Selbst die anderen Dimensionen sind wechselseitig miteinander verbunden.

Deshalb sind die Ereignisse hier auf der Erde so wichtig, und deshalb kommen Beobachter aus anderen Bereichen, um den Verlauf des Geschehens zu verfolgen. Sie kommen, weil das, was hier geschieht, interdimensionale Auswirkungen hat. Und diese Auswirkungen schwingen bis in andere Universen hinein. Alle Dinge sind wirklich miteinander verbunden.

Der Aufstieg eines Planeten (z. B. der Erde) zieht enorme Kreise, weil die energetische Verschiebung auf eine höhere Oktave so schwerwiegend ist. Es ist, als würdet ihr jemandem beim Klavierspielen im mittleren Bereich der Tastatur zuhören und diese Person würde plötzlich alles eine Oktave höher spielen. Die Musik verändert sich dabei radikal, und alles, was damit in Beziehung steht, ändert sich mit. Genau das geschieht mit euch.

Der Übergang der Erde in höhere Dimensionen betrifft auch alles, was mit der Erde in Beziehung steht. Dazu gehören alle Organismen und Wesen, nicht nur die Menschen. Euer Sonnensystem ist betroffen, und durch das Gesetz der Resonanz sind auch der Rest des Universums und sogar andere Dimensionen betroffen.

Das ist eine sehr positive Sache, die da im Gang ist, und für jene, die den Prozess begreifen und die über die Mittel verfügen, hierherzukommen und zuzuschauen, höchst interessant.

Über das Bewusstsein ...

Lasst uns das Thema des Bewusstseins einmal von der hermetischen Aussage »Wie oben, so unten« aus angehen. Dies bedeutet einfach, dass jede Ebene des Bewusstseins die Ebenen über sich und unter sich rekapituliert. Es ist eine Frage der Dimension. Ein Blick auf das menschliche Nervensystem zeigt, dass es über die Möglichkeit der Selbsterkenntnis verfügt.

Menschen sind sich nicht nur ihrer Umgebung bewusst, sondern in bestimmten geistigen Zuständen sind sie sich auch dieser Bewusstheit ihrer Umgebung bewusst. Dies ist Selbstreflexion oder Selbstwahrnehmung. Aus physischer Sicht ist das möglich, weil das Gehirn darauf angelegt ist, sich neurologisch auf sich selbst zu beziehen. Das ist Selbsterkenntnis oder Selbstbewusstheit. Wenn ihr wahrnehmt, was um euch herum geschieht, seid ihr »bewusst«.

Als Menschen bemerkt ihr jedoch im Allgemeinen weniger als ein Prozent der wahrnehmbaren Wirklichkeit, weil euer Gehirn die meisten Wahrnehmungen euren Erwartungen entsprechend herausfiltert und eure fünf Sinne euch nur einen sehr schmalen Ausschnitt der Frequenzen von Licht, Klang und anderen energetischen Realitäten übermitteln.

Auch wenn es in diesem schmalen Ausschnitt eine vielfältige Welt zu entdecken gibt, macht sie doch nur einen winzigen Prozentsatz dessen aus, was tatsächlich geschieht.

Wenn ihr auf einem Stuhl in eurem Zimmer sitzt, während ihr dieses Buch lest, dann bemerkt ihr wohl, was im Raum passiert, und ihr bemerkt vielleicht auch, was beim Lesen in euren Gedanken vor sich geht. Aber wahrscheinlich bemerkt ihr nicht, was sich 150 Kilometer von euch entfernt abspielt, weil euer Nervensystem nicht so weit reicht. Eure fünf Sinne sind in ihrer Berichterstattung sehr lokal begrenzt.

Es gibt viele Bewusstseinszustände, in die ihr eintreten und die ihr erfahren könnt; sie wurden von den Yogis und den alten Weisen intensiv erforscht. Wie eure westliche Wissenschaft auch langsam bestätigt, kann eine Person, die in einem Zimmer sitzt, in bestimmten Bewusstseinszuständen wahrnehmen, was sich Hunderte von Kilometern von ihr entfernt abspielt. Dieses Phänomen wird »Fernsichtigkeit« oder »Remote Viewing« genannt. Seine Grundlage ist das nonlokale feinstoffliche Nervensystem.

Das physische Nervensystem aus Gehirn, Rückenmark und peripherem Nervensystem empfängt seine Informationen nur aus einem äußerst eingeschränkten Bereich, während das feinstoffliche Nervensystem ungebundener und dem Quantenfeld des Bewusstseins näher ist. Je mehr sich dieses feinstoffliche Nervensystem entwickelt, desto weiter reicht die Bewusstheit in das Quantenfeld hinein und kann dort nonlokale Informationen aufnehmen, also Informationen, die nichts mit dem jeweiligen Standort der Person zu tun haben. Die Eindrücke werden im Gehirn verarbeitet, genau wie die Impulse des physischen Nervensystems, aber die Quelle der Eindrücke liegt nicht im sensorischen Bereich.

Je tiefer ihr euch ins Bewusstsein hineinbegebt, desto weniger ortsgebunden werdet ihr und desto stärker seid ihr mit einer umfassenderen Bewusstseinssphäre verbunden. Auf den tiefsten Bewusstseinsebenen seid ihr euch aller Dinge bewusst. Das nennt man dann »allwissend«.

Dieser Zustand liegt im Bereich des menschlichen Potenzials. Natürlich wäret ihr dann nach heutigen Maßstäben kaum noch menschlich, aber ihr hättet immer noch eine menschliche Gestalt. Selbst in euren begrenzten historischen Überlieferungen gibt es Berichte von Menschen, die in tiefsten Bewusstseinszuständen unterschiedliche Grade von Allwissenheit erlangten. Doch Allwissenheit ist erst möglich, wenn ihr eure Bewusstheit über die physischen Sinne hinaus erweitert. Es ist eine Frage der Reichweite.

Mit »Reichweite« meinen wir den Bereich, dessen ihr euch bewusst seid. Solange ihr beispielsweise auf die Worte auf dieser Seite fokussiert seid, bemerkt ihr eure Umgebung nicht. Wenn ihr euch jedoch umschaut, verändert sich eure Reichweite, und ihr seht Dinge, die ihr vorher nicht bemerkt habt. Das Bewusstsein funktioniert ganz ähnlich. Wenn euer Fokus nur auf die fünf Sinne gerichtet ist, dann nehmt ihr genau das wahr.

Entwickelt ihr jedoch auch euer feinstoffliches Nervensystem, werdet ihr anfangen, ebenso andere Ebenen der Wahrnehmung zu bemerken. Diese anderen Ebenen gehören zum Gewebe oder Unterbau des Universums. Wenn euer Fokus primär auf die fünf Sinne gerichtet ist, sind diese subtilen Eindrücke ausgeblendet. Das Prinzip der Reichweite bezieht sich auf den Frequenzbereich, dem ihr euch zuwendet, bzw. auf das, worauf ihr eure Aufmerksamkeit lenkt.

In Bezug auf das Bewusstsein sind die Gesetze ganz eindeutig. Das Prinzip der Reichweite bestimmt, was ihr potenziell wahrnehmen könnt. Vergrößert ihr die Reichweite eurer bewussten Wahrnehmung, dann könnt ihr in die subtileren Bereiche des Bewusstseins eintreten, in den Urgrund, aus dem alle Dinge in die Existenz treten. Falls ihr eure Reichweite oder euren Fokus nicht erweitert, könnt ihr nicht in diese feinstofflichen Bereiche vordringen.

Erdung ...

Um mit der Brutalität dieser Dimension fertig zu werden, haben manche Menschen Zugang zu anderen Bereichen ihres Bewusstseins gefunden, die nichts mit der dritten Dimension zu tun haben, und identifizieren sich damit.

Bei diesen Menschen ist die Pranaröhre, die durch die Mitte des Körpers in die Erde hinein verläuft, wie hochgezogen, um keinen Kontakt mit der Erde zu haben. Dadurch sind sie energetisch ungeerdet und schweben in einem Zustand umher, der ihnen sicher erscheint. Wenn diese Menschen sich erden wollen, müssen sie ihre Pranaröhre zunächst tief in die Erde hinabsenken.

Wir fällen übrigens kein Urteil dahingehend, ob euer Bewusstsein während eurer irdischen Inkarnation hier ist oder woanders. Euer Bewusstsein (d.h. eure primäre Aufmerksamkeit) kann woanders sein, während ihr hier euer Leben lebt, oder es kann an mehreren Orten gleichzeitig sein.

Wenn ihr jedoch hier sein und durch eure gegenwärtige Verkörperung an diesem Übergang in die nächste Dimension teilhaben wollt, dann müsst ihr geerdet sein. Erdung hilft euch, auf die Situationen eures Lebens angemessen zu reagieren.

Manche Menschen meinen vielleicht, jenseits der Verbindung zur Erde Sicherheit zu finden, doch nichts läge der Wahrheit ferner.

Der zweite Aspekt hat mit der Schwingung von Liebe und Sicherheit zu tun. Es ist euch möglich, euch in eine innere Bewusstheit zurückzuziehen, in der ihr Liebe und Sicherheit erfahrt, selbst wenn ihr sie in eurer äußeren Wirklichkeit nicht erlebt.

Als Menschen stehen euch multidimensionale Aspekte eures Bewusstseins zur Verfügung. Ihr könnt daher eure Aufmerksamkeit nach innen wenden und dort Liebe und Sicherheit erleben, ohne mit der Erde verbunden zu sein. So schwebt ihr dann in eurer eigenen Seifenblase, um eine Metapher zu verwenden. Wir hoffen, immer mehr und mehr von euch mögen sich entscheiden, sich zu erden, anstatt sich einfach in ihre innere Welt zurückzuziehen. Indem ihr euch erdet und Liebe nach außen zu anderen hinfließen lasst, tut ihr allen etwas Gutes, auch euch selbst.

Der Aufstieg der Erde ...

Die Erde als Bewusstsein durchläuft ihren eigenen Aufstieg, ihre eigene Himmelfahrt, wenn man so will. Und alle Organismen – nicht nur die Menschen, auch die Pflanzen und Tiere – sind davon betroffen. All diese Wesen und Aspekte der Erde durchlaufen dabei ihre eigenen Prozesse, um mit dem Übergang der Erde in ein höheres Schwingungsfeld in Einklang zu kommen.

Der Rest des Sonnensystems geht ebenfalls durch einen Prozess der Veränderung der Schwingungsfelder, weil sich eure Sonne verändert. Die Erde erlebt dabei jedoch einen einzigartigen Prozess, den andere Planeten eures Sonnensystems derzeit nicht durchlaufen. Deswegen sind Wesen aus vielen Dimensionen des Bewusstseins und anderen Bereichen der Existenz auf Planeten, Astroiden und in interdimensionalen Zuständen um die Erde herum stationiert, um zu beobachten, was hier vor sich geht. Es ist so einzigartig.

Aufstiegszeitpunkt ...

Manche Menschen gehen, wie wir bemerkt haben, den Aufstieg wie einen Marathon an, bei dem die, die als Erste ankommen, die »Gewinner« sind. Das ist nicht unsere Sicht, und das möchten wir auch ganz klar sagen.

Unsere Überzeugung beruht auf der erfolgreichen Methode, die wir im Laufe von Jahrtausenden entwickelt haben. Dabei besteht das Ziel nicht einfach darin, in die nächsthöhere Oktave zu gelangen, sondern unser Leben so erfüllt und reichhaltig wie möglich zu leben, in ständiger Hingabe an die große Macht der Liebe und Bewusstheit.

Wir möchten euch raten, euch in Bezug auf den Aufstieg nicht mit Zeitplänen und Phänomenen zu beschäftigen. Das kommt alles ganz von alleine. Im Übrigen sind diese Dinge von derart kosmischer Größe, dass eure Gedanken und Interventionen ihnen nichts anhaben können. Es wäre euch sehr viel dienlicher, auf die Dinge einzuwirken, die in eurem Einflussbereich liegen, und dazu gehört das Maß an Liebe, das ihr in die Welt bringt.

Über Liebe und Dualität ...

Der höchste Zustand der Bewusstheit, durch den ihr euch vergewissern könnt, was an einer Situation wahr ist, ist das Schwingungsfeld, das ihr »Liebe« nennt. Dies ist keine Liebe, die unterscheidungslos ist. Diese Liebe ist sich durchaus der Dinge bewusst, die nicht im Einklang sind. Unterscheidungsvermögen ist ein wichtiger Bestandteil ihres Bewusstseins.

Aus diesem inneren Schwingungszustand der Liebe könnt ihr die Dinge klarer sehen, mehr ihrer wahren Natur entsprechend, im Gegensatz zu dem, was euch eure Sinne vermitteln.

Die physischen Sinne vermitteln euch einen Teil der Informationen, aber das ist nur ein kleiner Ausschnitt dessen, was geschieht. Wenn ihr jedoch aus einer Haltung und einem Schwingungsempfinden der Liebe kommt, aus einer wechselseitigen Verbundenheit, dann ist euer Bewusstsein höher. Aus dieser erhöhten Position heraus sind eure Intuition, eure Erkenntnis, euer Verständnis sehr viel unmittelbarer und klarer. So könnt ihr mit Unterscheidungsvermögen empfangen, was euch angeboten wird, ob es nun von uns kommt, von anderen galaktischen Zivilisationen, von spirituellen Kontakten oder von einem anderen Menschen.

Feinstoffliche Körper ...

Euer KA ist ein komplexes Energiefeld. Seine primäre Form ähnelt jener des physischen Körpers, ist nur ein wenig größer. Deswegen wird es in der ägyptischen Alchemie auch »ätherisches Doppel« oder »spiritueller Zwilling« genannt.

Die frühen Ägypter verstanden das KA und seine Beziehung zum physischen Körper. Das KA kann sich umherbewegen und sogar an zwei Orten gleichzeitig sein. Das KA hat auch eine Aura, ein Energiefeld um sich, das wir den »pranischen Körper« nennen.

Wenn wir vom KA sprechen, meinen wir meistens seine primäre Form und sein Aura-Feld. Dieses Feld ist ähnlich wie die anderen Felder eiförmig und kann mit aufsteigendem Bewusstsein recht groß werden. Dieses Aura-Feld um euer KA kann sich in einem bestimmten Moment in der Aufwärtsbewegung des Aufstiegs »entzünden« und wird dann zu einem intensiv goldenen Licht. Die alten Ägypter nannten dies den »Sahu« oder den »prachtvollen spirituellen Körper«. Hier sprechen wir jedoch von sehr fortgeschrittenen Energiezuständen.

Alle feinstofflichen Körper strahlen Licht und Klang (oder Schwingung) aus. Diese Frequenzen sind zu hoch, als dass sie physisch sichtbar oder hörbar wären, aber sie können psychisch gesehen und gehört werden. Wir erkennen an der Qualität des Lichts und des Klangs, die die Felder ausstrahlen, wo jemand in seiner Evolution steht.

Wenn ihr an einem einschränkenden emotionalen oder mentalen Muster festhaltet, werden die Farben und Klänge eures Energiefeldes disharmonisch. In schweren Fällen der Selbstbeschränkung können die feinstofflichen Körper sogar ihre Drehrichtung verändern, eine Unwucht bekommen, sich verhaken oder erstarren, in ganz extremen Fällen sogar brechen.

Ein hoch entwickeltes Wesen wie ein Avatar kann mehrere Kilometer, ja sogar Hunderte von Kilometern große Felder haben.

Wir nehmen euch Menschen als wirbelnde, leuchtende, eiförmige Licht- und Klangfelder wahr. Der physische Körper ist durch diese wirbelnden, bunt leuchtenden Felder hindurch sichtbar und erscheint uns wie eine schimmernde Galaxie von Sternen. Jedes Atom ist wie ein winziger Stern, der ein strahlendes Licht aussendet, und die Organe eures Körpers sind wie Sternenhaufen. Durch diese wirbelnden Felder betrachtet, sind eure Körper wirklich sehr schön. Ihr seid wie facettierte Diamanten aus Licht, kostbar und höchst wundersam.

Der Zusammenhang zwischen Zeit und Schicksal ...

Es mag eine Weile dauern, das zu erklären, aber wir wollen versuchen, uns kurz zu fassen. Es hat mit Sprache zu tun, auch wenn das merkwürdig erscheint.

Wenn ihr eine Erfahrung macht und diese Erfahrung durch Sprache beschreibt, könnt ihr die Erfahrung besser begreifen, besser festhalten. Sprache erleichtert es auch, Erfahrungen wiederzuerkennen. Ihr könnt natürlich auch ohne Sprache Erfahrungen machen, aber die Sprache ermöglicht es eurem Bewusstsein, eine Erfahrung zu kennzeichnen.

Angenommen, ihr habt ein Buch in eine Schublade gelegt, das Haus verlassen und seid irgendwohin auf die andere Seite der Stadt gefahren. Dann merkt ihr, dass ihr eine Information aus dem Buch braucht. Ihr ruft also zu Hause an und sagt eurem Partner oder eurer Partnerin, das Buch liege in der zweiten Schublade, und bittet ihn oder sie, euch die entsprechende Information vorzulesen.

Sprache hilft euch bei der Kommunikation, von daher unterstützt Sprache die Erfahrung (jedenfalls bis ihr wieder telepathisch geworden seid). Es wäre für euch gegenwärtig schwierig, die Person am anderen Ende der Leitung zu dem Buch zu führen, wenn ihr keine Sprache hättet. Die Sprache erzeugt also einen Pfad durch die Erfahrung, was auch ihrem Zweck entspricht; das stellt allerdings auch eine Einschränkung dar.

Zeit ist ein ähnlicher Prozess. Sie ist tatsächlich ein Fluss, aber sehr viel komplexer als die lineare Art, die ihr in eurer Gesellschaft bzw. eurer Kultur messt. Weil Zeit eigentlich spiralförmig und nicht linear verläuft, ist sie ihrem Wesen nach multidimensional. Doch sobald ihr die Zeit linear oder überhaupt irgendwie messt, beeinflusst ihr eure Wahrnehmung.

Es gibt nun drei bestimmte Qualitäten oder Ebenen der Zeit, über die wir sprechen möchten.

Die erste Qualität ist die biologische (genauer gesagt: organische) Zeit: die Rhythmen eures Körpers, der Rhythmus des Atems, der Rhythmus des Herzens und andere komplexe Rhythmen eurer biologischen Realität.

Ihr lebt auch nach einer mechanischen Zeit (genauer gesagt: der Uhrzeit), die erfunden wurde, um die Zeit in Teilen zu messen, damit ganze Gesellschaften ihre Leben nach dieser mechanischen Zeit und nicht nach ihrer biologischen Weisheit ausrichten.

Das setzt die Einzelnen unter enormen Druck, was ihr noch nicht ganz erkannt habt. Euer Leben nach der Uhr zu leben, um sich den gesellschaftlichen Konventionen anzupassen, mag euch auf einer gewissen Ebene dienlich sein, aber auf der biologischen Ebene erzeugt es sehr viel Stress, weil es euch von eurer biologischen Weisheit abschneidet.

Die Zeit biologisch, nach den Rhythmen der Natur zu messen, bringt uns zur zweiten Ebene der Zeit, die mit dem Mond in Verbindung steht. Die lunare Zeitabfolge, die dreizehn Mondzyklen, die ungefähr ein Jahr ausmachen, sind ein organischeres und zutreffenderes Zeitmaß als euer heutiger gregorianischer Kalender, der in vielen Kulturen der Welt und besonders in den westlichen Gesellschaften zur Anwendung kommt.

Der zwölfmonatige gregorianische Kalender wurde geschaffen, um die Menschen vom lunaren, organischen Empfinden von Zeit abzuschneiden. Die Schöpfer des Kalenders gingen bei ihrem Betrug sehr präzise vor. Er diente dazu, das Gewahrsein von der Erde als der großen Mutter aus dem menschlichen Bewusstsein zu lösen und es stattdessen mit etwas Abstraktem zu verbinden.

Wenn ihr die Zeit mit dem gregorianischen Kalender messt, seid ihr nicht mehr im Einklang mit dem wahren Strom der Zeit. Diese willkürliche Maßeinheit wurde sozusagen »aus dem Hut gezaubert«. Sie ist nicht organisch und entspricht nicht den Rhythmen des Körpers bzw. den Rhythmen der Erde. Die Rückkehr zu den Mondphasen würde euch ein echteres Gespür für die Zeit vermitteln.

Das dritte Zeitgefühl ist schließlich die intergalaktische Zeit, die aus dem Fließen und den Beziehungen zwischen den Galaxien in Bezug zur großen Zentralsonne (und in Bezug zu eurer Sonne) entsteht. Dies ist eine weitere Ebene der Zeit, über die ihr nur wenig wisst.

Es gibt also drei Ebenen echter Zeit: 1. die biologische; 2. die lunare; und 3. die intergalaktische Ebene.

Wenn ihr die Zeit mechanisch messt, scheint ihr eine Kontrolle über die Erde zu gewinnen, weil ihr die Dinge zu einer bestimmten Zeit geschehen lassen könnt. Das stimmt auch, denn durch das Bewusstsein könnt ihr einen weiteren Zeitstrom erzeugen. Wollt ihr euch dagegen einer Beschreibung der Zeit annähern, die mit dem Universum im Einklang ist, dann wendet eure Aufmerksamkeit von der Uhr und eurem Kalender ab und richtet sie auf euren

Körper, auf den Mond und auf eine galaktische Wahrnehmung der Zeit.

Der Maya-Kalender folgt den Mondphasen und den intergalaktischen Phasen, aber er bezieht die Körperweisheit nicht mit ein. Die Körperweisheit ist das organische, biologische Zeitmaß in jedem Einzelnen. Hinsichtlich der Mondphasen und der intergalaktischen Zeit ist der Maya-Kalender jedoch die beste Beschreibung, über die ihr verfügt.

Wenn ihr sozusagen nicht »aussteigt«, müsst ihr eine Balance finden. Wenn ihr euch an die Gesellschaft anpassen müsst – und die meisten müssen das –, dann kommt ihr nicht umhin, die Uhrzeit zu beachten und zu einer bestimmten Stunde an einem bestimmten Ort zu sein. Während ihr der Uhrzeit folgt, könnt ihr jedoch auch auf euren Körper achten. Vielleicht ist die Uhrzeit, zu der die anderen essen, nicht eure Zeit, Nahrung aufzunehmen. Vielleicht ist es für euch gerade stimmig, euch auszuruhen oder spazieren zu gehen und erst später zu essen.

Die individuellen Rhythmen unterscheiden sich gewaltig. Es gilt also, sensibel auf die eigenen Rhythmen zu achten und Entscheidungen von eurer Körperweisheit her zu treffen sowie gleichzeitig die Uhr und den Kalender zu berücksichtigen. Wir möchten euch ermutigen, auch auf die Mondphasen zu achten und ein Gespür für die Bewegung von einem Neumond zum nächsten zu entwickeln. So könnt ihr in zwei Welten gleichzeitig leben; ihr könnt in der Gesellschaft leben und den Lauf der Dinge nach diesem Maß verfolgen, und ihr könnt gleichzeitig euer Leben den tieferen, natürlichen Rhythmen entsprechend leben.

Die Lebenskraft und die Pyramide des Gleichgewichts ...

Ist euch eure Lebenskraft kostbar, erkennt ihr von Natur aus auch die Chancen für Beziehungen zu anderen Menschen, zur Verwirklichung eures Lebenswerks und zur Bewusstwerdung der Elemente als wertvoll an. Diese Kombination lässt euch die Spirale hinaufsteigen und ihr gelangt auf eine neue Ebene der Stabilität und des Gleichgewichts. Und sobald ihr diese neue Ebene erreicht habt, gibt es eine weitere Ebene, die es zu meistern gilt. Die Entscheidungen, wie meisterhaft ihr werden wollt, nehmen kein Ende. Sobald man eine gewisse Ebene der Selbstmeisterung erreicht hat, eröffnet sich unserer Erfahrung nach eine neue Ebene, und man kann sich entscheiden, die Spirale weiter hinauf zu dieser neuen Ebene zu steigen, wenn man möchte – vorausgesetzt, man entwickelt alle vier Aspekte der Pyramide des Gleichgewichts.

Diesem Modell zufolge entspricht die Spitze der Pyramide einem hohen Bewusstseinszustand, in dem ihr wacher seid als je zuvor, das heißt, in dem ihr euch eurer Lebenskraft bewusst seid, eurer Beziehungen, eurer Arbeit sowie eures Dienstes und eurer Beziehung zu den heiligen Elementen. Doch je mehr ihr euch diesen hohen Ebenen nähert, desto größer wird die Pyramide und desto höher erstreckt sie sich, sodass ihr nie an ein Ende kommt.

Deswegen können wir euch demütig dienen. Wir haben gelernt, dass die Spirale unendlich ist und dass es Wesen gibt, die weit höher entwickelt sind als wir. Daher wäre es unsinnig für uns, über euch zu urteilen. Indem wir euch dienen, wachsen wir. Je mehr Bewusstheit, Meisterschaft, Mitgefühl und Liebe wir im Dienst an euch entwickeln, desto höher steigen wir in der Spirale. So bewegen wir uns alle zusammen aufwärts.

Es gibt Menschen, die wieder zurückrutschen, aber das macht nichts, denn dieser Prozess beruht auf Freiwilligkeit. Selbst wenn jemand ganz unten ankommt, kann er wieder aufsteigen, denn letztlich gibt es keine andere Richtung.

DNA ...

Zu diesem Zeitpunkt nutzen die Menschen nicht einmal ein Drittel der genetischen Informationen, die ihnen zur Verfügung stehen. Von den verfügbaren Codons – die die eigentlichen Einheiten oder molekularen Gedächtnistore der genetischen Ebene sind – nutzen die meisten Menschen weniger als ein Drittel. Zwei Drittel ungenutzten genetischen Potenzials stehen also noch zur Verfügung, ohne dass irgendein DNA-Strang hinzugefügt werden müsste. Mit anderen Worten: Von eurer derzeitigen Doppelspiralhelix ist nur ein Drittel aktiviert. Je weiter ihr in die höheren Spiralen des Aufstiegs gelangt, desto umfassendere Fähigkeiten und desto mehr Sensibilität braucht ihr. Wenn es so weit ist, wird die DNA diese Codons in Reaktion auf diesen Bedarf spontan aktivieren. Dann eröffnet sich euch immer mehr und mehr eures genetischen Potenzials. Bevor ihr zu anderen DNA-Strängen übergeht, besteht aus unserer Sicht der erste Schritt für euch darin, die DNA-Stränge ganz zu aktivieren, die ihr bereits habt.

Ärger über frühere genetische Manipulationen durch außerirdische Intelligenzen ist aus verschiedenen Gründen müßig. Ärger ist eine inkohärente Emotion, und solange euer Körper inkohärente Emotionen in sich trägt, kann er nicht mit den höheren Spiralen des Bewusstseins in Resonanz gehen.

Es ist auch deswegen vergeudete Energie, weil alles Bewusstsein in Zyklen fließt, und ihr kommt gerade aus einem sehr dunklen Zyklus. Das Bewusstsein erwacht wieder. Es schläft in verschiedenen Gebieten des Kosmos zu unterschiedlichen Zeiten.

Manchmal durchläuft das Bewusstsein Zyklen hoher Blüte, und zu anderen Zeiten geht es durch Zyklen des Rückzugs in die Dunkelheit, in der es nur wenig Potenzial gibt. An manchen Punkten scheint das Bewusstsein in einer Art Tiefschlaf zu verschwinden. Diese Zyklen dauern Äonen lang und wiederholen sich endlos. Menschen können diese Wachstumszyklen nicht verstehen, weil sie so riesig sind. Das Leben ist einfach eine zyklische Bewegung des Bewusstseins, und ihr seid Teil des Bewusstseins, das jetzt von seinem Schlummer erwacht.

Für diejenigen unter euch, die wütend sind, weil sie sich in Bezug auf ihre DNA »beraubt« fühlen, haben wir einen ganz einfachen Rat: Vergebt, was früher war. Lasst es einfach los. Lasst den Ärger verklingen und wendet euch dem zu, was jetzt gerade vor euch liegt. Ärger erreicht nichts, er behindert nur das weitere Wachstum. Sich Liebe, Akzeptanz und Dienen zu eigen zu machen, trägt mehr als alles andere dazu bei, das Vergangene zu heilen und euch voranzubringen. Liebe heilt alles, was sie berührt, und Liebe öffnet Türen, die verschlossen waren.

Gen-Kartierung ...

Die physischen Erbanlagen sind genauso veränderlich wie die emotionalen Auswirkungen der familiären Abstammung. Sie können sich wandeln, und zwar durch eine Schnittstelle zwischen eurem KA, eurem Emotionalkörper und eurem physischen Körper.

In eurem KA gibt es eine Lebenskraft, die ihr anzapfen könnt. Wenn die Kraft stark genug ist und euer Emotionalkörper eine bestimmte Resonanz zeigt, das heißt eine Kohärenz der Freude, der bedingungslosen Annahme und der Liebe, dann geht diese Resonanz in euren physischen Körper über, in euer DNA-Muster, und das beeinflusst dann die Erbanlagen.

In dem Maße, in dem immer mehr Menschen herausfinden, wie sie sich höheren Zuständen der Freude, Liebe und Akzeptanz hingeben können, werden auch eure Wissenschaften diese Zusammenhänge erkennen. Auf der Ebene der menschlichen Genetik wird sich in den nächsten Jahrzehnten einiges Interessantes tun, was eure Wissenschaftler sehr beschäftigen wird.

Die Gen-Kartierung ist eine äußere Technologie, mit deren Hilfe genetische Informationen manipuliert werden können. Das ist weder gut noch schlecht. Es ist einfach eine Technologie.

Wenn ihr die genetische Struktur mit einer positiven, lebensfördernden Absicht verändert, dann kann diese Technologie das Leben stärken. Wenn sie dazu dient, das Leben einzuengen, zu manipulieren oder andere zu kontrollieren, dann wirkt das dem Leben entgegen und ihr geratet als Zivilisation ziemlich in Schwierigkeiten. Angesichts der großen Dichotomie des menschlichen Verhaltens machen uns Gen-Kartierungen und Gen-Manipulationen Sorgen.

Es ist spiritueller Materialismus, zu glauben, durch das sogenannte »genetische Splicing« oder das Einbringen von genetisch wirksamen chemischen Substanzen wäre Fortschritt ohne persönliches Wachstum möglich. Manche der alten Alchemisten befassten sich mit diesen Dingen, und manche ließen sich auf die trügerische Vorstellung ein, sie könnten einen Zaubertrank finden, der ihr Bewusstsein transformiert, ohne dass sie sich auf einen persönlichen Prozess einlassen müssten. Ach ja …, die Zauberdroge, das magische Elixier – und heute ist es die Magie der Genetik.

Wenn ihr euch einfach auf euren physischen Körper als einzigen Transformator eures Bewusstseins konzentriert, dann werdet ihr kein Gleichgewicht finden. Falls ihr eure Beziehungen, eure Arbeit und euren Dienst außen vor lasst und falls ihr eure Wahrnehmung der heiligen Elemente außen vor lasst, dann werdet ihr weiter im Ungleichgewicht sein, selbst wenn ihr die fortschrittlichste aller genetischen Technologien hättet.

Innere Technologie versus äußere Technologie …

Idealerweise sind der Einsatz von innerer Technologie und der Einsatz von äußerer Technologie im Gleichgewicht.

Die Menschen sind heutzutage von Geräten und äußeren Technologien fasziniert, und viele meinen, die äußeren Technologien könnten sie in höhere Bewusstseinszustände versetzen, ohne die Notwendigkeit, sich auf die innere Arbeit einzulassen. Das ist natürlich ein Irrtum.

Die Kraftstäbe, die wir zuvor erwähnt haben, dienten lediglich dazu, die Eingeweihten des alten Ägyptens zu unterstützen. Die eigentliche Aufwärtsbewegung der Lebenskraft durch die Wirbelsäule wurde durch die innere Absicht, den Fokus und den Willen der Eingeweihten erzeugt. Die Stäbe förderten einfach die Bewegung der feinstofflichen Energie, die die Eingeweihten auslösten.

Persönliche Meisterschaft ist zu keiner Zeit leicht. Weniger als ein Prozent der Bevölkerung des alten Ägyptens ließ sich auf den Prozess der Einweihung ein. Manche übernahmen die äußeren Rollen der Priester und Priesterinnen, aber jene, die sich wirklich entschieden, Eingeweihte zu werden und den Weg der Vervollkommnung der Seele bis in die höchsten Bereiche zu gehen, waren eine Minderheit – weniger als ein Prozent der Bevölkerung. Von jenen Eingeweihten erlangten weniger als zehn Prozent die höchsten Ebenen des Verständnisses, das die Mysterienschulen lehrten. Und von diesen zehn Prozent brachten es wiederum weniger als zehn Prozent zur vollständigen Meisterschaft über ihr Selbst.

Das bedeutet nicht, dass alle anderen Eingeweihten versagt hatten, denn dieser Weg der Meisterung erstreckt sich durch alle Leben.

Die Vorstellung, jemand habe versagt, weil er es nicht bis zur vollständigen Selbstmeisterung »geschafft« hat, ist aus unserer Sicht völlig abwegig. Euer gegenwärtiges Leben ist nur eine Verkörperung in Zeit und Raum und ein Ausdruck eures Ku, eurer Seele. Jedes folgende Leben ist ein weiterer Ausdruck eurer Seele. Das ist wie das Wachsen der Blütenblätter einer Blume: Sind die Blütenblätter reif und stark genug, dann öffnet sich die Blüte und erreicht ihre Vollendung.

Der Prozess hin zur vollkommenen Selbstmeisterung ist in Wahrheit ein Teil der Reise. Deshalb sprechen wir nicht gerne davon, dass über neunzig Prozent der Eingeweihten des alten Ägyptens »versagt« hätten, denn unserem Verständnis nach haben sie sich auf den Weg der Meisterschaft begeben. Dass sie die letzte Vollendung, zu der die Mysterienschulen hinführten, während dieser einen Verkörperung nicht erreichten, hat lediglich etwas mit Zeit zu tun. In den folgenden Leben erreichten viele von ihnen die Meisterschaft über ihr Selbst.

Über die Verwendung von energetischen Implantaten für den Aufstieg ...

Wenn ihr etwas erhaltet, was nicht dazu geeignet ist, ein harmonischer Teil eurer selbst zu sein, dann ist es nicht nur überflüssig, sondern auch potenziell gefährlich. Ihr habt alles in euch, was ihr braucht, um die Spirale bis zu den höchsten Bewusstseinszuständen hin zu erklimmen. Es ist alles in Samenform in euch vorhanden.

Es braucht nichts von außen zugefügt zu werden. Ich braucht nur den Boden eures Seins zu kultivieren, damit die Samen wachsen und Früchte tragen können. Das geschieht durch Liebe, Mitgefühl und Unterscheidungsvermögen (Vernunft).

Über die menschliche Stimme ...

Im Klang eurer eigenen Stimme liegt der Schlüssel zu unzähligen Welten.

Klangsignaturen ...

Eine Klangsignatur hat Ähnlichkeit mit einer Signatur oder Unterschrift auf Papier. Wenn ihr einen Scheck unterschreibt, muss eure Unterschrift der hinterlegten Unterschrift sehr ähnlich sein. Passt beides zusammen, wird der Betrag ausgezahlt.

So ist es auch bei Klangsignaturen. Alle Emotionen, Gedankenformen, Überzeugungen und Energien haben ein Klangmuster, das eine oder mehrere Frequenzen enthält. Wenn diese Schwingungen oder Klangmuster von einem Individuum oder von einem Mechanismus so hervorgebracht werden, dass die Klangsignatur der ursprünglichen Signatur entspricht, entsteht eine Resonanz, und diese Emotion oder Gedankenform taucht im Bewusstsein auf.

Zum Beispiel hat die Emotion der Traurigkeit eine Signatur, die die meisten Menschen als Weinen erkennen. Der Akt des Weinens und der Klang des Weinens gelten universell als Klangsignatur für Trauer, Kummer oder Verlust.

Unterdrückt ihr jedoch die Traurigkeit, statt sie im Moment zu erfahren, so rollt sich ihre Schwingung in eurem Energiefeld auf und wartet im Ruhezustand auf eine Gelegenheit, zum Ausdruck zu kommen. Bei der ersten Gelegenheit entrollt sich die Traurigkeit dann plötzlich, und ihr fangt an zu weinen.

Je mehr die Energien auf eurem Planeten zunehmen, desto mehr Emotionen werden in euch und anderen ausgelöst, und ihr werdet oft nicht wissen, wo sie herkommen oder was sie hervorgerufen hat. Oft werdet ihr vielleicht auch nicht wissen, was ihr damit anfangen sollt. Unsere Empfehlung lautet: Wann immer eine starke Emotion auftaucht, sucht euch einen angemessenen Ort und lasst den Klang dieser Emotion ertönen. Lasst sie sich durch euch hindurch bewegen. Wenn euch nach Weinen zumute ist, weint. Wenn euch nach Schreien zumute ist, schreit.

Denkt daran: In jeder starken Emotion steckt ein Ton oder Laut. Wenn ihr den Klang dieser Emotion erklingen lassen könnt und wenn an Gefühlen auftauchen darf, was will – selbst wenn ihr keine Ahnung habt, was es ist –, dann hilft euch das. Im Prozess des stimmlichen Ausdrucks einer starken Emotion werdet ihr oft zu einem Verständnis dessen gelangen, worum es bei dieser Emotion geht.

Für jene, die sich fürchten, Klänge zu erzeugen ...

Falls ihr euch unfähig fühlt, in Gegenwart anderer Geräusche von euch zu geben, dann empfehlen wir euch, irgendwohin zu gehen, wo ihr alleine seid. Viele Menschen sitzen alleine in ihren Autos, und das ist ein prima Ort, Klänge von sich zu geben. Ihr könnt auch draußen in der Natur Geräusche machen oder in einem Zimmer, wo niemand in der Nähe ist.

Das Empfinden von Peinlichkeit beim Erzeugen von Geräuschen ist in erster Linie ein emotionales Thema. Es ist eine energetische Blockade, denn der Fluss der kreativen Energie möchte durch das Kehlchakra zum Ausdruck kommen. Wenn ihr euch zurückhaltet, Töne zu erzeugen oder zu sprechen, weil es euch peinlich ist, hat das wahrscheinlich mit einer vergangenen emotionalen Erfahrung zu tun, bei der euer Selbstausdruck unterdrückt oder beschämt wurde. Vielleicht steckt ein ganzes Muster des Zurückhaltens eurer eigenen Wahrheit und Energie dahinter. Diese Art von emotionaler Blockade muss aufgelöst werden, denn durch den Unwillen, mit der eigenen Stimme Geräusche zu erzeugen, zwängt ihr eure Energie ein.

Steigerung der Vitalität ...

Dies ist ein großes Thema, und in der Praxis gilt es eher, die Anweisungen individuell anzupassen, statt allgemeine Informationen zu geben. Nichtsdestotrotz wollen wir einen Überblick schaffen, um auf das Thema einzugehen.

Wie bereits gesagt, nimmt die Vitalität eures Planeten wegen des Verlusts an Mineralien und des Rückgangs des Sauerstoffgehalts ab. Auf der biologischen Ebene könnt ihr etwas tun, indem ihr euch ausreichend mit Sauerstoff und Mineralien versorgt. Das wird bei vielen Beschwerden helfen. Kolloidale Mineralien können dabei sehr hilfreich sein.

Es gibt auch Produkte und Substanzen, die den Sauerstoffgehalt eures Blutes heben. Mehr lebendige Nahrungsmittel zu euch zu nehmen, unterstützt den gesamten Prozess, vor allem Sprossen und junges, zartes Grünzeug, das noch nicht ganz ausgereift ist. Diese enthalten viele komplexe Proteine und Mineralien, die euch helfen werden. Mehr lebendige Nahrungsmittel mit vollständigen Enzymen fördern den Prozess der Mineralisierung und steigern die Sauerstoffaufnahme. Das erfordert jedoch einen gesunden und reinen Boden, und dasselbe gilt natürlich für das Wasser.

Auf der physischen Ebene sind dies ein paar Dinge, die sehr helfen können. Aber am besten ist ein synergetischer Prozess, bei dem ihr alles tut, was ihr könnt, um eure Vitalität zu steigern. Dazu gehört auch das Prüfen und Klären eurer Überzeugungen und eurer Interaktionen mit anderen. Stärkt ihr euer KA und eure Lebenskraft, wird das auch andere Aspekte eures Bewusstseins stärken. Ihr werdet mehr Fokus sowie mehr Energie und Ausdauer haben.

Auf der emotionalen Ebene gilt es noch einen weiteren Aspekt zu berücksichtigen. Im Massenbewusstsein des Planeten vorhandene negative Gedankenformen und disharmonische emotionale

Energien können eure Lebenskraft schwächen. Je sensibler ihr für eure eigene Lebenskraft werdet, desto mehr müsst ihr eure Energie schützen. Eure Lebensenergie ist kostbar, und ihre solltet sie nicht an irgendjemanden weggeben. Ihr solltet sie für die Stärkung eurer selbst und eurer Lieben nutzen. Ihr solltet sie nicht leichtsinnig verschleudern, und ihr solltet keine negativen emotionalen Muster oder emotionalen Bedürftigkeiten anderer übernehmen.

Wie bereits erwähnt, ist dieser Planet eine Schule für Emotionen, daher ist es ein sehr emotionaler Ort. Dies wird zunehmen, wenn euer Planet und euer ganzes Sonnensystem noch intensiver in den Aufstiegsprozess eintreten. Wer seine Energie fortgibt, »um für andere zu sorgen«, wird sich erschöpft fühlen. Diese Erschöpfung der Energie kommt direkt aus eurem KA. Je sensibler ihr für Energie im Allgemeinen und für eure eigene Energie im Besonderen werdet, desto deutlicher werdet ihr spüren, ob jemand von eurer Energie nimmt oder ob ihr sie weggebt.

Emotionale »Fürsorger« müssen besonders gut auf ihre Lebenskraft achten. Sie können sich emotional derart vollständig um jemand anderen kümmern, dass nichts für sie selbst übrig bleibt. Das hat nichts mit spiritueller Erleuchtung oder Vervollkommnung zu tun. Selbst wenn ihr eure Lebenskraft aus Mitgefühl und Hilfsbereitschaft fortgebt, schadet ihr euch selbst, wenn ihr euch dabei erschöpft, und das ist nicht gut.

Organ-Resonanz ...

Jedes Organ eures Körpers, ja sogar jede Zelle eures Körpers hat ein resonantes Energiefeld. Selbst die Atome und die molekularen Strukturen eurer Zellen haben ihre eigene Resonanz. Auf der Ebene der Zellen trefft ihr dementsprechend auf sehr komplexe Obertöne und Resonanzen, und wenn ihr Millionen und Millionen von Zellen zusammenfasst, um Gewebe und Organe zu bilden, entstehen entsprechend komplexe Klang- oder Schwingungsgrundmuster.

Eine Resonanz besteht beispielsweise zwischen dem Herzen und den Nieren. Diese grundlegende Resonanz sorgt für eine

Balance in der Verbindung zwischen diesen Organen. Wir sprechen hier von einer energetischen Verbindung, keiner funktionalen Verbindung. Die westliche Medizin würde wohl sagen, diese beiden Organe haben sehr unterschiedliche Funktionen. Doch aus energetischer Sicht hängt das Herz von der Nierenfunktion ab.

Die Chinesen haben davon ein klares Verständnis. Sind die Nieren stark, kann auch das Herz stark sein. Sind die Nieren schwach, ist oft auch das Herz schwach.

Die grundlegende Resonanz eines gesunden Körpers erzeugt ein Gleichgewicht, in dem das Resonanzfeld jedes der Organe in einer harmonischen Beziehung zu allen anderen Organen steht. »Gesund« zu sein, bedeutet tatsächlich, »in Harmonie« zu sein. Die Resonanzen, die Klänge und die Frequenzen der verschiedenen Organe müssen in einer harmonischen Beziehung zueinander stehen, um Gesundheit herzustellen und aufrechtzuerhalten. Krankheit entsteht, wenn etwas aus dem harmonischen Gefüge herausfällt.

Die zunehmende Intensität der planetaren Energien stellt für alle biologischen Systeme eine enorme Herausforderung dar, denn je mehr sich die planetare Schwingung beschleunigt, desto schneller wird auch die Schwingung von allem anderen, bis hinab auf die molekularen und atomaren Ebenen. Auch die Zellen und Gewebe eurer Organe werden in dieser Art angeregt. Aufgrund von emotionalen Themen werden manche Organe dabei schneller höher schwingen als andere.

Zum Beispiel sitzt in der Leber oft unterdrückter Ärger, und in den Nieren sitzt oft unterdrückte Angst. Die Lungen halten oft unterdrückte Trauer, und es gibt noch andere organisch-emotionale Beziehungen.

Wenn euer ganzes System anfängt, schneller zu schwingen, weil der Planet schneller schwingt, halten unterdrückte Emotionen die jeweiligen Organe des Körpers in einer niedrigeren Schwingung, während der Rest des Systems seine Schwingung erhöht.

Ein weiterer Grund, weshalb viele Menschen zunehmend intensivere Emotionen erleben, ist daher, dass die Organe, in denen diese Emotionen gespeichert wurden, diese buchstäblich entladen, um mit der ansteigenden Schwingung mitzuhalten.

Emotionaler Ausdruck ...

Wenn die Eingeweihten in den Mysterienschulen geprüft wurden, ob sie für die nächste Einweihungsstufe oder das nächste Ritual bereit wären, wurden sie von einem Priester oder einer Priesterin daraufhin »gescannt«, ob ihre energetischen und klanglichen Signaturen ausgeglichen waren. War die Person ausreichend im Gleichgewicht, wurde sie zur nächsten Stufe zugelassen. Wenn nicht, wurde sie zurückgeschickt, weil es für sie gefährlich gewesen wäre, unausgeglichen höherzusteigen.

Ihr könnt negative Emotionen nicht einfach entfernen, ihr müsst sie umwandeln. Viele Menschen glauben, negative Emotionen und negative Erfahrungen müssten »entfernt« werden. Das trifft nicht ganz zu, denn diese negativen Emotionen und Erfahrungen sind Ausdruck des grundlegenden Weltbildes dieser Person.

Klang zur Gesunderhaltung ...

Aus unserer Sicht liegt die Hauptursache der degenerativen Erkrankungen in der schwindenden Vitalität der Erde. Am Anfang der Zeit war die Vitalität der Erde sehr stark. Die Gletscher und die glaziale Aktivität zermahlten die Felsen zu Mineralien. Das Wasser war stark mineralisiert, der Boden war reich an Mineralien, und der Sauerstoffgehalt des Wassers war höher. Laut Schätzungen eurer Wissenschaftler liegt der Sauerstoffspiegel gegenwärtig bei rund 18 Prozent. Vor einigen Hundert Jahren lag er jedoch noch bei 30 Prozent. Mit dieser enormen Abnahme des Sauerstoffspiegels hat auch das verfügbare Prana abgenommen.

Man könnte fragen, warum das geschieht. Es hat viele Gründe. Was das menschliche Verhalten betrifft, geschieht es, weil ihr die Wälder rodet, sogar die Regenwälder, und ihr verschmutzt die Ozeane, sodass das Plankton und andere Organismen, die Sauerstoff produzieren, beeinträchtigt sind.

Die Menschheit ist kollektiv so von der Erde abgeschnitten, dass sie den Urgrund ihrer Existenz zerstört. Weil die meisten Menschen unabhängig voneinander ihren persönlichen Zielen nachjagen, gibt es in eurer Kultur wenig Wertschätzung oder Verständnis für die Notwendigkeit, die Erdmutter zu ehren. So kommt es zur Massenvernichtung jener grundlegenden Sauerstoffproduzenten und zur Mineralienverarmung der Böden durch die Landwirtschaft.

Die Frage, wie Klänge hier helfen können, ist komplex, weil es bestimmte Frequenzen gibt, die bei bestimmten Gesundheitsproblemen helfen. Viele eurer Forscher entdecken jetzt die therapeutischen Möglichkeiten von Klängen. In den kommenden Jahrzehnten wird »Klangtherapie« einen großen Teil eurer Medizin ausmachen. Ihr werdet entdecken, wie ihr eine Frequenz für das eine Problem und eine andere Frequenz für ein anderes Problem einsetzen und so immer mehr darüber lernen könnt, den Leidenden Hilfe und Heilung durch Klang zu bringen.

Was die Selbstheilung betrifft, könnt ihr das Gesetz des Grundtons anwenden.*

[Anmerkung von Tom: So wie die Hathoren das Gesetz des Grundtons einsetzen, bezieht es sich auf bestimmte, von ihrer eigenen Stimme erzeugte Töne, die mit heilsamen mentalen/emotionalen Zuständen von Körper und Geist im Einklang sind. Diese Grundtöne sind für jeden individuell und unterscheiden sich von Person zu Person. Mit anderen Worten: Es gibt nicht einen Grundton für alle. Mit Hilfe der von den Hathoren beschriebenen Methoden können Sie Ihre körperlichen Beschwerden durch Ihre eigene Stimme und Ihre Absicht beeinflussen.]*

Ein Grundton beeinflusst alle anderen Töne, die zu ihm in Beziehung stehen.

Wenn ihr in der Musik beispielsweise das Dämpfungspedal des Klaviers tretet, damit alle Saiten frei schwingen können, und ihr eine C-Taste anspielt, werden alle C-Saiten darüber und darunter mitschwingen. Sie klingen durch das Gesetz der ähnlichen Resonanz, und das ist das Gesetz des Grundtons. Ein Grundton kann also Resonanzen in anderen Oktaven erzeugen.

Das bedeutet in der Praxis, dass ihr euch in eurem Bewusstsein mit einem Zustand verbinden könnt, in dem ihr gesund, strahlend und mit allen von euch gewünschten Eigenschaften versehen seid.

Tönt ihr dann regelmäßig von diesem höheren Bewusstseinszustand aus, könnt ihr die Zustände in den niedrigeren Oktaven umwandeln, weil ihr den Grundton habt erklingen lassen.

Wenn ihr eine ungesunde Situation erlebt oder einen Zustand, der verändert werden soll, versetzt ihr euch in einen Bewusstseinszustand, in dem ihr frei davon seid. Bringt ihr diese positiven Qualitäten immer wieder in diesem Zustand stimmlich zum Ausdruck, wird das allmählich und manchmal sogar unmittelbar eine positive Wirkung zeigen.

Klang zur Heilung emotionaler Krisen einsetzen ...

Es gibt zwei Möglichkeiten der Klangarbeit, die wir empfehlen, wenn eine große Gruppe von Menschen in einer emotionalen Krisensituation ist. Eine Art ist hörbar, und die andere ist nicht hörbar. Ist die Gruppe kohärent genug, um hörbaren Klang als ein akzeptables Mittel anzuerkennen, dann könnt ihr einfach in euch in jenen Zustand gehen, der unwandelbar ruhig und friedvoll ist und wo es Verbundenheit und Liebe gibt. Es mag anspruchsvoll sein, in einer chaotischen Situation in diesen Zustand zu gelangen, aber er ist immer verfügbar, weil er der Kern des Bewusstseins ist.

Dann verbindet ihr euch einfach mit diesem kohärenten Zustand in euch und erzeugt mit eurer Stimme Klänge, die diese beruhigende Energie vermitteln. Hören die Menschen diese Töne, erkennen sie diesen ruhigen Zustand über das Gesetz der Resonanz.

Seid ihr in einer Gruppensituation, in der hörbare Klänge nicht angemessen wären, könnt ihr die Töne auch im Stillen erzeugen und nach außen strahlen lassen. Die Wirkung ist subtiler, aber immer noch positiv.

[Anmerkung von Tom: Der Einsatz von hörbaren Klängen in einer Gruppensituation ist ein komplexes Phänomen, das leicht die Überzeugungen anderer an ihre Grenzen bringt. Allgemein ist es in Gruppensituationen vorzuziehen, im Stillen mit Klang zu arbeiten,

solange die Gruppe den Einsatz von Klang als emotionale Ressource nicht ganz klar versteht und akzeptiert.]

Im Klangfeld sein versus eine CD hören ...

Es ist besser, unsere katalytischen Klänge direkt zu hören und zu fühlen und so als Schwingungsinformationen zu empfangen, weil die Aktivierung stärker ist, wenn sich der physische Körper am selben Ort befindet wie die Quelle der Klänge. Doch auch über ein Video- oder Audiosystem haben die Klänge immer noch eine kraftvolle und positive Wirkung.

Wir arbeiten hauptsächlich durch Klangschwingung. Die kognitiven Informationen, die wir vermitteln, machen nur etwa ein Prozent dessen aus, was wir anbieten, aber sie sind wichtig, weil sie unsere Sichtweise der Transformation in einen Kontext stellen.

Der Missbrauch von Klang ...

In vielen Zivilisationen wurde Klang missbraucht. Atlantis arbeitete mit freier Energie, und Klang spielte dabei eine wesentliche Rolle. Doch die Atlanter wurden zu mental und schnitten sich von ihren eigenen biologischen Wurzeln ab. Deshalb wurden sie sehr unausgeglichen und zerstörten sich trotz ihrer hoch entwickelten Technologien.

Es ist nicht allgemein bekannt, aber zurzeit werden auch Kriegswaffen entwickelt, die mit Klang arbeiten. Wenn eure globale Zivilisation nicht wieder zur Vernunft kommt und die Erde und alles Leben achtet, könnte eure Zivilisation etwas Ähnliches zustande bringen wie damals die Atlanter.

Energetisches Heilen ...

Wenn ein Heiler eine Heilenergie channelt, ohne die zu heilende Person zu bewerten, dann wird die »Heilung« rein sein. Urteilt der Heiler jedoch über die zu heilende Person, während er Heilungsenergie channelt, wird die »Heilung« nicht rein sein. Etwas vom Urteil des Heilers wird sich energetisch der anderen Person mitteilen.

Das wäre ein schlechter Dienst. Kann ein Heiler seine Urteile nicht zumindest für die Dauer der Behandlung zurückstellen, sollte er die Sitzung lieber nicht abhalten. Die urteilende Gedankenform kann eine negative Wirkung haben, selbst wenn kein Wort darüber fällt.

Jener, den ihr Jesus von Nazareth nennt, kniete nieder und wusch die Füße seiner Jünger. Das war eine große Lehre. Da war ein Meister, der die Spirale des Aufstiegs so weit erklommen hatte, dass er sich niederknien und die Füße jener waschen konnte, die im Vergleich zu ihm vollkommen unbewusst waren.

Das war ein Teil seiner Lehre, und es geschah nicht aus dem Ego heraus. Es geschah, um die Essenz jener Wesen zu würdigen und zu feiern. Es geschah ohne jedes Urteil. Das ist ein Vorbild eines aufgestiegenen Wesens. Ein wirklich aufgestiegenes Wesen hat kein Problem damit, die Füße derjenigen zu waschen, die spirituell weniger entwickelt sind.

Klang und Schwingung ...

Unserem Verständnis nach ist Klang (oder Schwingung) die Grundlage der Wirklichkeit.

Ihr mögt die Materie als fest erleben, doch wir erleben sie als Energiefelder, die in unterschiedlichen Harmonien schwingen.

Daher ist es möglich, die Harmonien zu ändern und von der Materie zu Energie überzugehen. Es ist auch möglich, zurück von der Energie in die Materie zu gehen, wenn man weiß, wie.

Die Raumschiffe, mit denen wir ursprünglich den Weltraum erkundeten und in euer Sonnensystem kamen, beruhten auf Klang bzw. Schwingung. Dies ist ein sehr altes Wissen unserer Kultur, es stammt von unseren Wurzeln. Wir arbeiten seit Jahrtausenden damit.

Heiler und Heilung ...

Heiler sollten sich bewusst sein, dass die Arbeit mit der Energie anderer Leute Gefahren birgt. Ein nicht ausreichend reiner Heiler, der mit einem Kranken arbeitet, kann sich danach erschöpft fühlen und möglicherweise sogar selbst in einer Krise landen, die der Heilung bedarf.

Nachdem sie für andere Heilungsenergien durchgelassen haben, stellen Heiler manchmal mit Bestürzung fest, dass ihr eigenes KA erschöpft ist. Manchmal ist diese Wirkung nicht unmittelbar zu spüren. Der Grund dafür ist im Bewusstsein der Heiler zu suchen sowie in der Energiequelle, die sie zur Heilung nutzen.

Braucht eine Person Energie, dann zieht eine bestimmte Ebene des Selbst diese Energie (nicht unbedingt bewusst) da ab, wo sie sie herbekommen kann. Seid ihr als Heiler mit jemandem zusammen, der eine Art von Energie braucht, die ihr habt, dann wird er diese Energie von euch abziehen, ob bewusst oder unbewusst.

Wir sprechen über die vitale Energie (Prana), die in eurem KA gehalten wird, im spirituellen Zwilling eures physischen Körpers.

Sind die Energiefelder miteinander verbunden, dann verlaufen Bänder von der Person, die Energie braucht, zu der Person, die Energie hat. Der Bedürftige zieht die Energie zu sich wie Wasser aus einem Brunnen. Dies ist in der Regel ein unbewusster Akt, weil er auf einer anderen Ebene des Selbst stattfindet. Dies ist die eigentliche symbolische Bedeutung des Wortes »Vampir«. Jemand kann euch eure Energie absaugen. Wir reden hier nicht vom Blutsaugen, sondern von jemandem, der die vitale Energie aus dem KA eines anderen Menschen saugt.

Falls ihr energetisch unvorbereitet seid und das Phänomen nicht versteht, könnt ihr mit jemandem zusammen sein, der körperlich und/oder emotional erschöpft oder psychisch gestört ist, und euch nach dieser Begegnung selbst erschöpft fühlen. Dies ist einer der Gründe, weshalb Ärzte, Krankenschwestern und andere Menschen im Gesundheitswesen sich oft so erschöpft fühlen. Sie sind so oft von Kranken umgeben, die Heilungsenergie aus ihrem KA absaugen. Es gibt nicht nur Blut-, sondern auch Energietransfusionen. Das ist die erste Ebene des Verständnisses eurer Energie. Sie ist eine Lebenskraft, die von anderen Menschen abgezogen werden kann.

Wenn ihr euch eures KA nicht bewusst seid und nicht merkt, dass Lebenskraft von euch abgezogen wird, fühlt ihr euch vielleicht plötzlich so, als wäre irgendwo ein Leck entstanden und alle Energie aus eurem Körper entwichen. Sollte das passieren, müsst ihr euch zurückziehen und wieder aufladen.

Zurück zum Thema der Heiler … Auch feinstoffliche »emotionale Ströme« im Emotionalkörper einer Person können die Energie erschöpfen. Diese »emotionalen Ströme« werden durch die Gedanken und Gefühle des Heilers gegenüber der zu heilenden Person beeinflusst. Diese emotionalen Ströme können auch durch versteckte Absichten des Heilers entstehen, wenn er zum Beispiel eine Heilung erzwingen will.

Als Heiler müsst ihr euch emotional und mental sehr klar darüber sein, wo die Heilung herkommt und warum ihr eine andere Person »heilen« wollt. Selbst der unschuldigste Wunsch, zu helfen, ein guter Mensch oder ein Held zu sein, kann die Energie kontaminieren, stören oder belasten.

Wenn ihr eure eigene Energie aussendet und eure eigene Vitalität einsetzt, seid ihr in Schwierigkeiten, denn ihr habt nur eine begrenzte Menge an persönlicher Energie zur Verfügung, bis ihr euch wieder aufladen müsst.

Seid ihr euch jedoch im Klaren, dass ihr ein Kanal für die Heilung seid – und nicht ihre Quelle –, dann fließt die Heilungsenergie einfach durch euch hindurch und nicht aus euch heraus. Wenn sie durch euch hindurchfließt, ohne auf hinderliche einschränkende Motive zu stoßen, wird durch diese Reinheit viel von der Müdigkeit und Erschöpfung vermieden, die manche Heiler spüren.

Ein weiteres Thema besteht darin, euer eigenes KA und eure eigene Lebenskraft so deutlich wahrzunehmen, dass ihr spüren könnt, ob euch eure Energie abgezogen wird. Leider merken die meisten Menschen erst, sobald sie erschöpft sind, dass ihre Energie abgesaugt oder abgezogen wurde.

Wir empfehlen eine einfache Methode, euch während der »Heilung« einer anderen Person zu schützen. Richtet einfach einen Teil eurer Aufmerksamkeit auf eure Pranaröhre, die durch die Mitte eures Körpers verläuft. Diese Röhre verbindet euch sowohl mit den himmlischen Bereichen als auch mit der Erde. Damit meinen wir, dass ihr himmlisches und irdisches Prana aufnehmen könnt. Verbindet ihr diese beiden feinstofflichen Energien in eurem Körper, wird die allgegenwärtige Heilungsenergie noch voller durch euch hindurchströmen und ihr werdet gleichzeitig besser geerdet, ausgeglichener und bewusster sein.

Als Heiler müsst ihr eine Wahrnehmung eures eigenen KA, eurer eigenen Vitalität entwickeln.

Es ist übrigens möglich, dass eine Person einer anderen Energie abzieht, ohne körperlich in der Nähe zu sein. Das kann auch aus Tausenden von Kilometern Entfernung passieren.

Aus offensichtlichen Gründen ist es besser, die unendlichen Energiereserven der Quelle, des »Alles-was-ist«, zu nutzen, anstatt eure eigene Energie.

Prana ist nicht die feinste Energie, auch wenn sie feiner ist als die physische Materie. Es gibt Energien, die eine feinere Schwingung haben als Prana, und diese Energien haben auch stärkere Heilungskräfte. Je höher ihr in der Schwingung steigt, desto näher kommt ihr der Quelle, dem »Alles-was-ist«, wo ihr Zugang zu den allersubtilsten Energien habt.

Je reiner ihr seid, desto kraftvoller werden die Heilungen durch euch sein. Je meisterhafter ein Heiler oder eine Heilerin werden, desto fähiger werden sie, eine energetische Blockade oder ein kristallisiertes Muster durch geschickte Energiemanipulation aufzulösen. Diese Meisterschaft ist eine natürliche Entwicklung. Doch es gibt eine feine Grenze zwischen der Erkenntnis, dass eine Veränderung notwendig ist, und dem Erzwingen der Veränderung.

Heiler müssen auch verstehen, dass sie oft Klienten anziehen, die ihre eigenen psychospirituellen Themen spiegeln. Im Prozess des Heilens und des Durchlassens höherer Energien lernen die

Heilenden also selbst weiter. Heiler, die demütig bleiben und offen dafür sind, dass ihre Klienten ihnen ihren eigenen »Prozess« spiegeln, können dadurch weiter in ihrer Selbsterkenntnis und ihrem Mitgefühl wachsen. Und schließlich müssen sich Heiler auch darüber im Klaren sein, dass andere das Recht haben, zu leiden.

Drängt niemandem eure Zeitvorstellungen auf. Gewährt anderen den Raum, in ihrem eigenen Tempo zu einem umfassenderen Bewusstsein zu gelangen.

Über den Einsatz von Psychologie zur Heilung ...

In der Psychologie geht es meistens darum, Menschen dazu zu bringen, sich an ihre Gesellschaft auf eine Weise anzupassen, die für das Individuum möglichst wenige Probleme mit sich bringt. Das grundlegende Ziel ist also Anpassung. Aber diese Anpassung an die Gesellschaft ist für das menschliche Potenzial eher einschränkend.

Menschliche Wesen haben ein viel größeres Potenzial für Ausdruck sowie mentale und emotionale Erfahrungen, als den meisten psychologischen Richtungen bewusst ist. Viele Psychologien befassen sich mit Bereichen des Bewusstseins, die auf Sprache beruhen. Das erfordert dann viel Reden, und es wird nur wenig Zeit mit der Lösung grundlegender energetischer Themen verbracht.

Alles was emotional im Körper und in den feinstofflichen Feldern als Verformung auftaucht, wie emotionaler Schmerz oder Trauma, hat eine energetische Komponente. Insofern könnt ihr reden und reden, und es wird sich nichts wirklich verändern, solange die energetische Komponente der Situation nicht geklärt wird.

Wer in diesem Bereich arbeitet und sein Repertoire erweitern und wirksamer heilen möchte, sollte die energetischen Aspekte von emotionalen und mentalen Zuständen in seine Methoden aufnehmen, damit er bei seinen Klienten die Energien unterdrückter Emotionen und Überzeugungen direkter ansprechen kann.

Werden die energetischen Aspekte einer Situation geklärt, lösen sich das Trauma und das Unwohlsein auf. Sowohl das Nervensystem als auch das Verhalten kann dann wieder zu seinem ausgeglichenen Zustand zurückfinden. Das steigert das Wohlbefinden des Individuums.

Noch schlimmer ist die Unterdrückung der Energien von Emotionen durch Medikamente. Emotionen, Gedankenformen und die chemischen Prozesse des Gehirns stehen in Beziehung zueinander, aber die Wissenschaft der Psychopharmakologie steckt noch in den Kinderschuhen. Die Methoden, die ihr heute verwendet, um auf die Chemie des Gehirns einzuwirken, sind so, als verwende man einen Knüppel, um eine Mücke zu erschlagen.*

[Anmerkung von Tom: Falls Sie Psychopharmaka oder andere Medikamente für psychische Beschwerden nehmen, sollten Sie diese nicht absetzen, ohne den Rat eines Experten eingeholt zu haben!]*

Elektroschockbehandlungen und ähnliche Anwendungen schaden dem Energiefeld und dem Nervensystem der Person enorm. Elektroschockbehandlungen reißen auch die feinstofflichen Körper auf. Da diese Prozeduren den KA-Körper schädigen können, sind Elektroschockbehandlungen eine höchst minderwertige Methode. Kommt ein solcher Energiestoß im Gehirn an, ist das, als würde dort etwas explodieren, und das Nervensystem findet hinterher in einer anderen Art zu einem Gleichgewicht als zuvor. Manchmal ist dieses neue Gleichgewicht besser und manchmal schlechter. Elektroschockbehandlungen sind eine äußerst armselige, unbeholfene und grobe Methode, die Aktivität des Gehirns zu manipulieren.

In den kommenden Jahrzehnten werdet ihr lernen, auch Klang und Elektromagnetismus zur Heilung emotionaler und mentaler Probleme einzusetzen.

Die Stärkung des KA ...

Wir haben bei vielen Menschen die Tendenz bemerkt, sich übermäßig zu stimulieren und sich körperlich zu überfordern. Wenn ihr müde seid und euch mit Hilfe künstlicher Stimulanzien weitertreibt, kann euer KA erschöpft werden. Erschöpfen sich die Reserven eures physischen Körpers, kann das zu sehr negativen Zuständen bis hin zu physischen Problemen führen. Darüber hinaus könnt ihr mit einem erschöpften KA die Aufstiegsspirale nicht weiter erklimmen. Es gilt also, ein Gleichgewicht aus Ruhe, Sport und Bewegung zu finden – und weise zu wählen, was ihr esst und trinkt. Auch positives Denken und Handeln ist von entscheidender Bedeutung.

Auch die Art von Menschen, mit denen ihr zu tun habt, wirkt sich auf euer KA aus. Menschen, die ihrem Wesen nach positiv, lebendig und aufmunternd sind, werden euer KA eher stärken, wohingegen jene, die eher negativ, pessimistisch und erschöpft sind, euch eher erschöpfen werden. Ihr solltet also eure Entscheidungen, mit wem ihr lebt und arbeitet, davon abhängig machen, ob diese Leute euer KA eher stärken oder eher schwächen.

Über die Kundalini ...

Die Bewegung des Sekhem (Lebenskraftenergie), die den Djed (Pfad der Chakras) emporsteigt, ähnelt der Kundalini. Es gibt jedoch auch noch andere Energien außer der Kundalini, die die Wirbelsäule hinaufsteigen. Die bei bestimmten Einweihungserfahrungen eingesetzten Kraftstäbe stimulierten sowohl das Sekhem als auch die Kundalini dazu, nach oben zu steigen.

Diese Kundalini, dieses elektromagnetische Bewusstseinsfeld, beginnt im physischen Körper am Wurzelchakra. Von dort steigt sie entlang der Wirbelsäule auf.

Die Lebenskraft (Sekhem) wird im Solarplexus erzeugt und bewegt sich von dort hinab in die Sexualorgane, bevor sie ins Wurzelchakra und von dort die Wirbelsäule hinauf fließt. Ihr könnt diese Art von Energie aktivieren, indem ihr eure Aufmerksamkeit auf euer sexuelles Zentrum/Sakralchakra richtet. In der ägyptischen Alchemie galten diese beiden Zentren – der Solarplexus und das Sakralchakra – als Brennpunkte der spirituellen Evolution.

Wenn euer Herzchakra als Fokuspunkt der energetischen Beziehung zwischen den Kraftstäben beziehungsweise der feinstofflichen Verbindungen zwischen den Chakras dient, werden diese Energien mit Liebe angereichert.

Wir möchten deutlich machen, dass die Vitalkraft des Körpers und die Vitalkraft des Bewusstseins ihren Ursprung in den niederen Chakras haben, deshalb könnt ihr sie nicht außer Acht lassen, wenn ihr eure Lebenskraft anheben wollt.

[Anmerkung von Tom: Den Hathoren zufolge liegt die Quelle des Sekhem (Lebenskraft) im Solarplexus. Von dort steigt die Lebenskraft in die Sexualorgane hinab und dann ins Wurzelchakra. Von dort aus steigt sie den Djed hinauf. Die Kundalini hingegen stammt aus der Tiefe des Wurzelchakras. Laut den Hathoren stammt die Kundalini aus der Kundalini-Shakti, die in verschiedenen Schwingungsbereichen des ätherischen Körpers vorkommt und durch ein winziges Wurmloch ins Wurzelchakra einströmt.]

Arbeit mit den Chakras ...

Die Arbeit mit dem Herzchakra ist für alle Menschen am sichersten, weil das Herzchakra der Sitz der Seele ist, die wir »Ku« nennen, und dieser Samen des Bewusstseins sitzt im Herzzentrum. Die verschiedenen Energieflüsse und Kraftstäbe (über die wir zuvor gesprochen haben) auf das Herz auszurichten, ist auf jeden Fall der sicherste Ansatz, es sei denn, ihr seid euch ganz klar darüber, wie ihr mit den anderen Chakras arbeiten könnt.

Das Herzchakra beschleunigt bei den meisten Menschen die Evolution am meisten, weil die Menschen durch das Herzzentrum bedingungslose Liebe erfahren.

Rückt ihr die bedingungslose Liebe in euren Fokus, erklimmt ihr die Spirale des Aufstiegs.

Habt ihr, wie bereits erklärt, mit einem anderen Menschen eine sexuelle Beziehung und bringt dabei diese Liebe in Beziehung zu eurem Herzen zum Ausdruck, dann wird dieses Gefühl auch eure Sexualität durchdringen. Dann wird der sexuelle Ausdruck heilig und erhaben.

Stellt ihr auf dieselbe Weise die Beziehung zwischen eurem Herzen und eurem Kraftzentrum (eurem Solarplexus) her, dann wird eure Kraft durch die Liebe bereichert.

Setzt ihr euer Kehlchakra in Beziehung zu eurem Herzen und bringt so eure Wahrheit mit Liebe zum Ausdruck, dann werden eure Worte erhabener und haben eine segensreiche Wirkung.

Öffnet sich schließlich eure Hellsichtigkeit durch euer Stirnchakra, könnt ihr das Schwingungsspektrum sehen, das als »Astralreich« oder »ätherischer Bereich« bezeichnet wird. Steht eure Hellsichtigkeit in einer Schwingungsbeziehung zu eurem Herzzentrum und dem Energiefeld der bedingungslosen Liebe, dann umgeht ihr die Negativität, von der es im Astralbereich eine ganze Menge gibt, und eure Wahrnehmung des Feinstofflichen wird erhabener.

Etwas Ähnliches geschieht, wenn ihr euer Kronenchakra öffnet: Erfolgt diese Öffnung in Beziehung zu eurem Herzchakra und dem Gefühlszustand der bedingungslosen Liebe, werdet ihr die höheren Schwingungszustände der ätherischen Bereiche und das, was jenseits von ihnen liegt, erfahren. Daher ist euer Herzzentrum zum gegenwärtigen Zeitpunkt der menschlichen Entwicklung der segensreichste Bezugspunkt für die Ausrichtung der anderen Kraftstäbe bzw. Energieflüsse.

Über die Veränderungen der Erde ...

Die Gitternetzlinien der Erde reagieren auf die größeren kosmischen Rhythmen der Sonne und anderer himmlischer Kräfte. Passiert also beispielsweise etwas in der Sonne, dann kann sich das sowohl in den magnetischen Linien als auch in den nicht magnetischen Gitternetzlinien verschiedener Bereiche des Planeten – zum Beispiel in den Randbereichen des Pazifiks – auswirken. Möglicherweise kommt es plötzlich zu vulkanischen und/oder seismischen Aktivitäten (und Wetter-Anomalien). Eure Wissenschaftler werden wohl bald herausfinden, dass es eine tiefere Beziehung zwischen den Energiebewegungen in der Sonne und den Ereignissen auf der Erde gibt, als sie bislang angenommen haben.

Über Wetter-Anomalien ...

Wettermuster beruhen auf komplexen Wechselwirkungen zwischen physischen Kräften wie Hitze, Temperatur, Feuchtigkeit, Trockenheit und Druck. Sie stehen auch mit dem subtileren Bereich der vier Elemente in Beziehung, und auf dieser Ebene können sie vom menschlichen Bewusstsein und den menschlichen Emotionen beeinflusst werden.

Stark vereinfacht ausgedrückt sind eure Wettermuster ein Abbild des kollektiven emotionalen und mentalen Lebens der Menschen. Für diejenigen, die das Wetter als rein dreidimensionales, irdisches Phänomen betrachten, mag das seltsam erscheinen, aber aus anderen Dimensionen betrachtet, ist es sehr klar, dass die Tornados und Wirbelstürme mancher Gebiete ein Abbild der Wechselbeziehung zwischen dem menschlichen Bewusstsein und dem planetarischen Bewusstsein (sowie dem kollektiven Bewusstsein anderer Pflanzen- und Tierreiche) sind.

Die katastrophalen Unwetter nehmen zu, und das liegt zum Teil am Prozess des Chaos. Auf kollektiver Ebene sind die menschlichen Emotionen unbeständiger geworden, und das wirkt sich auf die Biosphäre aus, wo Biologie und Bewusstsein aufeinandertreffen.

Schaut ihr euch die heutigen Wettermuster an, so seht ihr, dass Tornados heute in Gegenden auftreten, wo sie früher nicht vorkamen. Da verändert sich definitiv etwas.

Prophezeiungen ...

Prophezeiungen sind eine Fähigkeit des Bewusstseins, die Zukunft vorauszusagen aufgrund eines Verständnisses dessen, was im Augenblick geschieht. Es ist, als würde man den Verlauf des Schicksals vorzeichnen, weil man versteht, dass Veränderungen eintreten können und werden.

Prophezeiungen sind Möglichkeiten, keine Tatsachen. Sie sind nicht in Stein gemeißelt, doch die Voraussagen und Prophezeiungen von Erdkatastrophen erzeugen in vielen Menschen große

Angst. Diese Menschen verstehen die Prophezeiung als Tatsache, und das ist ein Missverständnis.

Prophezeiungen sind ein Verständnis dessen, was passieren könnte, wenn sich die Ereignisse weiterhin so entfalten, wie sie es jetzt tun. Angenommen, ihr habt einen Schuh, der euch nicht passt, und ihr geht damit, bis es schmerzt und brennt, dann könnt ihr vorhersagen, dass eine Blase entstehen wird. Wertet ihr das als Tatsache, bei der ihr keine Wahl habt, dann werdet ihr den Schuh nicht ausziehen. Ihr könntet euch sagen, diese Blase sei vorherbestimmt gewesen und ihr hättet ja keine Wahl gehabt.

Leider sehen wir Derartiges im Hinblick auf die Prophezeiungen über Erdkatastrophen. Aus unserer Perspektive ist hinsichtlich der Veränderungen auf der Erde nichts absolut. Es gibt Wahrscheinlichkeiten, die so eintreffen könnten oder auch nicht, je nachdem, was mit dem Bewusstsein der Menschheit und dem Bewusstsein der Erde passiert. Nehmt Prophezeiungen, die euch zu Ohren kommen, nicht als Tatsachen, sondern als Möglichkeiten. Ja, es wird auf der Erde Veränderungen geben, denn sie entwickelt sich weiter, genau wie ihr. Aber die Veränderungen auf der Erde müssen nicht so verhängnisvoll vor sich gehen, wie manche meinen.

Die wahre Bedeutung von Prophezeiungen liegt darin, eine Gesellschaft oder Individuen davor zu warnen, was auf sie zukommen könnte. Der Prophet verweist auf ein zukünftiges Schicksal (das er intuitiv erspürt) und sagt: »Das kommt auf uns zu. Wollen wir weiter auf diesem Weg bleiben?«

Intuition und Wahrheit ...

Eure emotionalen Reaktionen auf die gegebenen Situationen sind das Ergebnis eurer jeweiligen Wahrnehmung der Situation. Betrachtet ihr eine Situation durch die Augen der Dualität – was im alchemistischen System des alten Ägyptens durch die Schlange von Apophis (Schlange der Dualität) dargestellt wurde –, dann werdet ihr in der dreidimensionalen Wirklichkeit in den Kampf der Sinne verwickelt.

In der dreidimensionalen Wirklichkeit interpretiert ihr Ereignisse in Bezug auf euch selbst als gut oder schlecht, positiv oder negativ. Bewertet ihr sie als gut, fühlt ihr euch vielleicht beschwingt. Bewertet ihr sie dagegen als schlecht, rutscht ihr vielleicht in Depression, Ärger oder was auch immer das euch vertraute emotionale Muster ist.

Erfahrt ihr eine Situation durch das sogenannte »linke Auge des Horus« (d. h. durch eure intuitive Fähigkeit) oder durch das »Auge des Toth«, das auch als Auge der Weisheit (dessen Funktion »Tehuti« genannt wird) bekannt ist, dann nehmt ihr Dinge jenseits des Physischen wahr. Alles, was sich im physischen Bereich ereignet, ist Illusion; erkennt ihr die Wahrheit jenseits der Illusion, werdet ihr frei. Ihr erlebt dann immer noch die physische Wirklichkeit, aber auf der emotionalen Ebene nehmt ihr durch das intuitive Auge des Horus oder durch das Auge des Toth die Weisheit jenseits des Physischen wahr.

Diese Fähigkeit, die Wahrheit jenseits der Illusion wahrzunehmen, wird im System der ägyptischen Alchemie als »Maat« bezeichnet.

Diese Wahrheit jenseits der Illusion ist der Urgrund, aus dem alles hervorgeht: ewig friedvoll und ruhig, unwandelbar, mitfühlend, wohlwollend und liebevoll.

Nutzt ihr eure Gabe der Intuition im Einklang mit euren höheren Aspekten und nehmt ihr alles, was in eurem Leben geschieht, durch eure Intuition wahr, dann erdet ihr euch in der grundlegenden Liebe und dem Gleichgewicht aller Dinge. Dann werdet ihr nicht durch die Schlange Apophis, die Schlange der Dualität, aus der Bahn geworfen.

Wir möchten hier ganz deutlich sein. Wir raten euch keineswegs, euren Intellekt aufzugeben. Der Intellekt ist für die Evolution des Bewusstseins ein wesentliches Element. Wir raten euch nur, euch nicht von den Konditionierungen des Intellekts dazu verführen zu lassen, die Wahrnehmungen der Sinne als Wirklichkeit hinzunehmen.

Aus energetischer Sicht stärkt die Kultivierung der höheren Bewusstseinsqualitäten – der Emotion namens »Liebe« – eure intuitive Verbindung zur Wahrheit. Je mehr ihr liebt, desto mehr könnt ihr euch selbst und den Menschen um euch herum vergeben und desto weniger verfallt ihr Apophis, der Illusion. Die Entscheidungen, die ihr fällt, machen euch frei. Das ist der Schlüssel, denn ihr selbst seid eure Befreier.

Spirituelle Gemeinschaft und spirituelles Ego ...

Spirituelle Gemeinschaft kann die Weiterentwicklung sehr unterstützen. Doch die positiven Wirkungen einer spirituellen Gemeinschaft hängen sehr von den Individuen ab, aus denen die Gemeinschaft besteht.

Angenommen, zwei Menschen aus einer spirituellen Gemeinschaft gehen in einen Supermarkt und der eine von beiden betrachtet die Leute dort als minderwertig bzw. weniger hoch entwickelt und denkt: »Wenn ich schon diese Leute sehe, sie sind so unbewusst! Sie merken nichts von all dem, dessen wir uns bewusst sind. Wir sind die Auserwählten.« Das ist eine Wertung bzw. ein Urteil, das ist spirituelles Ego und gefährlich, weil diese Person die Spirale des Aufstiegs hinabrutschen wird anstatt aufzusteigen.

Die andere Person sieht vielleicht deutlich, dass die Leute dort nicht so bewusst sind wie sie selbst, aber sie wertet und verurteilt das nicht, sondern hat vielleicht sogar Mitgefühl und Verständnis für sie, weil sie diesen Zustand auch schon erlebt hat. Sie weiß: Im unendlichen Aufstieg der großen, ewigen Spirale ist auch ihr eigenes, erweitertes Bewusstsein beschränkter als das von anderen.

Entscheidend ist, was ihr für mehr Akzeptanz und Frieden leistet.

Kommen Menschen zusammen, die geistig und vom Herzen her gleichgesinnt sind, dann entsteht Harmonie, und ihre Schwingungsfelder werden auf der höheren Ebene gestärkt.

Es ist unserer Ansicht nach aber auch wertvoll und nützlich, mit so vielen anderen Menschen wie möglich im Austausch zu sein, auch mit Menschen, die nicht dasselbe Schwingungsfeld oder die gleiche Meinung wie ihr haben. Das bietet euch Gelegenheit, zu lernen, weniger zu urteilen und aus einem stabilen, ausgeglichenen Zustand heraus mit verschiedenen Energien umzugehen. Diese Art von Offenheit wird eure Evolution rasch beschleunigen. Es kann sehr lehrreich sein, mit Andersgesinnten zu tun zu haben.

Gleichgeschlechtliche Intimität ...

Die homosexuelle oder lesbische Lebensweise bedeutet nicht notwendigerweise eine Einschränkung im Hinblick auf das KA, wenn die sexuelle Energie angehoben wird.

Würden homosexuelle Männer die alten taoistischen und tantrischen Methoden des sexuellen Vergnügens ohne Ejakulation praktizieren, so würden sie ihr KA stärken, ihre sexuelle Energie zu ihren höheren Energiezentren leiten und intensivere Lust erfahren. Sind die sexuellen Energien angehoben, kann jede Zelle des Körpers an der Ekstase des Orgasmus teilhaben. Männer empfinden den Orgasmus meistens nur im Beckenbereich; mit diesen alten Methoden können sie entdecken, dass der Orgasmus nicht auf diesen einen Bereich beschränkt bleiben muss.

Allgemein gesagt ist die Vitalität des KA bei Frauen stärker als bei Männern. Das ist genetisch so angelegt, weil Frauen von ihrem KA abgeben müssen, wenn sie ein Kind austragen. Der Fötus braucht für seine Entwicklung und Geburt das KA der Mutter. Das ist einer der Gründe, weshalb Mütter und Kinder oft eine so starke und tiefe Verbindung miteinander haben. Frauen haben von ihrer Anlage her also stärkere KAs als Männer. Außerdem sind sie tendenziell sensibler für den Orgasmus auf zellulärer Ebene, obwohl auch Männer diese Fähigkeit entwickeln können.

In sexuellen Beziehungen unter Frauen können diese mit Hilfe der sexuellen Energie ihr Bewusstsein erweitern, indem sie die Energie des Orgasmus in der Pranaröhre aufsteigen und von dort aus durch den ganzen Körper kreisen lassen. Die taoistischen und tantrischen Methoden für Frauen ähneln jenen für Männer, wobei es aber natürlich nicht notwendig ist, den Samen zurückzuhalten.

Aus energetischer Sicht sind alle Menschen sowohl männlich als auch weiblich. Auf den feinstofflichen Ebenen der Energie und des Bewusstseins seid ihr potenziell androgyn, das heißt in den sexuellen Polaritäten eures Seins »ausgeglichen«. Insofern ist es aus alchemistischer Sicht nicht notwendig, einen Partner oder eine Partnerin zu haben, um die sexuelle Energie anzuheben.

Das alte Verständnis des Zölibats ist zum größten Teil verloren gegangen. In den Mysterienschulen des alten Ägyptens gab es bestimmte Zeiten, in denen die Eingeweihten sexuelle Enthaltsamkeit pflegten, um ihre eigenen sexuellen Energiemuster erforschen und ihre männlichen und weiblichen Aspekte miteinander zu verschmelzen, was als »alchemistische« oder »heilige Hochzeit« bezeichnet wurde. Doch inzwischen ist aus dem Zölibat nur Vermeidung oder Unterdrückung geworden, ohne jegliches Verständnis der damit einhergehenden energetischen Prozesse.

Ihr braucht keine sexuelle Beziehung, um hohe Bewusstseinszustände zu erlangen, da die sexuelle Energie auch ohne Partner innerlich zum Kreisen gebracht werden kann. Wenn ihr euch entscheidet, zölibatär zu leben, und gleichzeitig eure Lebenskraft von eurem Wurzelchakra und euren sexuellen Zentren am unteren Ende der Wirbelsäule zum Kronenchakra aufsteigen lasst, werdet ihr Seligkeit und Ekstase erleben.

Die durch eure Wirbelsäule zu den höheren Zentren aufsteigende Energie eröffnet euch höhere Zustände der Bewusstheit. Jene, die sich für einen zölibatären Weg entscheiden, möchten wir ermutigen, zu lernen, wie ihr eure sexuelle Energie innerlich kreisen lassen könnt. Echtes Zölibat bedeutet nicht die Unterdrückung, sondern vielmehr das Aufsteigenlassen der Lebenskraft.

Über menschliche Emotionen ...

Was die menschliche Evolution betrifft, so geht ihr auf die Liebe zu. Euer Potenzial liegt darin, die Emotion der Liebe auf allen Ebenen des Bewusstseins beständig zu erleben.

Wir haben das erreicht; deshalb sind wir mit euch verbunden, und deshalb schauen euch viele Wesen aus anderen Bereichen des Universums zu. Sie beobachten eure Situation und eure emotionalen Reaktionen, obwohl manche dieser Wesen selbst keine Gefühle und Emotionen kennen. Sie sehnen sich danach, Emotionen zu haben; das fehlt ihnen. Es ist schon komisch, dass viele Menschen genau das zu vermeiden suchen, was diese Wesen so erstrebenswert finden, nämlich Gefühle und Emotionen.

Dass die Erde ein gutes Übungsfeld für Emotionen und Gefühle ist, liegt in ihren Anfängen und in der Position der Erde zur physischen Sonne begründet. Die Entwicklung der Vegetation auf der Erde und der daraus resultierende Anstieg des Sauerstoffspiegels ermöglichten die Entstehung des euch bekannten Lebens.

Und es gibt eine entscheidende Verbindung zwischen Emotionen und Sauerstoff. Das zeigen auch eure Methoden der Arbeit mit dem Atem, die die Yogis »Pranayama« nennen. Die Verwendung des Atems zum Ausgleich der Emotionen beruht auf der Erkenntnis, dass Sauerstoff und Lebenskraft bzw. Prana eine direkte Beziehung zu den Emotionen haben. Ihr habt also einen Planeten, welcher eine Umwelt entwickelt hat, die für das Erfahren von Emotionen sehr geeignet ist, und das wurde schon frühzeitig von vielen Kulturen und Zivilisationen erkannt, auch von intergalaktischen. Es sprach sich herum, und viele Seelen inkarnierten ganz gezielt auf der Erde, um diese Chance zu nutzen.

Offenherzigkeit ...

Im Emotionalkörper gespeicherte Erinnerungsmuster können von Leben zu Leben weitergetragen werden, und wenn ihr in einem früheren Leben für eure Offenherzigkeit bestraft oder zurückgewiesen wurdet, dann kann dieses Muster im gegenwärtigen Leben wieder auftauchen. Es ist wichtig, das zu verstehen und in Bezug auf diese Themen behutsam mit sich selbst umzugehen.

Und vergesst dabei nicht: Der Prozess der Öffnung bedeutet nicht, dass ihr euch gegenüber jedem, der euren Weg kreuzt, verletzlich zeigt. Es bedeutet, zu entscheiden, wann und wem gegenüber ihr euch öffnet. Das Ziel besteht darin, sich öffnen zu können, sofern ihr das möchtet.

Wenn ihr ein starkes emotionales Erinnerungsmuster in euch tragt, dann fühlt es sich vielleicht für euch so an, als hättet ihr keine andere Wahl, als euch zu verschließen, um euch zu schützen. Durch das Verständnis dieses Mechanismus könnt ihr euer Herz bewusst wieder öffnen und dann entscheiden, bei welchen Menschen und in welchen Situationen es stimmig ist, so offen zu sein.

Universelle Liebe ist für uns der wesentliche Balancepunkt unserer emotionalen Reaktionen – ein Schwingungsfeld von hoher Kohärenz, das ihr »bedingungslose Liebe« und »bedingungslose Akzeptanz« nennt.

Das Leben in diesem Schwingungsfeld ermöglicht es uns, die Spirale des Bewusstseins weiter aufzusteigen. Und wir können anderen helfen, die vielleicht nicht in diesem Schwingungsfeld der Liebe sind, die sich vielleicht nicht selbst lieben oder sich selbst und andere verletzen. In diesem Schwingungsfeld der Liebe zu leben und alle Situationen aus diesem positiven Gefühlszustand heraus zu erleben, war der stärkste Katalysator für unsere eigene Evolution.

Die Blume des Lebens ...

Die Blume des Lebens ist eines der Grundmuster des Universums. Selbst die molekularen und atomaren Gitter bilden dieses Muster; daher ist es eine Grundlage, aus der sich das Schicksal entfaltet. Es ist eine Blaupause. Ohne dieses Muster gäbe es keine manifesten Erscheinungsformen der Art, wie ihr sie erlebt.

Samen höherer Bestimmung pflanzen ...

Gedanken oder Handlungen aus früheren Leben können sich karmisch auf euer jetziges Leben auswirken. Das ist keine Strafe, sondern eine Chance für die Seele, die Früchte ihres Handelns zu erkennen.

Für die aufsteigende Seele sind die Ereignisse des Lebens wundervolle Dinge, denn sie bieten Gelegenheit zur Heilung, und die Heilung der Vergangenheit ist für den Aufstieg des Bewusstseins von entscheidender Bedeutung.

Von daher raten wir euch, alle Ereignisse eures Lebens mit Bewusstheit, Mitgefühl und intelligenten Entscheidungen anzunehmen. Beschwert euch nicht über euer Schicksal. Akzeptiert, was geschieht, nicht in einer Haltung der Resignation oder des Nachgebens, sondern in Anerkennung der tatsächlichen Ereignisse. Indem ihr euch die Situation so zu eigen macht, könnt ihr die Dinge verändern, deren Veränderung in eurer Macht liegt.

Diese Haltung der Akzeptanz wird es euch ermöglichen, euch durch die Harmonie der Selbstliebe und des rechten Handelns aufwärtszuentwickeln und damit Samen einer höheren Bestimmung und einer größeren spirituellen Kraft zu säen.

Dienen ...

Jede Interaktion mit einem anderen Menschen ist für euch eine Chance, dem Leben zu dienen. Ihr haltet an, um euer Auto aufzutanken; ihr geht in den Supermarkt; oder ihr begegnet einem Kollegen: All das sind Gelegenheiten für Freundlichkeit.

Falls ihr so mit euren eigenen Angelegenheiten beschäftigt seid, dass andere Leute euch einfach wie Objekte erscheinen, dann habt ihr einen Augenblick der Heiligkeit verpasst. Ihr habt eine Gelegenheit verpasst, dem Leben zu dienen. Aber wenn ihr in solchen Situationen seid und einen Moment innehaltet und euch daran erinnert, dass ihr mit einem anderen Menschen zusammen seid, mit dem ihr das heilige Mysterium des Lebens teilt, dann habt ihr eine Gelegenheit, dem Leben zu dienen.

Ja, sobald ihr innehaltet und einander in die Augen schaut oder im anderen Menschen einfach mehr als ein bloßes Objekt seht, dann habt ihr dem Leben gedient.

Jede Beziehung ist eine Chance. Es geht nicht nur darum, wie viel ihr sagt oder tut. Es geht um eine Haltung in eurem Energiefeld.

Nehmt einfach die innere Haltung ein, dass alle Menschen, denen ihr begegnet – ob ihr sie nun mögt oder nicht –, Teil des großen Mysteriums sind, denn das ist eine zutreffende Beschreibung. Wenn ihr davon wirklich überzeugt seid und euch daran erinnert, dann entsteht daraus eine Heiligung.

Die wahre Bedeutung von »heilig« leitet sich vom Konzept der Ganzheit ab – etwas ganz bzw. heil machen. Etwas heil machen heißt also, eine heilige Arbeit zu verrichten, und damit ist die heilige Aufgabe gemeint, das Universum in eurer Bewusstheit eins werden zu lassen.

Indem ihr anerkennt, dass alle Wesen wertvoll sind, dient ihr dem Leben. Ihr wisst vielleicht nicht, wer sie sind, welche Geschichte sie haben oder woran sie glauben, aber sie sind Teil des Lebens, und das würdigt ihr. Tragt ihr diese Absicht in eurem Energiefeld, so vermittelt ihr anderen Liebe und Akzeptanz, ohne dass ein Wort gesprochen werden muss. Das ist Dienst am Leben.

Zu guter Letzt ...

Wir möchten euch, unseren Brüdern und Schwestern in menschlicher Form, die zu dieser Zeit auf diesen Planeten gekommen sind, um durch das große Portal der Veränderung in eine neue Bewusstseinsdimension einzutreten, unsere tiefste Dankbarkeit aussprechen.

Wir wissen, wie schwierig und anspruchsvoll, aber auch wie lohnend das ist, und so stehen wir auf der anderen Seite der Zeit und strecken die Arme zu euch aus, um euch in den intergalaktischen und interdimensionalen Bereichen des Lebens willkommen zu heißen.

Wir übermitteln euch dieses Material mit der größten Demut und in der Hoffnung, es möge euch dienlich sein. Wenn das, was wir euch mitgeteilt haben, euer Leben bereichern kann, dann möge es so sein.

Falls die Dinge, die wir mitgeteilt haben, euch nicht berühren, lasst sie einfach an euch vorüberziehen. Wie ihr euch auch entscheiden mögt: Wir erweisen euch Ehre in diesem Augenblick, der voller Chancen für eine evolutionäre Entwicklung steckt, wie sie seit dem Anbeginn der Zeit im Universum noch nicht da gewesen ist.

In euch, den Menschen, wartet ein großes Mysterium darauf, sich zu entfalten und euch zu verzaubern. Dazu braucht es lediglich die Berührung der Liebe.

Also liebt euch selbst. Liebt einander.

So einfach ist das.

So sei es, durch alle Zeit und durch allen Raum.

Wir sind eure spirituellen Freunde.

Die Hathoren

Tom Kenyon
gründete 1983 das Acoustic Brain Research (ABR), um die Auswirkungen von Tönen und Musik auf das menschliche Bewusstsein zu erforschen. Das ABR war führend auf dem Gebiet psycho-akustischer Technologie und entwickelte eine Vielzahl von Programmen für unterschiedliche Bereiche wie Stressbewältigung, Kreativitäts- und Intelligenzförderung sowie Leistungsverbesserung. Tom Kenyons Stimme reicht über vier Oktaven. Er leitet regelmäßig Klangheilungs-Seminare in USA, Europa und Asien.

www.tomkenyon.com

Zu diesem Buch gibt es CDs.
Die CD »Hathor-Sounds«, Hathor-Klänge, die uns Tom Kenyon mit seiner beinahe vier Oktaven umfassenden Stimme übermittelt und die während verschiedener Workshops und Intensiv-Seminare aufgenommen wurden. Sie können unsere Schwingungsebene erhöhen und eine kraftvolle Klangheilungserfahrung bewirken.

Eine Doppel-CD mit geführten »Hathor-Meditationen« zu den vier Übungen der Selbst-Meisterung aus dem ersten Teil des Buches (»Botschaften einer aufgestiegenen Zivilisation«) und geführte Explorationen zu den drei grundlegenden geometrischen Mustern aus dem zweiten Teil des Buches (»Die Geometrie des Bewusstseins«).
Auf der ersten CD hören Sie die Originalversion, von Tom Kenyon gesprochen, auf der zweiten CD finden Sie die deutsche Übersetzung.

Eine Einladung

Weitere Informationen über die Hathoren erhalten Sie unter www.tomkenyon.com, wenn Sie dort den Button »Hathors« anklicken. Seit 2003 übermitteln die Hathoren sogenannte »Planetarische Botschaften«, die alle kostenlos auf unserer Internetseite einsehbar sind. Diese einzigartigen Botschaften umfassen eine Vielzahl von Themen, darunter Materialien über den Aufstiegsprozess und die Natur des Bewusstseins sowie zahlreiche Klangmeditationen und Audio-Aufnahmen.

Falls Sie über die archivierten Botschaften der Hathoren hinaus zukünftige Übermittlungen direkt per E-Mail zugeschickt bekommen möchten, klicken Sie unter www.tomkenyon.com auf »Contact«. Sie können dann wählen, ob Sie nur die Botschaften oder auch Ankündigungen von Toms Veranstaltungen erhalten möchten. Dieser Service ist kostenfrei; außerdem geben wir die E-Mail-Adressen nie an irgendjemanden weiter.

Die »Hathor Planetary Messages« werden auf Englisch verschickt. Allerdings gibt es Menschen in aller Welt, die diese Botschaften in viele verschiedene Sprachen übersetzen, auch auf Deutsch. Sobald wir diese Übersetzungen erhalten, finden Sie sie unter den Hathor-Informationen auf unserer Webseite.

Darüber hinaus können Sie auf unserer Internetseite kostenlos zahlreiche Artikel lesen, Audio-Aufnahmen hören und wissenschaftliche Materialien von Acoustic Brain Research durchstöbern. Im Online-Store können Sie alle Bücher und CDs von Tom auch direkt bestellen.

www.tomkenyon.com
office@tomkenyon.com
PO Box 98
Orcas, WA 98280 USA

Tom Kenyon & Judi Sion
Das Manuskript der Magdalena

Paperback, 252 Seiten
€ 17,40,
ISBN 978-3-929512-96-0

Ein Buch – drei Teile – ein Thema: Die Rückkehr der Kosmischen Mutter und die Würdigung und Wieder-Inthronisation des Weiblichen. Der erste Teil enthält die persönliche Geschichte von Maria Magdalena und ihrer Beziehung zu Jeshua ben Joseph, den wir heute als Jesus Christus kennen. Diese Geschichte enthüllt einige der tiefsten Geheimnisse des Isis-Kultes, so wie Isis selbst es wollte. Die Liebe zwischen Magdalena und Jeshua war so groß, dass sie zwei Jahrtausende der Lüge überdauerte, um heute, am »Anfang vom Ende der Zeit« endlich erzählt zu werden. In diesem Manuskript, das Magdalena diktiert hat und das hier wortgetreu wiedergegeben wurde, beschreibt sie auch die alchemistischen Praktiken, die sie und Jeshua durchführten. Diese Praktiken für Fortgeschrittene sowie einführende Übungsanleitungen für Anfänger werden hier detailliert und leicht nachvollziehbar dargestellt. Wunder, wie Jesus sie vollbrachte, sind, wie Magdalena erklärt, ein natürlicher Ausdruck der Kraft, die die Praktizierenden der Inneren Alchemie erwerben. Diesem bemerkenswerten Text hat Tom Kenyon einen Überblick über die wichtigsten Traditionen der Inneren Alchemie beigefügt, mit besonderer Berücksichtigung der hohen ägyptischen Alchemie und einer Erläuterung der Alchemie des Horus. Auf Magdalenas Bitte hat Judi Sion ihre »Geschichte einer Frau« hinzugefügt, die die Geschichte jeder Frau ist.

Tom Kenyon
Hathor-Sounds

Klang-Meditations-CD
Laufzeit ca. 40 min
€ [D/A] 12,95
ISBN 978-3-86728-225-3

Hören Sie Hathor-Klänge, die während verschiedener Workshops und Intensiv-Seminare aufgenommen wurden. Diese Klänge, die uns Tom Kenyon mit seiner beinahe vier Oktaven umfassenden Stimme übermittelt, unterstützen uns darin, unsere Schwingungsebene zu erhöhen. Sie sind ein Geschenk, dessen Quelle bei den Hathoren, Wesen aus den Sphären des Lichts, liegt.
Diese Klangerfahrungen reichen bis tief in Körper, Geist und Seele der Zuhörenden und können eine kraftvolle Klangheilungserfahrung bewirken.

Tom Kenyon
Hathor-Meditationen

Doppel-CD, Meditationen
Lauflänge 132 min
€ [D/A] 19,50
ISBN 978-3-86728-224-6

Tom Kenyon und Wendy Kennedy
Lebe in deinem eigenen Licht
Lehren der Plejadier, der Hathoren
und der Magdalena von Arcturus
gebunden, 192 Seiten
ISBN 978-3-86728-250-5

»Die Erde stellt ein bemerkenswertes Experiment dar. Aus Tausenden von Welten wurde hier genetisches Material deponiert. Zusammen mit all den emotionalen Codierungen und Erfahrungen all dieser Planeten und Arten bildete es die Grundlage für DAS GROSSE EXPERIMENT. Es gibt andere Zeitlinien, auf denen dieses Experiment nicht gelingt. Doch bei euch, mit denen wir dieses Gespräch führen, bei euch gelingt es, und deshalb geht ihr durch den Aufstiegsprozess. Wenn ihr erkennt, dass ihr Schöpferwesen seid, könnt ihr eure Version der Wirklichkeit verwandeln – trotz aller negativen Aspekte und manipulativen Spiele. Und wenn sich ausreichend viele von euch für eine andere Version der Wirklichkeit entscheiden, erzeugt das eine ganz neue Zeitlinie, durch die sich die gegenwärtigen Ereignisse verändern und eine ganz neue Welt entstehen wird.
Es bleibt also nur eins zu tun: Träumt euren schönsten Traum!«

Musik von Tom Kenyon

Ascension Codes
(D / A) 19,50)
978-3-86728-146-1

Songs of Magdalen
(D / A) 19,50
978-3-86728-011-2

Sound Transformations
(D / A) 19,50
978-3-929512-80-9

Immunity
€ (D / A) 19,50
978-3-86728-029-7

Soma
(D / A) 19,50
978-3-936862-34-8

City of Hymns
€ (D / A) 19,50
978-3-929512-79-3

Infinite Pool
(D / A) 19,50
978-3-936862-33-1

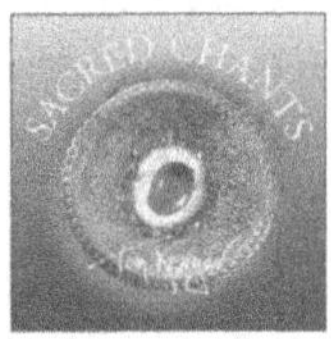

Sacred Chants
€ (D / A) 19,50
978-3-929512-23-6